LES MERCREDIS DE L'ÉLYSÉE

DU MÊME AUTEUR

La République française du Qatar, Fayard, 2017.
Hommes de..., Éditions du Moment, 2015.
Dans le secret du Conseil des ministres, Éditions du Moment, 2011.
Sain Nicolas, Éditions du Moment, 2010.

BÉRENGÈRE BONTE

LES MERCREDIS DE L'ÉLYSÉE

l'Archipel

Cet ouvrage constitue une édition revue, augmentée et actualisée de *Dans le secret du Conseil des ministres*, paru aux Éditions du Moment en 2011 et 2013.

Notre catalogue est consultable à l'adresse suivante : www.editionsarchipel.com

Éditions de l'Archipel
34, rue des Bourdonnais
75 001 Paris

ISBN 978-2-8098-2354-7

À mon père

« Au déjeuner, où ils arrivent en retard par habitude, le "Excusez-moi… le Conseil s'est prolongé…" produit le meilleur effet. Il ou elle est celui qui vient d'un pays mystérieux, mi-Olympe mi-mafia. »

Françoise Giroud,
La Comédie du pouvoir (1977)

Préambule

Michèle Alliot-Marie, Jack Lang ou Maurice Couve de Murville y ont siégé une décennie durant. Marielle de Sarnez ou Sylvie Goulard n'ont connu que cinq Conseils. Pour Thomas Thévenoud ou Léon Schwartzenberg, l'histoire s'est même arrêtée au bout d'un seul. Privilège, corvée ou angoisse, s'être assis à cette table du secret demeure toutefois un « moment » très particulier de leur existence. Un rendez-vous pour lequel nul n'a jamais pu les remplacer. Ni directeur de cabinet, ni porte-parole, ni conseiller n'a jamais siégé au salon Murat ni au salon des Ambassadeurs pour pallier l'absence d'un membre du gouvernement. Eux seuls, ministres et secrétaires d'État, savent ce qu'il s'y passe. Eux seuls peuvent en témoigner.

Depuis 2010, date du début de cette enquête sous la présidence Sarkozy, les plus difficiles à convaincre ont toujours été les ministres en exercice. La période Macron ne fait pas exception, même si plusieurs ministres ont accepté de parler et confient, forcément, la collégialité inédite de cette nouvelle ère. Le refus surprend davantage venant d'un Jean-Louis Borloo, d'un Martin Hirsch ou d'un Max Gallo, qui ne sont plus en responsabilité et que l'on a souvent vus prompts à honorer micros et caméras. Mais « on ne raconte pas le Conseil des ministres », leur a-t-on répété depuis de Gaulle, même si certains présidents s'affranchissent eux-mêmes de cette règle.

En fin de compte, environ soixante-dix témoins directs livrent ici leurs souvenirs, hommes ou femmes, de toutes chapelles politiques. Ministres, Premiers ministres, deux présidents – six mois pour convaincre VGE, une semaine pour obtenir un rendez-vous avec François Hollande en exercice dans le Salon doré de l'Élysée. Plusieurs secrétaires généraux – qui siègent également au Conseil – parlent aussi : catégorie très à part et très racée de hauts fonctionnaires, grands commis de l'État.

Parmi les plus loquaces, beaucoup d'« ex » commencent par se gausser. Quelle idée ! Il ne se passe rien au Conseil des ministres. Tout est déjà arbitré. On y fait son courrier, on y lit sa revue de presse, préparée par le cabinet, en attendant que le dernier point de l'ordre du jour soit clos par un « adopté » présidentiel. Les mêmes, pourtant, arrivent pour nos entretiens avec un croquis, le plan de table et ses règles hiérarchiques si subtiles, voire, plus rarement, un texte prononcé au Conseil dont ils ont gardé le brouillon. Dans tous les cas, les souvenirs resurgissent quand on les sollicite. Valéry Giscard d'Estaing, qui reçoit à la grande table de son salon rue Bénouville, a devant lui, griffonnée sur une feuille, une petite opération dont il n'est pas peu fier : « J'ai fait un rapide calcul en prévision de notre entrevue. J'ai assisté à neuf cent trente Conseils des ministres, sous de Gaulle, Pompidou et moi-même… Ce n'est pas mal, n'est-ce pas[1] ? » Lionel Jospin, Premier ministre de la troisième cohabitation, a lui aussi sa fiche prête, pour ne rien oublier : « Vos interlocuteurs vous disent qu'il ne se passe jamais rien en Conseil des ministres. Moi, je vous dis que rien ne se passe s'il n'y a pas de Conseil[2]. »

1. Entretien avec Valéry Giscard d'Estaing, 13 mai 2011. Sauf mention contraire, les notes de bas de page renvoient à des entretiens avec l'auteure. Quelques entretiens ont été réalisés en 2012 par l'auteure et Ella Cerfontaine pour les besoins de la série documentaire *Dans le secret du Conseil des ministres* diffusée sur France 5 à l'automne 2013, et sont signalés comme tels.
2. Entretien avec Lionel Jospin, 20 avril 2011.

Mais ce moment est bien plus qu'un outil pour faire tourner la machine de l'État. Jean-Louis Debré, alors président du Conseil constitutionnel, reçoit dans son bureau du Palais-Royal avec vue sur les colonnes de Buren. Le vacarme des marteaux-piqueurs dans la cour contraste avec la solennité du récit, lent et posé : « Si certains vous disent qu'il ne se passe rien au Conseil des ministres et que ça n'a pas d'importance, c'est qu'ils n'observent pas, qu'ils n'écoutent pas. Pour moi, le Conseil a toujours été un moment essentiel pour comprendre, analyser, percevoir les relations politiques entre les uns et les autres, les ambitions. Ils sont tous là, à une place qui n'est pas celle du cœur par rapport au chef, mais à la place de la hiérarchie. Si ça n'avait pas d'importance, ils ne se pousseraient pas du col pour avoir une communication à faire[1]. » Et même si la donne a changé sous la présidence Macron, avec l'arrivée massive de ministres de la société civile qui n'espèrent aucune investiture politique, leur extrême prudence en interview montre bien qu'un fort enjeu personnel demeure.

La principale difficulté fut bien sûr de ne pas se laisser abuser par certains récits. Le Conseil n'est ni filmé ni enregistré, même pour l'Histoire. Un verbatim existe toutefois, mais protégé par le secret pendant des décennies et, là encore, pour une part subjectif. Comment ne pas tomber dans les « rumeurs » ? Une anecdote livrée sous le manteau, en *off*, sans preuve, sur la simple bonne foi d'un ministre qui reconnaît en avoir oublié une partie, n'est pas une information. D'autant que l'occasion est trop belle de régler quelques comptes, six mois, dix ans ou cinquante ans plus tard. VGE semble régler les siens avec Malraux, qui lui savonnait la planche auprès du Général. Le ministre corrézien de ce dernier, Jean Charbonnel, s'en prend au « traître » Chirac, à ses Premiers ministres « Don Quichotte-Villepin » et « Sancho Pança-Raffarin », ou encore

1. Entretien avec Jean-Louis Debré, 2 mai 2011.

aux incultes de la Sarkozie, qui ne comprennent pas le gaullisme. Michel Rocard rhabille pour l'hiver électoral à venir le chouchou de Mitterrand, Laurent Fabius. Le temps qui passe permet souvent de lever la prescription et libère la parole. Et, à peine démarré le quinquennat Macron, Michel Sapin se pose déjà en gardien de la Hollandie.

Écouter, accumuler les témoignages, soumettre les mêmes histoires à plusieurs interlocuteurs, recouper les scoops, se plonger dans les écrits publiés ou non. Et, aussi souvent que possible, confronter le tout aux documents conservés aux Archives nationales. Telle a été notre méthode pour mener cette enquête. L'attente se prolonge chaque fois plusieurs mois. Dans certains cas, elle n'aboutit jamais : les ayants droit ou même les services de Matignon – quand ils le jugent nécessaire – ont toute latitude pour faire traîner ou rejeter la demande sans autre motivation que celle-ci : « La communication des documents est susceptible de porter une atteinte excessive aux intérêts protégés par la loi. »

Se balader au cœur des mercredis secrets de la Ve République permet en tout cas de visiter les coulisses de quelques moments phares de notre histoire politique récente : arbitrage sur le projet d'aéroport de Notre-Dame-des-Landes, attentats de 2015 et 2016, loi El Khomri… Ou encore, si l'on remonte plus loin, état d'urgence dans les banlieues en 2005, moratoire sur les OGM, attentats islamistes de 1995, prises d'otages au Liban, nationalisations de 1981, semaine de 39 heures, loi sur l'IVG, événements de Mai 68, sortie de l'Otan, guerre d'Algérie, etc. Et de tomber sur des pépites comme ces photos prises, en cachette, par un ministre de Jacques Chirac, ces notes inédites du dernier Conseil présidé par Georges Pompidou quelques jours avant sa mort, ou de François Hollande battu sans avoir combattu.

Au détour des Conseils des ministres, on découvre aussi des personnages étonnants, courageux ou courtisans, professionnels ou amateurs, nés en politique ou tombés là par hasard. On les suit dans les différentes saisons du Conseil – premier, dernier, veilles de scrutin, période de guerre. On scrute les blagues de potache et coups fourrés autant qu'on savoure la communication sur la situation internationale, « le » morceau de choix. Observer les présidents, du général de Gaulle à Emmanuel Macron, dans leur pilotage du Conseil éclaire aussi leur conception du pouvoir. Tous semblent avoir appris le « métier » en observant leur prédécesseur. Soit pour le copier, soit pour s'en démarquer. Y compris dans ces « mercredis de l'Élysée »…

1

TRÉTEAUX ET CORDEAU

Mardi soir au salon des Ambassadeurs. Un cordeau comme on en utilise sur tous les chantiers de BTP depuis la nuit des temps. Chaque veille de Conseil, les huissiers de l'Élysée déroulent cette longue ficelle sur le morceau de feutrine beige qui fait office de nappe. Instant fatidique à quelques heures de la réunion au sommet : il s'agit d'aligner au millimètre les sous-mains et les cartouches qui guideront chaque membre du gouvernement jusqu'à son siège. Gare également aux espacements : un sous-main, une feuille A4, un sous-main, une feuille A4, etc. Sans oublier, devant chaque place, de quoi écrire : crayon à papier pour les ministres, crayon de couleur à deux mines pour le couple exécutif. Rouge d'un côté, bleu de l'autre. « Sans doute un reste de la collection de Jacques Chirac, raille un ancien ministre sarkozyste. On n'en trouve plus que chez les bouchers et… à l'Élysée. »

Quelques ustensiles essentiels viennent compléter le décor, comme la sonnette secrète du secrétaire général de l'Élysée, avec le long fil qui pendouille sur sa petite table à l'écart, pour demander l'ouverture des portes à la fin. Privilège suprême… ô combien jalousé, notamment par son voisin, le secrétaire général du gouvernement. Une petite horloge donne l'heure au président, posée à côté de ses blocs de papier. Elle remplace celle à double face qui, jusqu'à l'époque Hollande, trôna au milieu de la table dans le grand salon Murat. Le plateau était si large que, pour l'installer au centre de la table, un huissier montait dessus... à quatre pattes! Sous la présidence Macron, l'objet a trouvé une place au Salon doré, l'un des deux bureaux du président.

Détail surréaliste: l'Élysée ne possédant aucune table, le gouvernement est contraint de gouverner autour de tréteaux! Il faut assister à la mise en place pour le croire. Son imposante chaîne d'argent sur la poitrine, un autre huissier ouvre la route aux personnels du palais qui arrivent, les bras chargés du matériel stocké aux anciennes écuries. Le temps de serrer chaque planche contre la suivante et, en une demi-heure, est installé le mobilier en kit du Conseil des ministres de la sixième puissance économique mondiale.

Ah! si seulement on pouvait destiner un salon de l'Élysée au Conseil... Y installer une vraie table, de quoi brancher des tablettes numériques, voire le sonoriser. Nicolas Sarkozy en a rêvé en 2007. Dix ans plus tard, les équipes d'Emmanuel Macron y songent, à plus ou moins longue échéance. Il faut dire que le jeune président a choisi de déserter définitivement le salon historique du Conseil, le « Murat », du nom du beau-frère de Napoléon Ier qui vécut là avec la sœur cadette du souverain, de 1805 à 1809, avant d'être fait roi de Naples. Fresques murales, colonnes égyptiennes, lustres en cristal... Le site Internet de la présidence souligne que « le salon Murat convoque la mémoire des actes de guerre et de paix qui ont marqué l'histoire de France ». Depuis Pompidou et jusqu'à François Hollande, tous les présidents siègent ici dans ce qui est en réalité un large couloir menant à la grande salle des fêtes de l'Élysée.

Quelle mouche pique donc le président socialiste, en 2014, à l'arrivée de Manuel Valls, lorsqu'il casse finalement le rituel? Le voilà au salon des Ambassadeurs. À droite depuis le hall vers le salon des Tapisseries, puis à gauche dans le salon des Aides de camp, qui abrite désormais le petit café avant le Conseil. Et gauche à nouveau, face au jardin. Depuis Mac Mahon, le chef de l'État reçoit ici les lettres de créance des ambassadeurs étrangers, sans oublier quelques cérémonies occasionnelles – le président Sarkozy s'y vit remettre la Légion d'honneur le jour de son investiture. La pièce est plus petite, au milieu du rez-de-chaussée. Deux larges fenêtres, face à trois longs miroirs. Aucune fresque guerrière, juste un décor Empire, quelques angelots dorés qui chapeautent les portes et un imposant lustre en cristal. Forcément plus lumineux et chaleureux. Capacité maximale : trente personnes. Parfait pour son gouvernement de seize ministres, comme pour celui, resserré lui aussi, d'Emmanuel Macron à partir de mai 2017.

Jusque-là, seul Charles de Gaulle a siégé ailleurs qu'au salon Murat. À son retour aux affaires en 1958, il préfère le premier étage, où il n'a que la porte de son bureau à pousser et la pièce des aides de camp à traverser. Il fait réaménager une ancienne salle à manger des présidents, un salon d'angle situé à l'extrémité ouest du bâtiment principal. Pour masquer les céramiques qui ornent chaque porte, fenêtre ou recoin, il fait poser de grands panneaux de bois et agrémente l'ensemble d'une tapisserie des Gobelins, *Le Signe de la Balance*. Les ministres n'ont qu'à bien se tenir !

Une fois élu, en 1969, Georges Pompidou se trouve à l'étroit et redescend le Conseil au rez-de-chaussée, comme sous les précédentes Républiques. Il n'en bougera plus jusqu'à François Hollande. Pompidou fait rajouter des tréteaux pour élargir le cercle des participants. De vingt-cinq environ sous de Gaulle, on passe à une quarantaine. La Constitution impose la présence de tous les ministres de plein exercice. Pas des autres. Pompidou exclut d'ailleurs très vite les secrétaires d'État, pour réduire le nombre et faciliter la discussion, comme Giscard et

Mitterrand après lui. Chirac fait le chemin inverse: d'abord une équipe resserrée, avant de revenir lui aussi, en 2002, à un groupe complet.

Quand il arrive en 2007, Nicolas Sarkozy restreint de nouveau la tablée à vingt convives. Mais, très vite, c'est un peu à la tête du client. Certains secrétaires d'État, censés être convoqués uniquement quand le sujet les concerne, négocient secrètement une *wild card* – une carte d'invité – permanente. Nadine Morano, quoique « ministre chargée de », pointe chaque mercredi. *Idem* pour Laurent Wauquiez, redevenu simple secrétaire d'État après avoir perdu le porte-parolat en 2008.

En mai 2011, la règle, encore modifiée, veut que le gouvernement Fillon siège chaque semaine au grand complet. Mieux vaut les avoir tous silencieux sous la main que bavards et frustrés à l'extérieur, se dit Nicolas Sarkozy, agacé par certains secrétaires d'État qui se répandent dans la presse. À l'époque, la polémique qui éclate autour du revenu de solidarité active (RSA) démarre pourtant avec les déclarations du fidèle Laurent Wauquiez, qui assiste au Conseil. Qu'importe ! À un an de la présidentielle, la réunion du mercredi affiche désormais l'unité. Avant de déménager les Conseils aux Ambassadeurs, François Hollande nomme une première équipe composée exclusivement de ministres et de ministres délégués. Tous siègent donc au salon Murat, avant le déménagement que l'on sait.

Sur le fond, le dispositif n'a pas bougé d'une virgule depuis 1958. Sous la Ve, le président est le seul et unique patron des lieux. Lorsqu'ils rédigent la nouvelle Constitution, Charles de Gaulle et Michel Debré veulent en finir avec la foire des IIIe et IVe Républiques, où le président du Conseil s'entoure de quelques ministres pour prendre les décisions à Matignon – bien souvent sans prévenir le chef de l'État. Quand l'affaire tourne mal, il convoque un Conseil des ministres en catastrophe, parfois deux jours de suite, puis plus du tout pendant trois semaines. Souvent même la nuit, en cas de crise majeure. Cela donne ces images étonnantes aux actualités cinématographiques, ces « carrousels nocturnes de voitures officielles sur le gravier élyséen, ces va-et-vient affairés de politiciens soucieux dont les éclairs de magnésium blêmissent encore les visages ». L'historienne Claude Dulong, épouse à la ville du ministre Jean Sainteny, a raconté ces Conseils qui se terminent souvent par un remaniement et une photo sur le perron de l'Élysée, sur laquelle « les nouveaux anciens ministres sourient enfin, sûrs d'avoir l'éternité devant eux, je veux dire trois mois. En réalité plutôt trois semaines... ou trois jours[1] ».

Sous la Ve donc, fini l'improvisation, retour à l'ordre. Le président convoque, définit l'ordre du jour, préside (article 9 de la Constitution) et déclare : « Adopté. » Même lieu, même heure chaque semaine. En général le mercredi – usage qui remonte à Louis XIV ! –, 10 heures sous de Gaulle (mais la présence d'un chef d'État étranger peut parfois le décaler à l'après-midi), 9 h 30 sous Mitterrand – du moins officiellement. Sous Emmanuel Macron, le Conseil est convoqué à 10 heures. Pas question de se faire porter pâle, à moins d'avoir une excuse en béton – maladie gravissime, convocation au Parlement ou déplacement incontournable à l'étranger. Et encore, même les voyages sont calés, autant que possible, en fonction du Conseil. En théorie, chaque ministre doit d'ailleurs se tenir prêt à une convocation à tout instant. Dans les années 1980, un secrétaire général du gouvernement pousse la malignité jusqu'à faire un test : un samedi matin, sous Mitterrand, Jacques Fournier et son directeur de cabinet s'amusent à contacter les standards de ministères pour simuler la tenue d'un Conseil exceptionnel. « Test concluant, jure

1. Claude Dulong, *La Vie quotidienne à l'Élysée au temps de Charles de Gaulle*, Hachette Littérature, 1974.

l'intéressé. Tous ont répondu présent, sauf un : impossible de joindre Louis Mexandeau. Le standard était en travaux. Un comble au ministère des PTT[1]. »

Bien entendu, la ponctualité s'impose pour tous. Les esprits qui hantent le palais répertorient deux retards mémorables. Sous de Gaulle, les portes se referment un mercredi après-midi, malgré une place vide, celle d'Edgard Pisani. Quelques minutes plus tard, n'écoutant que son culot, le ministre de l'Équipement, parfois stigmatisé pour ses origines maltaises, force le barrage des huissiers et entre : « Mon général, je vous prie d'excuser mon retard, mais je me suis réveillé vraiment malade, avec beaucoup de fièvre. » Un ange passe, préférant fuir avant la foudre. La réplique sera pire que prévu. Valéry Giscard d'Estaing, à l'époque jeune secrétaire d'État aux Finances, conserve un sourire embarrassé, cinquante ans après, en imitant le Général râlant à mi-voix[2] : « Oui, bien entendu… Sans doute la fièvre de Malte… » L'allusion méprisante à la brucellose, fièvre connue pour ravager le bétail, met la tablée mal à l'aise. Pisani s'assied et ne manquera plus un seul début de Conseil.

Trente ans plus tard, Jacques Toubon, quant à lui, reste carrément dehors, puni comme un gosse par le chef de l'État. La semaine précédente, ce retardataire compulsif s'est encore permis d'apparaître alors que les portes venaient de se refermer. Le président, impassible, lui a réservé un accueil glacial. Dominique de Villepin, secrétaire général de l'Élysée, s'en est ému : « Ce n'est plus possible ! La prochaine fois, ne le laissez pas entrer. » L'occasion est trop belle de se payer le garde des Sceaux. Cette fois donc, la chaise reste vide… à la droite du président. Fait rarissime, l'huissier entre au bout de quelques minutes pour plaider la cause du malheureux à l'oreille de

1. Entretien avec Jacques Fournier, 17 janvier 2011.
2. Entretien avec Valéry Giscard d'Estaing, 13 mai 2011.

Chirac… Il ressort et ferme la porte. Le soldat Toubon peste dans le hall, mais n'est pas introduit. Épilogue croustillant : la semaine suivante, Jean-Louis Debré, ministre de l'Intérieur, qui arrive parfois un peu plus tôt pour assister à l'entretien rituel du président et du Premier ministre, aperçoit le retardataire visiblement guéri : Toubon, au garde-à-vous, avec une demi-heure d'avance. « Il voulait être sûr de ne pas louper le début cette fois[1] », s'amuse l'ancien premier flic du pays.

Sous la présidence Macron, les huissiers ont désormais pour consigne d'attendre que le gouvernement soit au complet pour appeler le président et le Premier ministre, et non l'inverse. Comme depuis le début de la Ve, en revanche, pas question de passer une tête le temps de plaider son dossier ou de repartir quand on en a assez. Les codes de bonne conduite tranchent avec les usages des Républiques précédentes. Terminé aussi les discussions façon « café du commerce » : un ministre ne prend la parole que si on lui confie une communication inscrite à l'ordre du jour, et il s'adresse au président. Jamais à ses collègues. Et si les usages s'assouplissent avec Sarkozy puis Hollande, ils reviennent à plus d'orthodoxie sous la présidence Macron.

Le général de Gaulle a une idée très précise de la répartition des rôles, et notamment du sien. Cela vaut d'ailleurs un petit recadrage en règle à Alain Peyrefitte qui inaugure, ce 18 avril 1962, ses nouveaux habits de porte-parole. Fin du premier Conseil du gouvernement Pompidou – pardon : du « gouvernement de la France ». Peyrefitte entre dans le salon avec son ébauche de compte rendu. De Gaulle s'assied avant lui, dans son petit fauteuil en paille tressée.

« Une discussion a eu lieu sur le projet de traité, entame le ministre, immédiatement interrompu par de Gaulle.

1. Entretien avec Jean-Louis Debré, 2 mai 2011.

— Le Conseil des ministres ne "discute" pas. Il délibère. Et ne dites pas "le général de Gaulle a conclu que la France", mais "le général de Gaulle dont les conclusions ont été que le gouvernement français...". Quand je tire les conclusions d'une délibération, c'est le gouvernement qui s'exprime par ma bouche. Le gouvernement n'a pas de substance en dehors de moi. Il n'existe que par mon fait. Il ne peut se réunir que si je le convoque, et en ma présence sur un ordre du jour préalablement fixé par moi[1]. »

Peyrefitte, courageux, reprend et évoque le « chef du gouvernement »...

« Ne dites pas "chef du gouvernement" pour parler du Premier ministre. Le chef du gouvernement, c'est moi. Le Premier ministre est le premier des ministres, il coordonne leur action, mais il le fait sous la responsabilité du président de la République, qui dirige l'exécutif sans partage. »

Voilà donc Pompidou, Premier ministre, pratiquement mué en simple directeur de cabinet, et le Conseil en « lieu d'impulsion et de conclusion du travail gouvernemental[2] ». La formule, à la fin des années 2000, émane d'un connaisseur, Jean-Marc Sauvé, ancien secrétaire général du gouvernement sous toute l'ère Chirac, devenu vice-président du Conseil d'État. Le grand rendez-vous du mercredi est censé lancer les projets et les valider en bout de course.

Concrètement, le déroulement a peu bougé depuis de Gaulle. Trois étapes : A) les ministres présentent les textes aboutis ; C) évocation des projets en cours. Entre les deux, la partie B) décore et nomme. Véritable purge chaque mercredi – surtout quand Pierre Messmer, ministre de la Défense sous de Gaulle, énonce tous les faits d'armes du moindre gradé décoré. Constitutionnellement, c'est pourtant l'un des buts premiers

1. Alain Peyrefitte, *C'était de Gaulle*, Fallois/Fayard, 1994.
2. Jean-Marc Sauvé, *Constitutions et Pouvoirs*, Lextenso éditions, 2007.

du Conseil. Mitterrand savoure ce pouvoir de trier parmi les noms que lui soumet son secrétaire général. Untel, président de la SNCF, tel autre à la tête d'EDF, celui-ci à la direction générale de la Santé, celui-là dans telle préfecture ou ambassade.

Entre l'Élysée et les cabinets ministériels, ça ferraille, intrigue, manigance jusque tard dans la nuit du mardi au mercredi, chacun tentant de faire pencher la balance en faveur de son protégé. Un nom validé la veille au soir peut s'envoler dans la nuit et être remplacé par un autre dans le dossier posé sur la table du salon Murat le lendemain matin. Il y a tant de prétendants ! Dominique Strauss-Kahn, à son époque faste de grand argentier de la France, entre 1997 et 1999, trouve d'ailleurs la formule juste : les décorations sont les « stock-options des hauts fonctionnaires ». Il aurait pu ajouter que les nominations sont de précieuses monnaies d'échange pour des présidents qui cherchent à récompenser les fidélités anciennes.

En 2003, le ministre délégué au Budget, Alain Lambert, bataille pendant des semaines contre l'Élysée afin de pourvoir le poste de directeur du Budget, le plus haut grade de son administration, l'homme qui peut bloquer ou débloquer toute la politique du gouvernement. Mieux vaut donc ne pas se tromper. « Parfait, prévoit le président Chirac, je vais caser le fils Cabana ! » Yves Cabana n'a pas forcément de compétence pour le job, mais son père Camille, ancien sénateur, est une figure de la Chiraquie. Paysan très modeste, un CAP d'horticulture pour tout diplôme, il a réussi à intégrer l'Ena par la promotion interne, après avoir fui l'Espagne franquiste. Fidèle parmi les fidèles depuis la première équipe Chirac à Paris, il a été de toutes les campagnes électorales, puis secrétaire général de l'Hôtel de Ville. Chirac l'a même nommé ministre de la Privatisation durant sa cohabitation avec Mitterrand. Parcours exemplaire, donc. Mais le fils ne convainc pas Alain Lambert lors de l'entretien protocolaire. « Je m'étais aperçu qu'il avait des failles de personnalité[1] », explique aujourd'hui l'ancien ministre, qui s'amusera de retrouver le même Yves Cabana, des années plus tard, perdant complètement les pédales au procès Juppé sur le financement du RPR et de la mairie de Paris. Yves Cabana y mettra en cause la planète politique entière d'un retentissant « Tout le monde savait » – alors qu'il n'avait que vingt-huit ans à l'époque des faits – et sera ouvertement contredit par la plupart des témoins lors du procès en appel.

Pour l'heure, Lambert tente de pousser son propre candidat, le directeur de la comptabilité publique encore en poste. Pierre-Mathieu Duhamel a prouvé sa compétence. Et, heureux hasard, il a aussi été secrétaire général adjoint de la mairie de Paris. Tout pour plaire ! Cependant, Chirac n'en démord pas, il veut son Cabana.

« Monsieur le président, ce n'est pas possible, ose finalement Alain Lambert. Je ne signerai pas. Et vous avez besoin de ma signature pour ce genre de nomination.

— Mais c'est du chantage ! Tu sais que je peux te virer ? répond Chirac.

— Eh bien, virez-moi ! C'est ma responsabilité, je ne signe pas. »

Chirac finit par céder, raconte Lambert.

Partie A, partie B, partie C : le triptyque semble immuable pendant cinquante ans. En 2007, Nicolas Sarkozy tente toutefois une variante. À défaut de pouvoir bouger les tréteaux, il bouscule les usages et rajoute une partie D, comme « Débat ». Tentative louable qui vise à dynamiser l'équipe, mais qui ne tient que quelques semaines. Au bout de quatre ans, Franck Louvrier, le communiquant en chef, jurera ses grands dieux que la partie « Débat » continue d'exister. Certes, la pochette « D » figure dans le dossier du Conseil chaque semaine. Bien

1. Entretien avec Alain Lambert, 15 avril 2011.

souvent vide! « Ça ne marchait pas, personne ne disait rien ou alors pour expliquer, chacun dans son ministère, ce qu'il pourrait faire concernant le sujet. On est loin de l'agora, du forum politique espéré », regrette un ministre. Cette partie D sera rarement utilisée par l'équipe Hollande. Sous Macron, en revanche, elle devient l'élément central du Conseil. Elle est même rebaptisée « Échanges », ce qui donne régulièrement des Conseils de plus de trois heures.

Les prises de parole évoluent, elles aussi, tout doucement. Ces « communications » que de Gaulle voulait courtes – pas plus de cinq à dix minutes – sont tenues, sous Sarkozy, de n'en pas dépasser deux ou trois. Sans surprise, puisque validées à la virgule près. Le texte passe entre tant de mains qu'il n'a plus rien de personnel ni de littéraire.

Luc Chatel débarque du monde de l'entreprise quand il commence sa carrière gouvernementale en 2007. Secrétaire d'État à la Consommation et au Tourisme, l'ex-DRH de L'Oréal raconte son effarement le jour où, un peu inconscient, il s'incruste à la réunion interministérielle chargée de rédiger sa première com'. « J'ai halluciné de voir tous ces hauts fonctionnaires en train de se battre sur chaque ligne pendant des heures, alors que ça ne sert à rien vu que c'est le ministre qui parle. Et, en fin de compte, le porte-parole dira ce qu'il voudra en trois lignes[1]. »

Certains font pourtant exception à la règle : les « prises de guerre », type Nicolas Hulot dans l'équipe Macron, qui réjouit la majorité de la tablée. Ou encore Frédéric Mitterrand, dont Nicolas Sarkozy tolère également les longueurs – qui plus est lues! Ministre à l'ancienne et « prise d'ouverture », le ministre de la Culture arrive avec ses quatre pages noircies de pattes de mouche, raturées, annotées d'une plume ciselée, sur des sujets parfois sans grand intérêt. « Mesdames et messieurs,

1. Entretien avec Luc Chatel, 5 avril 2011.

bonsoooooir... » Le président fait plus que le « tolérer » : il rit de ses traits d'humour, fausses citations ou vraies références culturelles... avec l'impression d'être devant sa télé.

Parmi les interventions, une seule revient systématiquement chaque semaine depuis 1958 : celle du ministre des Affaires étrangères. La préférée de Bernard Laporte. « J'avais l'impression d'être à l'école au cours d'histoire-géo », s'émerveille l'éphémère secrétaire d'État aux Sports du deuxième gouvernement Fillon, qui jusque-là connaissait essentiellement la géographie de l'Ovalie. Pour tous, c'est la pièce de choix, le morceau de bravoure. L'étincelle qui réveille les somnolents. Encore faut-il que l'orateur possède talent et caractère.

Au Conseil des ministres, le plan de table ne relève évidemment pas du hasard. Ni même d'une quelconque négociation. Inconcevable. En novembre 2010, Luc Chatel a bien tenté, malgré une promotion qui le ramenait plus au centre de la pièce, de rester au bout, près du très stratégique secrétaire général Claude Guéant. Le Premier ministre François Fillon a tranché : refusé ! Aucune place n'est toutefois définitivement attribuée à un ministre. En juin 2007, au bout d'un mois de présidence Sarkozy, Jean-Louis Borloo change même de côté et passe de la droite du Premier ministre à la droite du chef de l'État. Non parce qu'il ne s'entend pas avec son ancien voisin, François Fillon – le mot est faible, ils se détestent. En réalité, à la faveur du remaniement post-législatif, l'ex-maire de Valenciennes remplace le battu Alain Juppé et devient donc numéro deux du gouvernement. Tout se joue en effet dans l'ordre protocolaire, en vertu d'un savant système en croix. Le numéro deux s'installe à la droite du président, le numéro trois à la droite du Premier ministre. Le numéro quatre prend place à la gauche du chef de l'État, le numéro cinq face à lui en diagonale, à la gauche du chef du gouvernement. Et ainsi de suite : le ministre « six » à côté du ministre « deux », le « sept » à côté du « trois », le « huit » à côté du « quatre », etc.

Certains, comme Bernard Laporte, n'ont toujours pas pigé la mécanique au bout d'un an. Peu importe, ils n'ont qu'à suivre les étiquettes et s'asseoir derrière leur nom.

Le système entraîne quelques voisinages savoureux : François Mitterrand et son meilleur ennemi Michel Rocard en mai 1981 ; Jacques Chirac et le ministre de l'Intérieur Nicolas Sarkozy en 2005 ; François Hollande et la mère de ses enfants, Ségolène Royal. Le système permit aussi à de Gaulle de toujours « siéger » avec Malraux à sa droite. Il lui suffisait pour cela d'en faire son premier « ministre d'État ». Lui qu'il appelait l'« ami génial », « fervent de hautes destinées ». « Sa présence à mes côtés me préserve du terre-à-terre », se justifie de Gaulle dans ses *Mémoires d'espoir*.

Autre duo inséparable au Conseil : les secrétaires généraux. Celui de la présidence de la République et celui du gouvernement siègent côte à côte sur une petite table à l'écart. On croirait deux élèves punis, au coin. Ce sont pourtant deux des plus importants personnages de l'État. Valéry Giscard d'Estaing les observe dans ce qu'il appelle « leur petite voiture de foire ». « Ils restent dans leur coin, ne prennent jamais la parole[1] », s'amuse, des années après, l'ancien président. Ils sont les seuls habilités à prendre des notes, en dehors du porte-parole qui assure le compte rendu à la presse. Un verbatim aussi exhaustif que possible dans le cas du secrétaire général du gouvernement. Son procès-verbal détaillé, sorte de compte rendu officieux du Conseil, ne sort pas du palais ; il atterrit ensuite aux Archives, non consultable – sauf dérogation – pendant parfois cinquante ans. Greffier, mais aussi notaire, le secrétaire général pilote la préparation du Conseil en amont et le suivi en aval. Un véritable chef d'orchestre, voire un homme-orchestre à lui tout seul.

1. Entretien avec Valéry Giscard d'Estaing, 13 mai 2011.

Dix heures. Depuis quelques minutes, les deux cavaliers de la garde républicaine positionnés au salon des Tapisseries lèvent le sabre au visage pour saluer l'entrée de chaque ministre dans le salon des Aides de camp. Une fois le gouvernement au complet, on prévient à l'étage. L'huissier-chef, redingote bleue, ouvre alors la route au couple exécutif qui descend du Salon doré et prononce les six mots solennels : « Monsieur le président de la République ! »

Les deux gardes républicains hissent le sabre bien haut. Droit comme un « I » derrière sa chaise, chaque ministre fait silence. Le président pénètre dans le salon des Ambassadeurs, suivi du Premier ministre et des secrétaires généraux. Tour de table pour de Gaulle, qui prend cinq ou dix minutes afin de serrer chaque main. Sarkozy se contente d'attraper les quelques-unes qu'il croise jusqu'à sa place. En 2013, Hollande s'épargne cet effort. Sous Macron encore, l'huissier déplace légèrement le fauteuil présidentiel, différent de celui des ministres. Sa Majesté s'assied. Ses troupes font de même. L'huissier quitte la pièce et ferme les portes. Fin des prémices. Le huis clos commence.

2

PREMIERS INSTANTS SUR L'OLYMPE

« Bonjour ! Gérald Darmanin, enchanté ! »

La phrase et la main tendue viennent de derrière et Marlène Schiappa croit d'abord à une mauvaise blague. Ce 18 mai 2017, lorsqu'elle débarque pour le premier Conseil des ministres de la Macronie, la féministe, plutôt de gauche, tout juste nommée secrétaire d'État chargée de l'Égalité entre les femmes et les hommes, n'a pas eu une seconde pour se préparer. Elle vient de passer la nuit aux urgences, à la suite d'une alerte cardiaque. Le choc de la nomination est venu s'ajouter à la surchauffe de neuf mois de campagne pour En Marche !, menés en parallèle d'un travail, d'un mandat d'adjointe au maire, de l'écriture d'un livre et d'une vie de famille. Les SMS affluent par centaines, en même temps que BFM TV, en bas de chez elle, au Mans, juste avant France Info qui va se poster à la sortie du McDo où elle dîne avec ses enfants. À l'aube, IRM et autres examens terminés, la nouvelle ministre repasse chez elle pour prendre une douche, des vêtements propres et saute dans un train – là encore suivie par deux équipes de télé –, avant d'être réceptionnée à Montparnasse par un officier de sécurité, direction l'Élysée. Alors, après tant d'émotions, tomber sur un patronyme tout droit sorti de la Sarkozie ! « Je n'avais pas du tout assimilé qu'il y avait Gérald

Darmanin dans la liste. Et je me suis dit : "Mais… pourquoi ? Que fait-il ici[1] ?" », raconte Marlène Schiappa dans un sourire, manifestement un peu seule, ce premier matin, entre ces ex-opposants Les Républicains et une armée d'inconnus issus de la société civile.

Elle n'est pas la seule à chercher ses marques. Tête levée, Françoise Nyssen, l'éditrice désormais ministre de la Culture, semble subjuguée, voire un peu perdue, les yeux accrochés au plafond du salon des Ambassadeurs. Nicolas Hulot non plus n'en mène pas large. « On est vraiment comme à une rentrée scolaire, explique-t-il au début du premier hiver. On se dit : "Est-ce que c'est bien moi et est-ce que je suis bien là ?" Personnellement, depuis que je suis ministre, je ne réalise pas. Et tous mes collègues de la société civile sont dans le même cas. J'ai l'impression de vivre la vie d'un autre. Chaque fois qu'on m'appelle monsieur le ministre (il sourit et fait mine de regarder derrière lui si un autre membre du gouvernement est dans la pièce)…, bon, maintenant, ça fait plus de six mois, je ne me retourne plus, quand même[2] ! »

Même un vieux routier de la politique peut être désarçonné par ces premiers instants sur l'Olympe. En juin 2009, dans son grand bureau d'angle ensoleillé donnant sur la cour intérieure du palais du Luxembourg, Jean-Pierre Raffarin subit en rafales les angoisses de son ami Henri de Raincourt. « Il faut rester debout ? À quel moment on peut s'asseoir ? Qui te donne la parole ? » Le président du groupe UMP au Sénat vient d'apprendre qu'il entre dans le deuxième gouvernement Fillon. Le voilà ministre chargé des Relations avec le Parlement. À soixante ans, l'ancien ingénieur agricole a mené des dizaines de campagnes électorales, roulé sa bosse de maire, de conseiller général, de conseiller régional, de président de sa communauté

1. Entretien avec Marlène Schiappa, 5 décembre 2017.
2. Entretien avec Nicolas Hulot.

de communes, de sénateur, et le voilà qui panique comme un premier communiant. Au Conseil des ministres, pas question de commettre d'impair, imagine le Bourguignon. Raffarin n'en revient pas. L'ancien Premier ministre sourit toutefois, en repensant à 1995. Sa propre angoisse dans la voiture avant d'arriver, nouveau ministre des PME de Jacques Chirac. Le gravillon qui crisse sous les roues devant l'Élysée, les jambes qui flageolent en gravissant le perron et le sourire appuyé mais pas trop aux dizaines de photographes et de journalistes qui l'attendent. Étrange dialectique de ce premier contact avec la presse, qu'il définit ainsi : « Vous n'existez pas, mais je ne pense qu'à vous. » Il rit aujourd'hui de ce décalage. « On arrive gonflé d'honneur, d'orgueil, de fierté, on pense à l'Histoire, à papa, à maman... Et en fait, on tremble comme une feuille, on tient à peine debout[1] ! »

Des années plus tôt, en 1981, Anicet Le Pors est même victime d'un malaise sur la route de l'Élysée. Le ministre de la Fonction publique figure parmi les bêtes curieuses de ce deuxième gouvernement Mauroy, avec ses trois collègues communistes. L'ingénieur météo, économiste réputé si serein, doit demander au chauffeur de s'arrêter au milieu du bois de Boulogne. Il descend, reprend souffle et esprit, et vole finalement vers ce drôle de destin. La pression est énorme. La veille, il a vu son périmètre se réduire en quatre heures de temps. Le matin, il chapeautait les PTT. L'après-midi, c'était terminé : les Postes et Télécommunications réintégraient finalement l'escarcelle de Louis Mexandeau, qui avait protesté pour les conserver en plus de l'Industrie. D'après Le Pors, ce n'est pas seulement parce que son rival est un « grand dignitaire de la franc-maçonnerie ». Au moment de nommer les quatre communistes, l'Élysée a pris soin de prévenir Washington. George Bush est attendu à Paris dans la foulée du premier

1. Entretien avec Jean-Pierre Raffarin, 18 mars 2011.

Conseil, ce mercredi 24 juin 1981 après-midi. Alors que les ministres sont encore dans la cour d'honneur, la grille du Coq s'ouvre à l'arrière de l'Élysée pour laisser entrer la voiture du vice-président des États-Unis. À en croire Anicet Le Pors, les Américains ont exigé et obtenu que son portefeuille soit réduit: « Pas question de laisser les Communications à un ministre communiste. »

Les nuits blanches sont forcément légion avant ces premières. En août 2014, Myriam El Khomri, l'adjointe à la maire de Paris qui débarque « super impressionnée » au secrétariat d'État à la Politique de la ville, finit par se relever à 4 heures. Pas tant à cause du gravier – son officier de sécurité l'a mise en garde sur le choix des bonnes chaussures – que pour les dossiers en cours. « J'ai épluché toute la loi Lamy[1], les décrets d'application, etc. Je voulais être incollable au cas où l'on m'interroge[2]. »

Plus débutant que tous les autres, Bernard Laporte ne ferme pas non plus un œil de la nuit. L'ex-demi de mêlée, qui vient de lâcher son poste de sélectionneur du XV de France de rugby, débarque le 24 octobre 2007 avec « les chocottes[3] » et déjà une communication – il l'a apprise par cœur – à présenter sur la Coupe du monde qui vient de s'achever en France. Annoncé dès le début du quinquennat mais entré en fonction quatre mois plus tard, précisément à cause de la compétition qu'il disputait, Laporte est attendu au tournant comme le novice en politique qui ne doit son poste qu'à son amitié avec le président Sarkozy. La presse a déjà détaillé le pedigree de ce propriétaire de casinos, ciblé par les RG et le fisc, selon *Libération*, pour une confortable plus-value dans un achat-revente et des liens supposés avec le milieu varois,

1. Loi n° 2014-173 de programmation pour la ville et la cohésion urbaine, 21 février 2014.
2. Entretien avec Myriam El Khomri, 7 janvier 2018.
3. Entretien avec Bernard Laporte, 22 novembre 2010.

en particulier avec Robert Fargette, frère d'un caïd assassiné. Au moment de fouler la cour du Château, le nouveau secrétaire d'État aux Sports sait tout cela, mais il a l'esprit ailleurs. Il se revoit gamin, arpentant les ruelles du village de ses grands-parents et entendant sur toutes les télés le compte rendu du Conseil des ministres. Désormais, c'est lui qui apparaîtra sur les écrans du « 13 Heures ». Il plane... et il n'est pas le seul en ce premier jour. D'autant que l'arrivée tardive a ses avantages. Si elle prive à tout jamais de la photo de groupe sur le perron, elle assure en revanche un privilège inestimable : l'adoubement personnel du président de la République et du Premier ministre.

En avril 2004, Frédéric de Saint-Sernin arrive lui aussi après tout le monde, mais lui n'a rien d'un novice en politique. Conseiller plus ou moins officieux à l'Élysée depuis le début de l'ère Chirac, neuf ans plus tôt, il hérite du secrétariat d'État à l'Aménagement du territoire, trois semaines après l'entrée en fonction du gouvernement Raffarin III. Le titulaire du poste, Philippe Briand, a dû jeter l'éponge, préférant conserver ses activités florissantes d'agent immobilier. Un boulot incompatible avec la charge de membre du gouvernement. Saint-Sernin, lui aussi, tente de refuser. Mais François Baroin, autre « Chirac boy », lui téléphone :

« Chirac te demande de l'aide, tu ne peux pas le lui refuser.

— Il ne me demande pas de l'aide, il veut me faire plaisir. Or ça ne me fait pas plaisir, je vais merder, donc c'est non, répond Saint-Sernin.

— Frédéric, tu ne veux plus servir le président ? », insiste Baroin.

« La fidélité à Chirac mène parfois à des tâches singulières », se dit Saint-Sernin, qui se sent soudain capable d'assumer n'importe quel portefeuille. Le voilà donc en ce premier jour de Conseil, dans les couloirs de l'Élysée qu'il connaît comme sa poche. Il y garde d'ailleurs un bureau à quelques dizaines de mètres du salon Murat. Le nouveau secrétaire d'État croit connaître tous les usages. Pourtant, à sa grande surprise, ce jour-là, on le fait patienter à l'extérieur de la salle du Conseil. Interdiction de rejoindre ses collègues qui attendent le couple exécutif à l'intérieur. À l'abri des regards, vers 10 heures, Chirac arrive dans le vestibule et l'embrasse. Les convenances hors du salon Murat ne sont décidément pas celles du salon lui-même ! La suite n'est pas anodine non plus. Comme le veut l'usage, l'huissier annonce : « Monsieur le président de la République ! » Les quarante cessent leurs bavardages. Chirac dit alors à Saint-Sernin « Vas-y ! » et, coup de théâtre, le pousse vers l'intérieur. Effet garanti ! Là où le chef de l'État est censé précéder le Premier ministre qui lui-même précède le nouvel intronisé, le jeune secrétaire d'État surgit le premier. Évidemment, la tablée tout entière est hilare. Saint-Sernin pique un fard. Chirac, solennel, entre finalement, réfrénant à peine un sourire complice.

Le 17 mai 1991, Michel Sapin garde lui aussi le souvenir de la phrase d'accueil de son président dans l'antichambre du salon Murat[1]. Plusieurs futures stars figurent parmi les novices de ce gouvernement Cresson : Martine Aubry, Dominique Strauss-Kahn… Mais c'est vers le ministre délégué à la Justice, trente-quatre ans, que François Mitterrand s'avance. Ils ne se sont parlé qu'une fois – un rendez-vous six mois plus tôt à l'Élysée, obtenu de haute lutte par Michel Rocard pour ce Sapin qui préside depuis peu la commission des lois de l'Assemblée. Depuis, aucune nouvelle, contrairement à ce qu'il avait promis. Rocard remplacé par Cresson à Matignon, voilà en tout cas son poulain qui débarque au gouvernement. Et Mitterrand de s'exclamer : « Vous avez vu Sapin ? Je vous ai fait signe ! »

Certains arrivent à leur premier Conseil sans avoir jamais rencontré le président. Au début du quinquennat Macron,

1. Entretien avec Michel Sapin, 7 octobre 2017.

c'est le cas de Sébastien Lecornu, qui débarque parmi les onze nouveaux qui gravissent les marches de l'Élysée le 22 juin 2017, dans la foulée des législatives. Tout juste trente et un ans, proche du ministre de l'Économie, Bruno Lemaire, il reste sous le choc de sa nomination comme secrétaire d'État auprès du ministre de la Transition écologique et solidaire, Nicolas Hulot. « L'impression d'avoir heurté un Rafale, confie-t-il à la presse de sa région normande. Le président est venu me voir à la fin de la réunion pour me féliciter[1]. »

Le 9 juin 1958, six mois avant la fondation de la Ve République, Pierre Sudreau, lui, doit se sentir en terrain conquis lorsqu'il arrive pour son premier Conseil. Il sait qu'il a tapé dans l'œil du Général dès la Libération, en 1944. De Gaulle, recevant les premiers déportés rescapés de Buchenwald, repère ce minot décharné de vingt-cinq ans, l'un des plus jeunes chefs de réseau de la Résistance. Il retient son nom, son courage et, quatorze ans plus tard, le convoque une première fois. Rappelé au pouvoir en pleine insurrection algérienne, le Général cherche à constituer une équipe de transition pour rédiger la nouvelle Constitution qui le fera président. Mais Sudreau, devenu préfet adjoint de la Seine, croule sous le boulot et ne se présente pas au rendez-vous. Quelques semaines plus tard, il honore quand même la deuxième convocation, persuadé de se faire virer. Au contraire, de Gaulle l'accueille et déclame, les bras ouverts : « Ah, Sudreau ! Vous avez daigné venir me voir ! Me feriez-vous l'honneur de faire partie de mon gouvernement[2] ? » Sudreau, estomaqué, se paie alors le luxe de faire changer l'intitulé du portefeuille proposé : « La Reconstruction, pas question, c'est le passé ! fait valoir l'impétrant. Je préférerais être ministre de la Construction. » Le « père de Gaulle », comme il l'appelle un demi-siècle plus tard, se lève et

1. *Paris-Normandie*, 22 juin 2017.
2. Entretien avec Pierre Sudreau, 5 avril 2011.

conclut: « Eh bien, au revoir, monsieur le ministre. » Ce qui, chez lui, vaut approbation. Sudreau aurait donc toutes raisons d'arriver confiant à ce premier Conseil. Il se revoit pourtant, poils des bras dressés et gorge nouée, suivant du regard le héros de la France libre qui entre dans la salle du Conseil. Cette émotion se renouvellera chaque semaine pendant les quatre années où il verra le Général serrer la main de tous ses ministres, celle de Malraux comme celle du jeune Sudreau.

Le tout premier, certains s'en souviennent avant tout pour le voisin dont ils héritent. Patrick Kanner, qui débarque en 2014 du conseil général du Nord, cherche dans la salle un ami de son médecin. « Il faut absolument que tu le vois, il a une maison au Touquet », a-t-il prévenu. « J'arrive au Conseil des ministres, et bim, je me retrouve à côté d'Emmanuel Macron[1] », raconte le ministre de la Ville et des Sports de François Hollande.

Moment magique pour la plupart, premier couac pour certains. Ce 18 mai 2007, Hervé Morin prend ses fonctions au ministère de la Défense. Michèle Alliot-Marie, qui bascule à l'Intérieur, lui transmet les pouvoirs le matin à 11 heures, avant de rejoindre la place Beauvau. Elle laisse à son successeur la délicate tâche de représenter l'État aux cérémonies d'hommage, prévues l'après-midi même, pour les victimes du crash dans le Sinaï d'un avion de l'armée française. L'accident remonte au 6 mai, jour du second tour de l'élection présidentielle. Neuf soldats sont morts, dont huit français. Au sortir de l'isoloir, les deux finalistes, Sarkozy comme Royal, ont dit leur émotion, salué la mémoire et la grandeur de l'armée française. Pour les hommages militaires, MAM a cru bien faire en laissant un peu de temps à l'enquête et en programmant la cérémonie le 18 mai. Sauf que Nicolas Sarkozy décide d'organiser son tout premier Conseil des ministres cet après-midi-là.

1. Entretien avec Patrick Kanner, 16 mai 2017.

Pour Morin, impossible de le manquer. Ça ne se fait pas. Premiers pas de l'équipe Sarkozy et, déjà, première polémique. Les familles dénoncent le « mépris du ministre de la Défense qui n'est pas venu » les voir. Dans les semaines qui suivent, Hervé Morin s'emploiera à les rencontrer toutes, une à une. Mais le mal est fait. Démarrage manqué.

Selon les époques, des mots un peu différents reviennent en écho à l'évocation de cet instant si particulier. « Responsabilité », « service des Français », « tâche immense », entend-on jusqu'à l'époque Mitterrand. Beaucoup plus décomplexés, les suivants évoquent le « rêve d'une vie » (Pierre Lellouche), un « aboutissement » (Luc Chatel). « Ma mère pleurait », avoue ce dernier quand il commence sa carrière ministérielle en tant que secrétaire d'État à la Consommation et au Tourisme, en 2007.

De fait, les termes présidentiels lors de ce premier Conseil de l'ère Sarkozy et des suivants changent eux aussi de registre : « Vous vous rappellerez ce premier jour, parce que c'est une consécration en politique, c'est un immense honneur qui vous est fait », scande Nicolas Sarkozy en accueillant son gouvernement. La sémantique du nouveau président est empreinte, davantage que chez ses prédécesseurs, de fierté personnelle. Plus tard, s'agaçant de l'absentéisme de certains de ses ministres, notamment Bernard Kouchner, il ira jusqu'à évoquer un privilège : « Venir au Conseil, c'est parfois chiant. Mais ce qui l'est encore plus, c'est de ne plus y être convié, j'en sais quelque chose, cela m'est arrivé[1]. »

Déjà sous Chirac, Xavier Darcos, arrivé en mai 2002 à l'Enseignement scolaire, se dit en lui-même : « Ça y est, j'y

1. Lexpress.fr, novembre 2008, rapporte ces propos tenus lors du Conseil des ministres du 12 novembre 2008, où se sont fait excuser Bernard Kouchner, Christine Lagarde et Roselyne Bachelot.

suis quand même[1] ! » Darcos, sur un petit nuage, garde en mémoire la présence – réelle ou imaginaire ? – d'un orchestre. Comme tous, il découvre la grande table, cherche sa place sur les étiquettes, le nom de ses voisins. Ce petit jeu fait forcément beaucoup de déçus. Par définition, les nouveaux figurent souvent très loin dans l'ordre protocolaire..., donc en bout de table, près de la fenêtre du jardin, dans les courants d'air, ou de l'autre côté, près de la porte d'entrée, là où les photographes leur demandent de se pousser un petit peu pour les laisser prendre leur photo tranquillement. Dans tous les cas, bout de table signifie : ne rien entendre quand on est plus de vingt et figurer loin du « rectangle stratégique » des cadors. Mauvaise pioche, donc.

Parmi les rares exceptions, Jean-Louis Debré débute, dans l'équipe d'Alain Juppé, directement comme ministre de l'Intérieur – sa seule expérience gouvernementale. Deuxième place à la gauche du Premier ministre. Pas le meilleur côté, reconnaît l'intéressé : « Le premier jour, beaucoup sont déçus en découvrant qu'ils ne sont pas assis du même côté que le président, et qu'ils ne seront donc pas sur la photo la plus diffusée[2]. » Au Conseil, Debré se sent toutefois chez lui. Et pour cause : « Chirac m'a prévenu que je serais ministre dès son élection, avant de le dire à Juppé », aime à raconter le président du Conseil constitutionnel. Et de narrer cette entrevue à la mairie de Paris où l'envoie le président fraîchement élu. « Juppé va te demander ce que tu veux, tu réponds que tu es à sa disposition. Il va te proposer l'Intérieur. Tu fais le surpris et tu acceptes. Mais d'ici là, tu la boucles[3] ! » À ce premier Conseil, Debré affirme toutefois être arrivé avec en tête un message de son père, Michel, le rédacteur de la Constitution de la Ve République.

1. Entretien avec Xavier Darcos, 24 mars 2011.
2. Entretien avec Jean-Louis Debré, 2 mai 2011.
3. *Idem*.

Message empreint de modestie. L'ancien Premier ministre de De Gaulle souffre de la maladie de Parkinson à un stade déjà très avancé lorsque son fils prend ses quartiers place Beauvau. Chirac lui ayant annoncé lui-même la promotion de l'ex-magistrat, Michel Debré fait venir son fils, lui prend la main et dans un effort immense l'avertit : « N'oublie jamais que tu seras plus longtemps ancien ministre que ministre. » La formule a tout du testament gaulliste. D'ailleurs, au même moment, ou presque, un autre enfant de ministre du Général entend la même chose dans la bouche de son propre père.

Cet autre enfant fraîchement nommé c'est Françoise de Panafieu. Son père – et mentor : François Missoffe. Après avoir été son assistante parlementaire, Panaf se fait élire dans la même circonscription, occupée dans l'intervalle par sa mère, Hélène Missoffe. Dans cette famille de connaisseurs, le message « Tu seras plus longtemps ancien ministre que ministre » se révèle prophétique : la nouvelle ministre du Tourisme, nommée en mai 1995, est remerciée dès novembre de la même année, en compagnie des sept autres « Juppettes ». Cinq mois au gouvernement, le reste de sa vie au-dehors. « Quand je suis entrée dans la salle du Conseil, se souvient Françoise de Panafieu, seize ans plus tard, je n'ai vraiment pas eu à l'esprit la notion d'être "arrivée". J'ai eu le sentiment d'entrer au cœur névralgique du gouvernement de la France. C'est là que, en équipe, les choses importantes pour le pays allaient se décider. Évidemment, il y avait l'honneur de servir la France. Mais pas dans l'idée : "C'est sympa de se regarder dans la glace et de se voir ministre." Comme quand j'ai été élue député, je me suis dit : "Maintenant, tu es sans filet. Tu es toute seule[1]." »

Preuve que beaucoup ont l'esprit ailleurs en ce premier Conseil, très peu se souviennent des mots de leur président. Aucun, hormis les quelques rescapés de l'équipe précédente,

1. Entretien avec Françoise de Panafieu, 29 mars 2011.

ne peut donc concevoir à quel point ces propos sont calqués sur ceux du prédécesseur.

Règle numéro un : solidarité gouvernementale. « On joue collectif, sous l'autorité du Premier ministre. Je vous demande de la modestie dans le comportement, vous êtes là pour servir l'État, pas pour vous servir. Pas de comportement qui agresse », énonce Chirac. Autour de la table, tout le monde s'empresse de prendre en note ces paroles historiques, juste avant de s'entendre rappeler la règle numéro deux : le secret des délibérations, autre grand principe gaullien. « Tout le monde avait tout noté, se souvient Dominique Bussereau. Le lendemain tout s'est retrouvé dans la presse. »

Également parmi les classiques du premier Conseil : le tour de vis budgétaire. L'État donne l'exemple. D'entrée, en 2012, François Hollande réduit les salaires du gouvernement : « 30 % de moins », précise le décret à l'ordre du jour de ce 17 mai. Soit 9940 euros bruts mensuels pour un ministre au lieu de 14200. Une loi adoptée durant l'été, mais rétroactive au 15 mai, ramène la rémunération du président de 21300 à 14910 euros[1]. Le train de vie des cabinets ministériels n'est pas épargné. Dotation réduite de 10 % avec, pour chaque ministre, 15 collaborateurs maximum – 10 pour un ministre délégué. Cinq ans plus tard, Emmanuel Macron va encore plus loin mettant la barre à 10 maximum pour un ministre de plein exercice, 8 pour un ministre délégué, 5 pour un secrétaire d'État. Élagage spectaculaire qui permet 35 millions d'euros d'économies[2] : le

1. Exception notable à cette rigueur des débuts de mandat : le salaire présidentiel bondit de 167 % après cinq mois de présidence Sarkozy. Il est fixé en octobre 2007 à 18700 euros au lieu de 7 000.

2. *Le Canard enchaîné* du 1er novembre 2017 révèle que les conseillers ministériels sont certes moins nombreux, mais beaucoup mieux payés que sous Hollande : 9 186 euros bruts mensuels, au lieu de 7624 euros en moyenne selon le « jaune » budgétaire annexé au projet de loi de Finances 2018. Le budget des cabinets passe à 117 millions d'euros, au lieu de 152.

gouvernement d'Édouard Philippe compte 288 conseillers, au lieu de 551 sous Valls. Un mouvement entamé une quarantaine d'années plus tôt avec Giscard qui, en 1974, avait déjà douché l'enthousiasme de ses troupes le premier jour, annonçant cent cinquante licenciements à l'Élysée et un serrage de ceinture dans tous les cabinets.

Autre recommandation récurrente : la concision des interventions. Le grand combat de tous les présidents de la Ve. François Mitterrand insiste le 19 juillet 1984, devant le gouvernement du nouveau Premier ministre, Laurent Fabius. Autour de la table, les petits nouveaux s'appellent Georgina Dufoix, Michel Delebarre, Haroun Tazieff, Jean-Marie Bockel ou encore Jean-Michel Baylet. Dans les notes prises par Jacques Fournier, secrétaire général du gouvernement[1], on peut lire face aux initiales « PR » – pour président de la République :

> — *Si j'exigeais aujourd'hui de vous le serment de ne pas faire de conférence en Conseil des ministres, vous seriez tous un jour ou l'autre parjures. Néanmoins j'insiste sur le fait que je ne veux pas que les ministres parlent sur notes écrites. Nous sommes le Conseil des ministres de la République française. Les ministres doivent connaître leurs affaires. Ils ne sont pas là pour répercuter les travaux de leur administration*[2].

En face, le Premier ministre reste discret. Laurent Fabius connaît ces consignes pour avoir vécu les trois années précédentes dans les trois équipes Mauroy. Loyal et habile, il se félicite – brièvement – de l'honneur qui lui est fait de prendre la tête du gouvernement :

1. Document consulté aux Archives nationales sur dérogation.

2. Les propos tenus en Conseil des ministres apparaissent en italique dans ce livre. Issus de débats secrets, ils sont par nature des révélations, sauf mention contraire.

— Mon objectif est d'assurer la réussite du septennat. Je voudrais rendre hommage à Pierre Mauroy que chacun des membres du Conseil des ministres connaissait et a pu apprécier. Le nouveau gouvernement ne réussira que s'il est étroitement soudé. L'action, la discrétion, la cohésion sans faille doivent être ses soucis principaux.

L'allusion à Mauroy plaît sans doute à Michel Delebarre, son collaborateur de longue date à la mairie de Lille et à Matignon. Mitterrand aussi s'en félicite, lui qui vient de remiser au placard la loi Savary sur l'école libre à laquelle tenait tant son premier locataire de Matignon :

— Je remercie le Premier ministre d'avoir évoqué Pierre Mauroy. Il n'est pas question de parler de lui en pareille circonstance comme on le ferait pour une oraison funèbre. Mais j'ai rarement vu un homme aussi généreux, aussi disponible, aussi courageux. Son nom s'inscrira dans l'histoire de notre époque.

Tant de formalisme n'a pas fini de sidérer tous les nouveaux venus. Même Lionel Jospin. L'ancien premier secrétaire du PS a beau avoir accompagné François Mitterrand pendant tout le premier septennat[1], avoir préparé et débriefé en détail la plupart des Conseils depuis mai 1981, avoir écouté les récits de ses copains ministres, il n'en demeure pas moins marqué, à défaut d'être réellement surpris, lorsqu'il pénètre lui-même comme ministre dans l'enceinte du salon Murat en mai 1988. Au-delà du formalisme, lui si rétif à tout épanchement concède d'ailleurs : « Ça avait un sens, pour moi qui avais été haut fonctionnaire, de devenir ministre de la

1. Durant tout le premier septennat Mitterrand (jusqu'au début de la cohabitation de 1986-1988), Lionel Jospin participe aux « petits déjeuners du mardi » avec le président, le secrétaire général de l'Élysée et le conseiller spécial du président.

République. Je pouvais désormais jouer un rôle dans un lieu qui m'était familier politiquement, même s'il ne me l'était pas d'un point de vue sacramentel[1]. »

Parmi les premiers Conseils, un en particulier est entièrement placé sous le sceau de la surprise : celui du 27 mai 1981. Vingt-trois ans que la gauche n'a pas gouverné. Autour de la table : que des bleus ! Sauf quatre : Gaston Defferre (Intérieur) et Alain Savary (Éducation) ont officié sous Guy Mollet ; Michel Jobert (Commerce extérieur) a dirigé le Quai d'Orsay à la fin de l'ère Pompidou puis sous Giscard ; quant à Maurice Faure (Justice), il a été membre de quatre gouvernements sous la IVe – il s'en ira au bout d'un mois.

Des nouveaux, on attendrait la naïveté du novice, sa ferveur aussi, bien sûr. D'autant que la plupart se connaissent pour avoir été députés. Autour de la table, certains sont rodés à la machine de l'État : Claude Cheysson l'ambassadeur, Jacques Delors l'ancien chargé de mission de Chaban à Matignon, Pierre Joxe qui traîne ses guêtres depuis vingt ans de la Cour des comptes au Commissariat général au plan. Les autres, notamment un bataillon de profs, découvrent tout : Le Pensec, Mexandeau, Mermaz, Hervé... Ils arrivent à ce Conseil encore émoustillés par leurs premiers jours dans des ministères dépouillés par l'équipe précédente. Plus de dossiers et bien souvent plus de secrétaire, ni même de machine à écrire. Mais Mitterrand n'est pas décidé à laisser s'installer l'euphorie. La pagaille, genre nouvelle classe d'école, qu'il découvre en arrivant dans le salon Murat ce 27 mai lui déplaît souverainement. Marceau Long, secrétaire général du gouvernement, rescapé de l'ère Giscard, est prié de remettre tout le monde dans le droit chemin[2]. Chacun derrière sa chaise en

1. Entretien avec Lionel Jospin, 20 avril 2011.
2. Entretien avec Marceau Long, 4 mai 2011.

attendant, prière de s'interpeller par sa fonction, non par son prénom, et de s'adresser au président.

Quelle désillusion pour la première femme ministre d'État de la Ve[1], Nicole Questiaux, qui débarque du Conseil d'État avec la ferme intention d'appliquer le slogan de campagne ! « Quand on disait "changer la vie", pour moi c'était vraiment sérieux », dit après coup celle qui ouvrit la voie aux énarques affichés à gauche. Avec son chignon imparfait et son look d'intello très nature, elle s'installe à la droite du Premier ministre, le sourire jusqu'aux oreilles. Mais dès le premier Conseil, c'est la douche froide. Dans ce salon Murat, qui a vu pleurer Mendès six jours plus tôt lors de la passation de pouvoir, le symbolisme la glace. « Lorsqu'on s'assied à cette table, ce formalisme apparaît tout de suite bizarre, vu qu'on n'est pas en royauté. Dans mon esprit, après tout le mal qu'on s'était donné pour être unis et battre la droite, toute cette bataille politique devait forcément amener à la collégialité d'un gouvernement. Or je découvre un Conseil des ministres ultra rigide. Mitterrand nous dit : "Ne prenez pas de notes, parlez chacun votre tour et pas trop longtemps." Je comprends que certaines affaires seront inscrites à l'ordre du jour sans discussion. Sur les autres, le débat se révélera assez étroit[2]. »

Autour de cette table de débutants, plusieurs ont déjà eu le temps d'accumuler quelques aigreurs. Michel Rocard rêvait de l'Éducation. Lui qui a envisagé un temps défier Mitterrand pour se présenter à la présidentielle hérite, pour son tout premier poste, de l'Aménagement du territoire et du Plan – ce qu'il appelle son « purgatoire ». Jacques Delors, ministre de l'Économie et des Finances, a appris sa nomination à la radio.

1. Nicole Questiaux perd son grade de ministre d'État dans le deuxième gouvernement Mauroy, suite aux législatives de juin 1981.
2. Entretien avec Nicole Questiaux, 17 janvier 2011.

La guerre est déjà déclarée avec son ministre délégué au Budget, qu'il n'a pas pu choisir, Laurent Fabius.

Ce tout premier Conseil est vite expédié. Une demi-heure montre en main. Édith Cresson digère autant que faire se peut son atterrissage à l'Agriculture : « source formidable d'emmerdements », a dit Maurice Faure en repoussant lui-même le poste. Celle qu'on présente déjà comme une protégée du président garde davantage le souvenir du deuxième Conseil, synonyme là aussi de désillusion. « Gaston Defferre a dit quelque chose de très intéressant qui s'est vérifié par la suite : "On a six mois pour faire quelque chose, après c'est fini[1]." » Conclusion d'Édith Cresson : « J'ai eu, là, le premier signal des blocages à venir. »

Ce 27 mai 1981, un ministre balance entre sensation de magique et sentiment de tragique. Louis Mexandeau, fidèle parmi les fidèles de François Mitterrand, célébrerait volontiers l'arrivée de la gauche au pouvoir s'il ne pleurait en même temps la mort de sa mère. L'enterrement a lieu le jour même, à douze kilomètres d'Arras. Sitôt le Conseil achevé, Mex doit sauter dans la voiture de fonction et filer lui rendre ce dernier hommage. Les symboles se télescopent. Assis pour la première fois à cette table, le ministre des PTT écoute François Mitterrand parler de « l'honneur » d'être là. Il pense à son père, mort avant la guerre, au deuxième mari de sa mère, déporté quand il avait onze ans. À cette maman, pilier de son existence, dans sa famille de résistants protestants. À Charles Debarge, mort au combat en 1942, et à tous les héros anonymes de son Pas-de-Calais occupé. Quarante ans plus tard, dans les jours qui suivent le 10 mai – l'élection de Mitterrand –, un infirmier a juste le temps d'apprendre à la mère de « Loulou » l'entrée de son fils au gouvernement. Ils l'ont

1. Entretien avec Édith Cresson, 29 février 2011.

dit à la radio. « Elle s'est retournée, elle est morte », dira l'infirmier à Louis Mexandeau[1].

Ce jour-là, le premier des ministres est lui aussi novice. Du jamais vu à ce poste depuis Pompidou en 1962. Après lui, Jean-Marc Ayrault, en 2012, connaîtra la même émotion avec, en prime, un président, François Hollande, également débutant. Dans le cas de Mauroy, cela fait six mois qu'il se prépare à l'idée. Mitterrand lui parle d'un « ticket » dès novembre 1980, lors d'un déjeuner près du Trocadéro[2]. Le terme n'existe pas en France, mais il comprend la référence au duo président/vice-président des États-Unis. Pendant les six mois qui restent jusqu'à l'élection présidentielle, le maire de Lille observe, amusé, les supputations des uns, l'intox des autres pour tenter de se placer. À l'arrivée, Mauroy pilote, comme promis, ce premier gouvernement d'alternance après dix ans de combat commun. Pas de temps à perdre. Ce 27 mai, il annonce dans l'enceinte du salon Murat les mesures issues des cent dix propositions :

> — *Le Smic augmentera de 10 % dès le 1er juillet. Les allocations familiales et logement de 25 %. Les textes sont prêts et pourront être adoptés dès le prochain Conseil des ministres.*

Jusqu'au quinquennat Hollande inclus, tout le monde se retrouve sur le perron du jardin à la fin du premier Conseil. Ah, la première photo de famille que tant de ministres font ensuite encadrer ! Devant les marches, les bras dans le dos, François Mitterrand pose à côté de son grand Premier ministre, un pas devant, le reste des troupes réparti sur l'escalier. Sous leurs pieds, une étiquette indique leur position. Là non plus, aucune place pour l'improvisation. Encore que...

1. Entretien avec Louis Mexandeau, 7 décembre 2011.
2. Entretien avec Pierre Mauroy, 9 février 2011.

L'histoire retient quelques erreurs. Cécile Duflot, ministre du Logement des premiers gouvernements Hollande/Ayrault en 2012, se serait-elle trompée de place, postée en bas à gauche du perron ? « Ah non ! C'est mon étiquette qui était mal placée[1] ! », proteste la ministre rebelle, qui râle aussi de devoir participer à un cliché des ministres femmes autour du président. « Au remaniement, après les législatives, il n'a pas osé recommencer. Je lui ai dit : "OK pour une photo de femmes si tu en fais une avec les hommes." Du coup, il n'y a eu ni l'une ni l'autre. » Cécile Duflot n'est pas au bout de son exaspération. À sa sortie, elle découvre qu'elle a provoqué l'hilarité sur les réseaux sociaux et dans les médias à cause de... son jean. « Pas calculé du tout », jure-t-elle, arguant qu'elle portait ce jour-là « les vêtements les plus chers de [sa] garde-robe. La paire de chaussures, notamment. »

En 2017, l'équipe Macron opère une petite révolution. Pas question d'emmener tous les photographes dans le jardin. Avant la fin du Conseil, ce 18 mai, les journalistes sont même priés de quitter la Cour d'honneur. Très vite, ils comprennent qu'ils vont être privés des déclarations des novices. Privés aussi de la photo sur le perron extérieur ! Du jamais vu. L'ex-animateur d'« Ushuaia » devenu ministre d'État, Nicolas Hulot, la championne olympique d'escrime Laura Flessel ou encore l'ancienne patronne des éditions Actes Sud en charge de la Culture, Françoise Nyssen, se serrent finalement à l'intérieur, sur l'escalier du vestibule d'honneur de l'Élysée, devant quelques photographes triés sur le volet. « Manque de place ! », argue le service communication. En bas des marches, au premier rang, entre drapeau européen et drapeau français, le hollandais Jean-Yves Le Drian, l'éphémère garde des Sceaux François Bayrou et le fidèle ministre

1. Entretien avec Cécile Duflot, 29 novembre 2012, pour le documentaire *Dans le secret du Conseil des ministres* (*cf.* p. 12).

de l'Intérieur Gérard Collomb se tiennent à la gauche du plus jeune président de la Ve République. À sa droite, le géant Édouard Philippe – 1,94 mètre – a visiblement été prié de faire un pas en arrière, tandis que Nicolas Hulot prend la pose de trois quarts, masquant à moitié Sylvie Goulard, la ministre centriste des Armées. Celle-ci démissionnera le 20 juin 2017.

Nouvelle scène inédite cinq semaines plus tard. Le gouvernement Édouard Philippe allongé de onze membres après les législatives se retrouve, cette fois, dans le jardin. Mais seul un « pool » de quatre photographes est autorisé à venir prendre un cliché. Nouvelle frustration pour les autres. Et nouvelle grogne dans la Cour d'honneur, côté rue. Du jardin, on entend des : « En grève ! » Tous font dos au Château. La communicante en chef, Sibeth Ndiaye, vient aux nouvelles et laisse finalement entrer un représentant par média… mais avec pour consigne de ne pas immortaliser la mise en place. Obéissants, les photographes se tiennent à carreau pendant la pose – un homme/une femme, pour souligner la parité, et le président au deuxième rang, pour casser les codes. Mais ils se régalent au moment de la dispersion. Furax, Sibeth Ndiaye promet qu'on ne l'y prendra plus. Le ton est donné.

Quelle que soit l'époque, la photo des débuts transpire toujours le contexte particulier du scrutin présidentiel qui vient d'avoir lieu. Celui de mai 2002 sans doute plus que d'autres. L'équipe Chirac/Raffarin pose au lendemain de son *mano a mano* avec l'extrême droite. Le pays et la classe politique demeurent sonnés par le séisme du 21 avril. L'impensable s'est produit. Jean-Marie Le Pen, arrivé deuxième derrière Jacques Chirac au premier tour, a pris la place de finaliste dévolue à la gauche. Pierre Giacometti, alors grand manitou d'Ipsos, se charge personnellement de prévenir Lionel Jospin – qui l'a été bien avant par son « Monsieur Sondages », Gérard Le Gall. Le coup de fil est plus agréable à passer à l'Élysée où, quoi qu'on dise officiellement, le champagne va couler ce soir-là. « *Yes !* », entend-on dans la cellule réunie pour recevoir les résultats. La consternation s'installe dans tout le pays, sauf dans cette pièce. Pour eux, c'est gagné. Le Pen ne fera jamais 50 %. Après cinq ans de cohabitation, Chirac tient sa revanche. Évidemment, à l'extérieur, personne n'ose parader.

Le soir du 21 avril, au Tapis rouge, le QG de campagne, le président sortant parle de « drame pour la France ». Jean-Pierre Raffarin, qui ignore son installation imminente à Matignon, note que le président s'abstient de tout sourire. La campagne d'entre-deux-tours sera intégralement axée sur ce traumatisme. Le lundi matin, 22 avril, à 10 heures, ça gronde lors de la réunion de l'état-major chiraquien. « Je pensais que la gravité serait retombée, se souvient Raffarin. Pas du tout. Il a refait le topo : "La France qui a connu Vichy peut retomber dans ces erreurs-là ! Nous avons une responsabilité énorme vis-à-vis de toute la société française." »

Le mercredi 9 mai, le gouvernement Raffarin s'installe donc dans le salon Murat, quelques jours après la victoire finale que d'aucuns espèrent enfin savourer. Deux semaines à battre sa coulpe, ça suffit. Eh bien, non ! Encore raté. Chirac a le visage fermé. « Il était de mauvais poil parce qu'il pensait qu'on allait perdre les législatives, raconte Dominique Bussereau qui fait partie des novices du jour. On s'était encore fait engueuler la veille au soir au Tapis rouge parce que, soi-disant, la gauche allait gagner[1]. » Chirac en veut à l'UMP naissante de ne pas avoir assez préparé les candidats… et candidates en particulier. Ça le chagrine. « Avec ce qu'elle vient de subir, la gauche frustrée va vouloir se venger. N'importe quelle femme prof de collège socialiste va battre un ancien ministre ou un député sortant », prédit le président réélu à ses troupes le soir de la victoire. À ce premier Conseil, son message est donc très

1. Entretien avec Dominique Bussereau, 4 avril 2011.

politique : « Vous êtes des ministres de mission. Je compte sur vous pour gagner les élections. »

Même s'il ne le dit pas, on l'entend penser très fort : Pitié, épargnez-moi une nouvelle cohabitation ! Pour l'occasion, le chef de l'État a des voisins de choix. À sa droite, Nicolas Sarkozy, ministre de l'Intérieur, digère douloureusement de ne pas s'être assis dans le fauteuil d'en face. À sa gauche, son dévoué Dominique de Villepin fait ses débuts à la grande table du Conseil des ministres. Celui qui a assisté à tous les Conseils du premier mandat en tant que secrétaire général de l'Élysée siège désormais comme patron du Quai d'Orsay. Son vis-à-vis, Raffarin, inaugure lui aussi de nouveaux habits, ceux de Premier ministre.

Tout est allé très vite. Coup de fil de l'Élysée le lundi à 11 heures. Chirac a déjà arrangé les choses pour Sarkozy et Villepin. Il a consulté les généraux, ils sont d'accord pour MAM. Il veut aussi Jean-Jacques Aillagon à la Culture et Brigitte Girardin – sa conseillère Outre-mer – aux Dom-Tom. Le reste s'organise dans la journée. Le mardi, tout est bouclé. Et premier Conseil dans la foulée, le mercredi. « Finalement, j'avais moins le trac qu'en commençant comme ministre », se souvient Raffarin, qui garde juste dans les mains la sensation d'un fauteuil plus lourd que sa chaise d'avant. Signe indéniable du changement de fonction.

Parmi les nouveaux, Alain Lambert débarque au Budget. Jusqu'ici président de la commission des Finances du Sénat, le Normand ne garde pas de ce premier Conseil le souvenir d'« un quelconque élan historique dans le discours du président, rien de très solennel non plus ». Plus net en revanche dans ses souvenirs, le paquetage. Le guide pratique complet du parfait ministre trône à sa place quand il arrive. À l'intérieur, tout pour faire sa déclaration de patrimoine, s'assurer contre la maladie, cotiser pour la retraite. « "Si vous êtes parlementaire, restez assuré à votre Assemblée", parce que c'est prévu comme ça. Sinon, vous avez le droit de choisir une des deux assemblées parlementaires. On vous indique aussi le montant des indemnités et l'on découvre qu'elles seront différentes selon que vous appartenez ou pas à la fonction publique! C'est ça, mon principal souvenir du premier Conseil! J'avais trouvé ça un peu… baroque[1]. » Dans le dossier également, les horaires du Conseil, le mot d'excuse en cas d'absence à faire parvenir au secrétariat général. « J'aurais dû le garder, regrette Alain Lambert. Tous les ministres devraient d'ailleurs le relire régulièrement pour se rappeler certaines choses. Comme par exemple le nombre de collaborateurs par cabinet! » Le texte ne donne pas de chiffre mais la consigne est claire: ceinture!

À la même époque, a lieu un événement savoureux au milieu des colonnes dorées du salon Murat. Chez les ministres, par définition, aucun intérimaire ne siège jamais à l'improviste. Ce n'est pas le cas pour les hauts fonctionnaires. Ainsi, la chaise des secrétaires généraux ne doit jamais rester vide. Durant la cohabitation Chirac-Jospin, Jean-Marc Sauvé se fait porter pâle un mercredi: il a dû être hospitalisé en urgence. Son adjoint doit donc le remplacer au pied levé. Une première particulière pour Serge Lasvignes. Ce ne sera pas une dernière. À compter de 2006, ce haut fonctionnaire deviendra secrétaire général à part entière, et durant tout le mandat de Nicolas Sarkozy. Mais pour sa première fois, il improvise.

Dans la distribution hyper réglée des documents sur la table, Lasvignes s'applique à déposer le projet de compte rendu pour la presse devant chaque chaise. En cohabitation, plus qu'à aucune autre période, le moindre incident peut très vite prendre une ampleur démesurée. Chacun doit disposer de son exemplaire pour jeter un œil à la partie qui le concerne et signaler une erreur éventuelle. Seulement, l'adjoint au secrétaire général commet un impair. Il en donne un aussi au

1. Entretien avec Alain Lambert, 15 avril 2011.

président. Et là, scandale ! En arrivant, les yeux de Chirac se bloquent sur la feuille. Il n'a jamais vu ça. Il n'en revient pas. « Qu'est-ce que c'est que ce document ? Qu'est-ce que c'est que cette nouveauté ? Que me veut-on ? Que l'on m'explique ! » Lasvignes, catastrophé, se décompose. À côté de lui, Villepin, secrétaire général de l'Élysée, reste impassible. Jospin, Premier ministre, imperturbable. Le calme revient finalement. À la fin du Conseil, Serge Lasvignes, honteux, vient s'excuser platement auprès de Dominique de Villepin qui lui répond : « Oh, ne soyez pas désolé ! Pour une fois qu'il y a quelque chose de nouveau ! »

3

DE GAULLE, MITTERRAND, MACRON : LES ANTIQUES

De Gaulle n'a pas seulement inventé la Ve République, il a aussi posé les jalons du Conseil des ministres. La mise en scène, l'ordre du jour, le décorum et même le jour : le mercredi. Aucun président par la suite ne parviendra – ou ne se risquera réellement – à bousculer ces usages. Mais à y regarder de plus près, le Général, dans la salle du Conseil, apparaît sous des traits inattendus. Intransigeant, acide, parfois même las. Petit à petit, le parallèle s'impose avec un autre « patron ronchon », qu'il connaît bien pour avoir été mis en ballotage par lui en 1965 : François Mitterrand. Surprise aussi de ce côté-là : se serait-il inspiré de celui dont il dénonçait le coup d'État permanent ? C'est dans cette catégorie que s'inscrit, dès le début de son mandat, Emmanuel Macron. Autoproclamé « jupitérien[1] » pendant sa campagne, éminemment attaché au décorum, au Conseil son attitude semble dire : « Vous débattez, je gouverne. »

Leur pilotage du Conseil présente en tout cas certaines similitudes, l'un à droite, l'autre à gauche, et le troisième les deux à la fois, quoique sans doute moins gauche qu'adroit.

---

1. *Challenges*, octobre 2017.

Charles de Gaulle (1959-1969)

D'abord l'entrée en piste. Une poignée de main à chaque ministre – en commençant par la gauche, toujours. Autour de la table, la troupe attend, derrière sa chaise, cinq minutes, parfois dix.

« Bonjour, cher ami.

— Mes respects, mon Général. »

Pour certains, il a un mot. Parfaitement briefé par son aide de camp, il s'émerveille d'une naissance chez son ministre des Affaires sociales plusieurs fois père et grand-père : « Vous féliciterez Mme Jeanneney. » À Raymond Marcellin, ministre de l'Agriculture, qui vient d'adopter un garçon : « Eh bien ! vous voilà fils-père », laissant traîner la fin du mot.

De Gaulle a aussi ses coups de griffe. Reproche à un ministre pour une réforme mal conduite : « Cher ami, il faudrait que nous en parlions », lâche-t-il en passant devant Louis Joxe, en charge des Réformes administratives. Plus anecdotique – quoique –, à la fin de l'été 1966, il alpague François Missoffe, la mine couleur brique, alors que la consigne voulait qu'on restât à Paris pendant que le Général rédigeait son discours de Phnom Penh. « Il faisait beau à la mer, Missoffe ? », demande-t-il, un rien sadique, au jeune ministre des Sports tout juste rentré de sa résidence secondaire en Normandie[1]. Missoffe, sitôt assis, peste à l'oreille de son voisin Jean Charbonnel[2] : « Le salaud ! Il prétend ne pas avoir remarqué. Mais en fait, il avait très bien vu ! » Les plus rebelles – ou « facétieux », comme les qualifie l'historienne Claude Dulong – sous-entendent que « le Général se venge ainsi de la monotonie de ses vacances à

1. Anecdote confirmée par Hélène Missoffe, 10 janvier 2011.
2. Entretien avec Jean Charbonnel, 30 septembre 2010.

Colombey[1] ». De là l'idée de supprimer un ou deux Conseils tout au plus sur l'été. « Plaisanterie, bien sûr, s'empresse d'ajouter l'historienne, pour qui les vallonnements austères de la forêt gauloise suffisaient et convenaient au Général. S'il posait un regard insistant sur ceux de ses ministres qui arboraient au Conseil une mine par trop bronzée, c'était seulement pour leur faire sentir qu'il n'ignorait rien de la frivolité de leurs divertissements. »

Pourtant, de Gaulle peut bel et bien se montrer franchement acide, cassant. « Méchant », disent même certains… qui pourtant en redemandent. Parmi les souffre-douleur : Roger Frey à l'Intérieur. D'après Alain Peyrefitte, chaque semaine, quand l'ordre du jour en arrive aux nominations, le Général s'agace de ses sempiternelles louanges :

> — *À vous entendre, les préfets que vous nous présentez, qu'ils s'en aillent, qu'ils restent ou qu'ils arrivent, sont tous éminents et sans défauts*[2].

Imagine-t-on aussi qu'il bougonne certains jours ! Le 23 novembre 1966, Couve annonce l'inauguration de l'avenue Winston-Churchill à Paris. Encore un qui décroche une rue à son nom. Encore un étranger. « Nous faisons des politesses, mais on ne nous les rend pas, proteste le président qui goûterait volontiers quelque avenue Charles-de-Gaulle au bout du monde. Le ministre de l'Intérieur devrait donner des instructions en ce sens au préfet de la Seine. » Peyrefitte rapporte la réponse sarcastique, elle aussi, de Pompidou, ce jour-là :

> — *Cette avenue n'est bordée par aucune maison. Elle passe entre le Petit et le Grand Palais. C'est une politesse qui ne coûte pas cher.*

1. Claude Dulong, *La Vie quotidienne à l'Élysée…*, *op. cit.*
2. *Ibid.*

Pas sûr que cela calme le Général.

Évidemment, les agacements restent de haute tenue. En 2011, les plus lettrés des ministres de Nicolas Sarkozy aiment à souligner que le dépit présidentiel s'exprimait en latin au début de la Ve. En avril 1962, Michel Debré détaille en Conseil des ministres la débâcle des législatives qui va d'ailleurs lui coûter son poste à Matignon. La droite perd 66 sièges, la gauche en gagne 89. En réponse, de Gaulle exhume ce vers de Virgile: *Infandum, regina, jubes renovare dolorem* («C'est une douleur indicible que tu me demandes de rappeler»). Avec lui, les termes impropres ou néologismes ne passent pas la rampe. Levant les yeux au ciel, il coupe la parole à un ministre en pleine communication, sans désigner clairement qui que ce soit – ce qui est pire:

> — *Il est affreux que l'on dise la «délivrance» des autorisations. Il faudrait dire l'«octroi».*

Le malheureux s'efforce tant bien que mal de continuer.

Tous savent pourtant que, en tête à tête, de Gaulle lui-même se lâche parfois. Familier, voire franchement grossier. Avec Charbonnel, il évoque un jour les législatives à venir et l'adversaire de celui-ci: «Vous avez contre vous Jean-Jacques Servan-Schreiber, ce vieux con!» Prudence complice de l'ancien ministre corrézien: «Il ne l'aurait pas dit en Conseil.» Et pourtant! Le 14 août 1964, dans l'un de ces innombrables Conseils consacrés à la bombe H, le Général, critiqué par l'opposition sur les dangers des essais nucléaires, s'emporte:

> — *Depuis qu'on a fait des expériences atomiques, y a-t-il quelqu'un qui en soit mort? Qu'on nous foute la paix.*

Et, comme si l'emportement du président autorisait soudain l'impertinence, Couve de Murville marmonne à son tour:

— *Sauf à Bikini*[1], *où on n'avait pas pris les précautions nécessaires.*

Dans le huis clos du Conseil, parfois de Gaulle s'ennuie. La presse de l'époque se garde bien de le souligner. Le sait-elle seulement ? Pas sûr. Le Général joue avec ses lunettes. Souvent, il dessine sur les feuilles blanches posées devant lui. Le buste figé, quoique légèrement relâché, la moustache immobile, seule la main fait des allers et retours. Il griffonne invariablement la même figure : un parallélépipède qui s'enfuit vers le haut. Évidemment, le mouvement de son crayon vert n'échappe à personne. « Nous guettions ses faits et gestes pendant nos communications, se remémore Jean Charbonnel, presque gêné de la confidence. Lorsque son crayon commençait à osciller dangereusement, c'était le signe qu'il fallait conclure. » Pompidou, « qui était malin », raconte encore l'élu corrézien, avait trouvé la parade. Lorsque Debré ou Messmer, par exemple, parlaient trop, le Premier ministre interpellait soudain le Général d'une formule passe-partout comme : « Il me semble qu'on a tel rendez-vous aujourd'hui. » « Et hop, on leur fermait le bec », conclut Charbonnel.

Plus encore que des bavards, le Général s'exaspère des taiseux. Malheur à celui qui reste sur son quant-à-soi pendant la réunion et vient, après coup, lui donner son avis. Sans faire du Conseil une agora politique, de Gaulle ne s'offusque pas qu'on lui réponde. Au contraire, il aime les fortes têtes, dès lors qu'elles ne se manifestent pas trop souvent. « Le Général déteste les béni-oui-oui et s'irrite des silencieux[2] », confirme Robert Buron, ministre MRP des Travaux publics, qui finit lui-même par démissionner après la conférence de presse du

1. L'atoll de Bikini, dans les îles Marshall, abrite les expériences nucléaires américaines dès 1946… époque où il donne son nom au maillot de bain deux-pièces, lui aussi atomique – comme le suggère la publicité aux États-Unis.
2. Bernard Chenot, *Être ministre*, Plon, 1967.

Général sur l'Europe[1], en mai 1962. Hélas pour le Général, il y a matière à s'irriter, car souvent on entend les mouches voler lorsqu'il se lance dans un tour de table. Sa marque de fabrique.

Le 9 mars 1966, le Général s'assied comme d'habitude. Le bruit court depuis longtemps dans les ministères qu'il veut sortir la France de l'Alliance atlantique. La presse s'en fait l'écho. Il a d'ailleurs évoqué la question avec l'ambassadeur des États-Unis dès le mois de décembre 1964, et même avec Couve de Murville dès 1958. Mais cette fois, il veut y aller et annonce la couleur d'entrée :

> — *Messieurs, ça va être une séance importante. Je donne la parole au ministre de la Défense*[2].

Comme toujours, la hiérarchie détermine l'ordre des prises de parole. Messmer, puis le ministre des Affaires étrangères, Maurice Couve de Murville, expliquent le « comment » de la sortie de l'Otan. Le grand quartier général de Roquencourt quittera la France, celui du Centre-Europe aussi. Pour autant, les soldats français basés en Allemagne y resteront. Vient alors le tour du Premier ministre :

> — *Je fais la synthèse de ce que viennent de dire mes deux collègues et je vous propose, mon Général, de sortir de l'Otan.*

De Gaulle croise ses fines mains, lève le menton et se lance dans un exposé solennel. Cette fois, le buste bascule lentement d'avant en arrière. Il parle d'« aboutissement », de bouleversements dans le monde, à l'Est et en France, depuis la création de l'Alliance atlantique :

1. En mai 1962, les cinq ministres MRP démissionnent, car ils désapprouvent l'idée d'une Europe des États qui se limite à une libre association d'États souverains.
2. Entretien avec Jean Charbonnel, 30 septembre 2010.

— *Au moment de l'intervention française à Suez, lorsque les Russes ont menacé de nous bombarder, les Américains ont exclu de nous défendre. À quoi cela rime-t-il de rester intégrés si nous ne sommes pas défendus?* [...] *On n'intègre pas les forces atomiques. Or, nous en avons et nous en aurons de plus en plus. Nous sommes un pays dans lequel, depuis vingt-cinq ans, il n'est pas né un Français qui se souvienne d'une France sans troupes étrangères. Ça ne peut pas durer éternellement. Question de dignité.*

Seul survivant, en 2010, de ce Conseil historique, Jean Charbonnel garde surtout à l'oreille la conclusion du général de Gaulle :

— *C'est une décision importante, messieurs, qui va marquer votre carrière. Vous êtes parfaitement libres de l'accepter ou de la refuser. Je vous demande, si vous la refusez, de le signaler immédiatement. J'en tirerai bien entendu toutes les conséquences.*

Un silence de plomb s'abat sur le premier étage de l'Élysée. À la droite du Général, André Malraux ne cille pas. Ni, en face, Michel Debré – ministre de l'Économie et ancien Premier ministre –, d'habitude si prompt à réagir sur tout. À côté de Charbonnel, Missoffe chuchote : « J'ai la trouille. » Finalement, une main se lève. Une seule. Celle d'Edgar Faure. L'ancien président du Conseil sous la IVe, désormais en charge de l'Agriculture, siège comme ministre d'ouverture pour avoir soutenu de Gaulle à la présidentielle trois mois plus tôt – ce qui lui vaut d'ailleurs une nouvelle exclusion du Parti radical.

« Mince, chuchote Missoffe à son voisin Charbonnel, il va foutre le camp. Dommage, je l'aimais bien. »

— *Mon général, moi qui suis l'élément le plus hétérogène de ce gouvernement...*, commence Faure.

— *Vous ne l'êtes plus, puisque vous y siégez...*

— Je tiens à vous féliciter, mon général, au nom de tous les présidents de la IVe République qui ont été humiliés par les États-Unis quand il fallait qu'on aille faire nos fins de mois à Washington. Alors merci, vous nous redonnez la dignité d'être français.

— Merci, monsieur le ministre de l'Agriculture. Je suis heureux, mes chers collègues[1]*. Cela va nous permettre d'achever notre force de dissuasion. Dites-vous qu'en prenant la décision définitive de faire notre propre force de dissuasion, vous aurez légué la paix à vos enfants. La séance est levée.*

Charbonnel sort « lessivé ». « Un Conseil avec le Général, il fallait la journée pour s'en remettre ! Il y avait une telle tension ! », se souvient le ministre, qui découvrira par la suite des Conseils plus paisibles sous la présidence de Pompidou.

De Gaulle, en tout cas, atteint son but : les décisions prises en Conseil engagent tous les membres du gouvernement. Qu'ils parlent ou se taisent à jamais…

Durant les dix années qu'il passe à l'Élysée, le tour de table revient périodiquement. Sur l'école libre, l'ouverture des négociations avec le FLN, l'analyse de certains scrutins. Pour l'un des tout premiers, sur l'autodétermination en Algérie, le 10 juillet 1959, il prévient :

— La semaine prochaine, pas de Conseil. Mais dans quinze jours, je veux tous vous entendre sur notre politique algérienne.

Chacun se met au boulot, consulte à droite à gauche. Que dire ? Que taire ? Peut-on risquer de fâcher le Général ? Le jour J, comme un seul homme, tous s'alignent sur la supposée

1. Charbonnel, toujours soulagé en racontant ce moment quarante-cinq ans plus tard, se demande même si le Général n'a pas dit « mes chers amis ».

« bonne réponse » : « Il faut tenir en Algérie. » Mauvaise pioche. Sauf pour Couve de Murville. Le patron du Quai d'Orsay, qui connaît l'opinion contraire du Général, parvient à rester entre deux eaux. Mi-figue, mi-raisin. L'autre exception s'appelle Jean-Marcel Jeanneney. Le ministre de l'Industrie et du Commerce n'oublie pas Bandung, la conférence des pays non alignés, quelques années plus tôt, où tous réclamaient leur indépendance. Pour lui, c'est clair : « On ne tiendra pas[1]. » En Conseil, il se lance :

— *Mon général, je crois qu'il faut donner l'indépendance à l'Algérie.*

Stupeur. De Gaulle ne réagit pas. Il remercie tout le monde et lève la séance. Jeanneney, dans ses petits souliers, décroche son téléphone et appelle Matignon. Il a confiance en Michel Debré, « vieux copain d'université quoique très "Algérie française" ». Le Premier ministre le reçoit dans les jardins.

« Rassure-moi, est-ce que je n'ai pas trop choqué le Général ? demande Jeanneney.

— Jean-Marcel, tu es le plus proche de sa pensée, répond le Premier ministre. »

Commentaire amusé de Jeanneney : « Quelque temps après, il a viré les trois ministres qui avaient dit qu'il fallait à tout prix conserver l'Algérie française. » Preuve de l'estime gagnée auprès de De Gaulle, le ministre de l'Industrie est nommé premier ambassadeur en Algérie[2]. « Si vous avez un problème là-bas, vous n'aurez qu'à m'appeler », lui dit le

1. Entretien avec Jean-Marcel Jeanneney, 28 avril 2007, sur le site Internet du PS.

2. J.-M. Jeanneney tente de faire valoir qu'il s'agit d'une mission dangereuse pour un père de famille de sept enfants. « Quand il s'agit du service de l'État, ça ne doit pas rentrer en ligne de compte », lui répond de Gaulle. J.-M. Jeanneney s'envole pour Alger et aura parfois plus de liberté d'action que Louis Joxe, le ministre en charge de l'Algérie.

Général. Marque suprême de confiance, même si Jeanneney n'ignore pas que de Gaulle déteste le téléphone et ne décroche pratiquement jamais.

Quand sa religion n'est pas faite avant le débat, le Général ne tranche pas en Conseil. Comme si arbitrer devant témoin risquait de dégrader la fonction. De Gaulle décide seul. Et le revendique. « À quel poste, grand ou petit, celui qui est responsable a-t-il le droit de se dérober[1] ? » Le tout dans la discrétion de son bureau ou à La Boisserie. Il développe un culte quasi paranoïaque du secret. La consigne est d'ailleurs martelée aux petits nouveaux à chaque remaniement. « Pas d'étalage dans la presse ! »

Les circonstances de son retour au pouvoir en 1958 y sont pour beaucoup. Vu le contexte algérien, la moindre fuite peut se révéler dramatique. À l'époque, le général Salan, rallié à de Gaulle, assiste, silencieux, à tous les Conseils relatifs aux affaires algériennes. Déjà, à ce moment-là, personne, et certainement pas de Gaulle, n'ignore ses sympathies pour l'OAS qu'il dirigera clandestinement après le putsch des généraux en 1961. Jamais de confidence donc, même à huis clos.

Évidemment, le secret donne surtout un avantage tactique. C'est vrai en temps de guerre, et aussi en temps de paix. L'exemple le plus éclatant sous la présidence de Gaulle demeure sa fuite à Baden-Baden, en plein désordre de Mai 68. Dans l'instant, seuls Tante Yvonne et l'aide de camp connaissent la raison pour laquelle il reporte le Conseil du 29 mai.

Ce jour-là, comme chaque mercredi depuis le début des événements, Yves Guéna passe à son ministère des Postes et Télécommunications vers 9 heures pour relever les messages, avant de filer à l'Élysée. Le Conseil est plus attendu que jamais. La « chienlit » s'enracine, selon le mot du Général

1. Charles de Gaulle, *Discours et Messages*, tome IV, Plon, 1970.

deux semaines plus tôt. Malgré les accords de Grenelle signés le 27 mai, les syndicats continuent d'appeler à la grève. Le 28, veille du Conseil, François Mitterrand, qui s'y voit déjà, a annoncé sa candidature à l'Élysée, Pierre Mendès France proposant ses services pour Matignon. Et là, stupeur ! La secrétaire tend un mot à Guéna[1]. « L'Élysée a appelé, le Conseil prévu à 10 heures est reporté à demain après-midi. » Jamais le Général n'annule un Conseil sans explication. Incrédule, Yves Guéna décroche l'interministériel – la ligne directe entre ministères fonctionne toujours en dépit de la grève – et compose les trois numéros secrets de chaque collègue. Personne ne sait rien. Mystère complet.

Pour son Premier ministre, qu'il finit par avoir au bout du fil, de Gaulle invoque la fatigue et le besoin de vingt-quatre heures de retraite pour réfléchir à Colombey. Mais à 14 heures, autre coup de théâtre : « Le Général n'est jamais arrivé à La Boisserie. On a perdu sa trace ! » Nouveau coup de poignard pour Georges Pompidou, qui l'apprend de la bouche de Bernard Tricot, secrétaire général de l'Élysée. À gauche et chez certains gaullistes, la rumeur d'une démission commence à courir. Au sein du gouvernement, les couteaux s'aiguisent pour envisager de s'offrir, au passage, la tête du Premier ministre.

« Dans l'après-midi, Messmer a fini par me dire : "Ça y est, je sais où il est", se souvient Guéna aujourd'hui. Il ne m'en a pas dit plus. »

Arrive le jeudi, jour du Conseil reporté. Quand de Gaulle, en tenue civile malgré son escapade militaire de la veille, franchit la porte de la salle ce 30 mai à 15 heures, les ministres voient entrer le Messie. Cloués, immobiles, statufiés, debout, presque collés au dossier de leur chaise, ils osent à peine s'asseoir. Quarante ans après, Yves Guéna ne trouve pas de mot : « On s'est dit... gla-gla... » Autour de la table, la plupart

1. Entretien avec Yves Guéna, 20 octobre 2010.

savent que de Gaulle est allé voir le général Massu à Baden-Baden, mais tous ignorent ce que Massu lui-même révélera dans son livre *Baden 68* : vingt-quatre heures plus tôt, face à l'ancien commandant du corps d'armée d'Alger, désormais à la tête des forces françaises d'Allemagne, l'homme du 18 juin broyait du noir. « On ne veut plus de moi », se lamentait de Gaulle, d'après Massu. Pompidou lui-même écrira : « Croyant la partie perdue, le Général avait choisi le retrait[1]. » Une version nuancée par Roger Tessier, fidèle garde du corps, pour qui le Général n'aurait jamais eu l'intention de quitter le pouvoir : il aurait juste ressenti le besoin de surprendre, de disparaître pour mieux resurgir.

La réalité est sans doute à chercher quelque part entre les deux. « Il faut savoir garder le "silence effrayant" », explique souvent le chef de l'État à Peyrefitte. Et à tout le gouvernement, combien de fois répète-t-il que la dissuasion ne fonctionne que si l'on menace de se servir de l'arme atomique ? Or, ici, les ministres ont promis que la police ne donnerait pas l'ordre de tirer. Il lui faut donc faire naître le doute. Disparaître, créer le mystère, plonger le pays – et même le gouvernement – dans l'angoisse, pour garantir le succès d'un *deus ex machina*. La mise en scène de ce dernier Conseil de mai se révèle, de fait, un succès éclatant.

Il faut dire que les précédents s'étaient achevés dans une atmosphère irrespirable.

En plein désarroi, beaucoup de ministres ne comprennent toujours pas ce qui plonge le pays dans un tel chaos depuis le début du mois. Savoureux télescopage d'actualité et d'histoire, Yves Guéna fait ce récit à l'automne 2010, en pleine grogne contre la réforme Fillon-Woerth sur les retraites. « Aujourd'hui, les manifestants en veulent au chef du gouvernement et à son ministre du Travail… Je ne veux pas dire que

1. Georges Pompidou, *Le Nœud gordien*, Plon, 1974.

j'approuve, mais bon, on comprend presque ! lâche-t-il avec la malice de l'ancien qui savoure la déroute des successeurs. À l'époque, il n'y avait rien ! Le pays était prospère, sans chômage. C'était incroyable que ça explose. Et on se demandait comment sortir de tout ça parce que tout était interrompu ! Le téléphone, les transports, tout ! »

Dans ce brouillard, une manifestation de soutien à de Gaulle est prévue pour l'après-midi du Conseil, appuyée par des ministres gaullistes pas vraiment rompus à l'exercice – à leur initiative même. Le monde à l'envers ! « Avec Foccart[1], on s'était dit : "Si nous ne sommes pas plus de cinquante mille place de la Concorde, nous y resterons pour défiler" », raconte Yves Guéna. Folie absolue. En réalité, leur décision va dépendre des mots du Général.

À 15 heures, de Gaulle ouvre la bouche. Alain Peyrefitte n'est plus là pour noter : le ministre de l'Information a été démis de ses fonctions deux jours plus tôt. Premier lâché pour avoir été le premier à proposer de partir. Yves Guéna, lui, ne se lasse toujours pas de répéter « la » phrase du Général, en mimant l'articulation excessive :

> — *J'ai un mandat du peuple. Je ne me RE-TI-RE-RAI PAS.*

Ouf ! « Ça y est, pense le ministre des PTT. On a gagné. » De Gaulle annonce qu'il dissout le Parlement. Un ministre ose :

> — *Oui, mais, pour dissoudre, il faut consulter les présidents des deux assemblées !*
>
> — *Pour Chaban[2], c'est une affaire entendue*, répond de Gaulle. *Et pour Monnerville, j'ai envoyé*

1. Jacques Foccart fut secrétaire général de l'Élysée aux Affaires africaines et malgaches de 1960 à 1974.
2. En mai 1968, Jacques Chaban-Delmas préside l'Assemblée nationale et Gaston Monnerville le Sénat.

quelqu'un avec un message pour le lui dire... Donc c'est fait aussi.

Imperturbable, il poursuit, l'air grave, presque sentencieux :

— *Je maintiens en place le Premier ministre qui a fait la preuve de ses capacités. Il me proposera les modifications qu'il jugera utiles dans la composition du gouvernement.*

La plupart des visages s'illuminent. Quelques-uns pâlissent subitement en imaginant le remaniement du lendemain[1]. Et de Gaulle dicte une dernière consigne :

— *Il faut faire « l'opération essence ».*

Olivier Guichard à l'Industrie et son directeur des carburants André Giraud ont monté le coup en secret. Les réserves de carburants ont été regroupées dans le bois de Boulogne pour être distribuées au dernier moment. En cette veille de Pentecôte, les Parisiens, privés de voiture depuis des semaines, vont pouvoir partir en week-end prolongé. Le spectacle n'est pas terminé. Dans la cour de l'Élysée, un camion de retransmission radio attend le président. Rebelote !

« Les moyens qui pouvaient empêcher le peuple de s'exprimer sont l'intimidation, l'intoxication et la tyrannie, exercées par des groupes organisés de longue main en conséquence », tonne de Gaulle. Pas de quartier. Il s'en prend à « ceux qui empêchent les étudiants d'étudier, les enseignants d'enseigner et les travailleurs de travailler »... et aux communistes, délibérément érigés en adversaires principaux.

1. Parmi les ministres débarqués dès le lendemain : Christian Fouchet est remplacé à l'Intérieur par Raymond Marcellin ; Louis Joxe, le garde des Sceaux, cède son bureau à René Capitan ; Gaëtan Gorse perd le portefeuille de l'Information au profit d'Yves Guéna.

Tout le Paris de droite se précipite vers la Concorde. À l'appel des comités pour la défense de la République, un million de partisans du Général remontent, triomphants, les Champs-Élysées avec Malraux, Debré, Schumann.

Outre l'effet de surprise et la gravité, de Gaulle possède, dans sa palette tactique, les colères. En Conseil, elles demeurent rares, mais elles marquent à vie. Deux mois avant le tour de table si éprouvant sur la sortie de l'Otan, Jean Charbonnel, en poste depuis onze jours, découvre brutalement cette facette du « Jupiter tonnant ».

Ce 19 janvier 1966, voilà déjà trois mois que l'opposant marocain exilé Mehdi Ben Barka a été enlevé devant la brasserie Lipp, en plein jour... et en pleine campagne présidentielle – la première au suffrage universel direct. Ben Barka, condamné à mort par contumace pour complot contre le roi Hassan II, a déjà survécu à un premier attentat en 1962 – sa Volkswagen fut projetée au fond d'un ravin par une voiture de la police marocaine qui le doubla dans un virage. Quatre ans plus tard, le voilà donc embarqué par deux policiers français, direction Fontenay-le-Vicomte, où l'on perd sa trace. Immédiatement, *L'Express* et son charismatique patron, le « vieux con JJSS », dénoncent un scandale politique. L'hebdomadaire accuse le ministre marocain de l'Intérieur, le général Oufkir, qui a fait un passage éclair en France, avec escale à Fontenay-le-Vicomte, juste après l'enlèvement. Le 10 janvier 1966, le journal publie le témoignage du présumé producteur de cinéma Georges Figon, l'homme qui avait donné rendez-vous à l'opposant marocain chez Lipp pour lui proposer un scénario de film sur la décolonisation. Le titre en une : « J'ai vu tuer Ben Barka. » Une semaine plus tard, Figon met fin à ses jours.

La colère de Jupiter éclate au Conseil du 19 janvier. « Incapables ! », hurle de Gaulle, tout juste réélu, à Roger Frey et

Maurice Couve de Murville, eux aussi reconduits dans leurs fonctions à l'Intérieur et au Quai d'Orsay. Dans le huis clos du Conseil, il confirme à demi-mot les accusations de la presse de gauche, les complicités, ou en tout cas les défaillances de la République française :

> — *Cet homme s'était mis sous la protection de la France. Vous êtes coupables... Coupables ! Vos policiers sont complices des assassins de Ben Barka. Votre police, monsieur le ministre de l'Intérieur...*

Même dans la colère, de Gaulle garde les titres honorifiques. Frey blêmit. Son visage se vide progressivement de son sang. « Je n'avais jamais vu un homme mourir comme ça sous mes yeux, rapporte Charbonnel le soir à sa femme. C'était Richelieu, la soutane rouge en moins. Le de Gaulle qui avait envoyé Brasillach au peloton d'exécution[1]. »

Le plat de la main du Général s'écrase brutalement sur la table. Il accuse directement Oufkir et le gouvernement marocain, mais il s'émeut surtout qu'on les ait laissés agir sur le sol français. Dans la foulée, les premières décisions tombent, y compris à l'encontre de Pompidou, à qui de Gaulle épargne toutefois l'humiliation d'une mise en cause directe :

> — *Les services secrets qui étaient théoriquement rattachés au Premier ministre seront désormais sous l'autorité du ministre des Armées. La police sera totalement réorganisée. Et il faut que la justice aille au fond de cette abominable affaire.*

Pompidou, déférent :

> — *Bien entendu, mon général. Cela va être fait.*

1. Malgré la requête de Claudel, Mauriac, Valéry, Camus, Cocteau, Colette... de Gaulle avait refusé de gracier l'écrivain et journaliste collaborationniste, finalement exécuté le 6 février 1945 au fort de Montrouge.

Frey plaide la cause de ses policiers et tente de défendre leur enquête. De Gaulle :

> — *Cessez donc avec vos policiers ! Tout cela n'a été que copinage. Ils sont restés entre le zist et le zest. Ils ont mis huit jours à coffrer leurs collègues.*

Signe de l'intensité de l'orage, de Gaulle en vient à souhaiter que ses ministres soient entendus si le juge les convoque. Une vraie révolution. Jean Foyer (Justice) :

> — *La partie civile demande l'audition du ministre de l'Intérieur et du garde des Sceaux. Mais la pratique suivie depuis sept ans veut que ces comparutions soient refusées par le Conseil des ministres.*
> — *Les ministres doivent coopérer. Il faut aller jusqu'au bout de la vérité*, répond de Gaulle.

Le patron a parlé.

Quarante-cinq ans plus tard, toutefois, l'affaire n'est toujours pas élucidée.

Face à ce « monstre » de l'Histoire, quelques figures tentent quand même d'exister autour de la table.

En janvier 1962, Valéry Giscard d'Estaing, polytechnicien et énarque de trente-cinq ans, profite de la démission de Wilfrid Baumgartner pour devenir ministre de plein exercice. Dès lors, il n'a de cesse de prouver que ce rôle de ministre des Finances, le seul qu'il occupera jusqu'à son entrée à l'Élysée en 1974, est plus important que tous les autres, y compris celui de Premier ministre. Pompidou n'est pas dupe. Beaucoup rêvent de le coincer. On dit qu'il le sera au moins une fois par de Gaulle, s'amusant à tester les connaissances de ses ouailles. Il s'émerveille en permanence du savoir encyclopédique du jeune VGE. « Quelle est notre production d'ananas en Côte d'Ivoire ? Combien de tonnes avons-nous à Fos-sur-Mer ? »

Giscard ne reste jamais sec. « Il dit n'importe quoi », glisse régulièrement Louis Joxe (Affaires algériennes) à son voisin. Un ministre de l'époque entend encore la mise en garde d'André Malraux : « Vérifiez, mon Général ! » Petite vengeance : VGE raconte partout que le même Malraux s'endort régulièrement pendant le Conseil, à la droite du grand homme. Il s'empresse d'ajouter : « Le Général était très correct pour certaines choses. Il ne l'a jamais réveillé. Ni même Louis Jacquinot [ministre d'État chargé du Sahara et des Dom-Tom] qui dort, lui aussi, à sa gauche[1]... »

Des années plus tard, Jacques Chirac, devenu président, prend lui aussi ses distances avec la grandeur des Conseils du Général. Besoin de démythifier ou réel souvenir de Conseils parfois médiocres ? À la fin de son dernier mandat, il fait cette confidence cinglante à Frédéric Salat-Baroux, secrétaire général de l'Élysée (2005-2007) qui l'interroge lors d'une de leurs conversations du soir à bâtons rompus : « Les Conseils, ça devait quand même avoir une autre allure avant ! », lance Salat-Baroux. Réponse de Chirac, secrétaire d'État à l'Économie et aux Finances au lendemain de Mai 68 : « Moi, j'ai connu les gouvernements du général de Gaulle, franchement ça n'était pas mieux[2] ! »

Chirac n'est pas encore là en 1963 – Giscard, en revanche, oui –, quand le Général clôt un Conseil du printemps d'une façon qui laisse songeur, quarante ans plus tard, au lendemain de l'affaire DSK. Quand il ne conclut pas sur une leçon de philosophie politique, le Général aime à libérer ses troupes sur ce genre de trait d'humour.

Au début de cette année 1963, donc, le scandale Profumo tient tout le Royaume-Uni en haleine. Jack Profumo, ministre de la Guerre du gouvernement conservateur d'Harold

1. Entretien avec Valéry Giscard d'Estaing, 13 mai 2011.
2. Entretien avec Frédéric Salat-Baroux, 21 décembre 2010.

Macmillan, s'est fait épingler pour une liaison avec une *call-girl* lors d'une fête privée deux ans plus tôt. L'affaire, tenue secrète dans la très puritaine Angleterre, éclate finalement à la Chambre des communes en mars 1963. Au nom de la sécurité nationale ! Un député travailliste révèle que la dame en question, Christine Keeler, a également eu dans son lit un attaché de l'ambassade soviétique. Le scandale sexuel se double d'un soupçon d'espionnage. Deux mois plus tard, Jack Profumo démissionne sans qu'aucune preuve n'ait été apportée d'une quelconque divulgation d'informations sur l'oreiller.

À Paris, en Conseil des ministres, de Gaulle ironise :

> — *L'Angleterre a bien des ennuis. D'ailleurs elle n'est pas la seule. L'Italie n'arrive pas à se donner un gouvernement. En somme, par rapport au reste de l'Europe, la France n'est pas trop mal lotie. Stabilité à l'intérieur, paix à l'extérieur. Nous pouvons envisager avec sérénité les mois qui viennent, à moins…*

Il s'interrompt, balaie la tablée du regard par-dessus la monture de ses lunettes et s'arrête sur les yeux d'un ministre réputé coureur de jupons. Il ajoute :

> — *À moins, messieurs, qu'il n'y ait un Profumo parmi vous.*

L'intéressé pique un fard. Pompidou allume une énième cigarette. La séance est levée.

De la première à la dernière minute, le président de Gaulle pilote. Ni arbitre ni potiche, comme au temps d'Auriol et de Coty. Le voilà en place, tel qu'il l'a voulu, partageant les manettes du pays avec le Parlement, mais celles du Conseil avec personne. L'élection au suffrage universel direct, décidée par référendum populaire en 1962, renforce ce rôle central. Le Général avait visiblement besoin de cette consécration.

Pour preuve, la décision donne lieu, à l'automne 1962, aux Conseils les plus longs et les plus animés des dix années de présidence de Gaulle.

Pierre Sudreau, qui finit par démissionner pour désaccord sur ce sujet, n'a pas fini de s'interroger sur les motivations du héros de la France libre. « C'est étonnant comme le père de Gaulle par moment était complexé[1] », lâche très simplement le rescapé de Buchenwald. « Complexé » ! L'ancien préfet, père du TGV, ami de Saint-Exupéry – la légende prétend qu'il aurait inspiré le personnage du Petit Prince – n'a pas peur des mots. Au moment de cet entretien, à quatre-vingt-douze ans, il demeure l'homme qui a dit non à « l'homme qui a dit non ». Par trois fois le sujet revient à la table du Conseil.

Le 19 septembre, le toujours jeune Sudreau – quarante-trois ans – « conjure » de Gaulle de renoncer au référendum. Le ministre de l'Éducation a fait partie des groupes de travail sur la nouvelle Constitution. Tous étaient d'accord : à l'ère de la médiatisation, le suffrage universel mènerait à tous les dérapages. Mais ce qui chagrine Sudreau, c'est surtout la méthode. La semaine suivante, la gorge serrée, il monte au front une deuxième fois :

> — *Mon général, restez-en au cadre de la Constitution, faites adopter le nouveau scrutin présidentiel par le Parlement. Vous ne pouvez pas devenir un symbole d'illégalité.*

De Gaulle écoute, glacial et silencieux. Plus tard, à Peyrefitte, il concédera : « Ce que nous allons faire est à la limite de la légalité. Je crois même que nous avons franchi cette limite. [...] Si nous gagnons, on pourra dire que c'est légal parce que le peuple le veut[2] ! »

1. Entretien avec Pierre Sudreau, 5 avril 2011.
2. Alain Peyrefitte, *C'était de Gaulle*, *op. cit.*

Faut-il réellement y voir l'énergie du Général « complexé », comme le prétend Sudreau ou, plus encore, celle d'un chef d'État qui a échappé, quelques semaines plus tôt et pour la deuxième fois, à un attentat ?

Après le Conseil des ministres du 22 août 1962, de Gaulle gagne l'aéroport de Villacoublay pour rejoindre Colombey. Sur la douzaine de balles qui traversent la carrosserie de la DS présidentielle, à hauteur de Clamart, l'une frôle sa tête, une autre celle de son épouse. « Cet attentat tombe à pic », dit de Gaulle en riant à Alain Peyrefitte, qu'il avait mis dans la confidence de son idée de référendum une demi-heure avant l'attaque. Preuve que de Gaulle voulait depuis longtemps cette bénédiction populaire.

Ces Conseils de septembre sont, certes, les plus longs et les plus animés de ses dix ans à l'Élysée, mais, malgré les réticences exprimées, rien ne peut plus l'arrêter. Il passe en force. Au Conseil du 19 septembre, il « impose » finalement au Premier ministre de lui « proposer » l'organisation de ce référendum[1]. Hilarité embarrassée et admirative autour de la table. Pierre Sudreau démissionne. Le 28, le référendum se solde par un oui massif : 62,25 %. De Gaulle confirme avec un net succès aux législatives le mois suivant.

Pour ceux qui en doutaient encore, le président, en Conseil des ministres, n'est pas animateur de débat. Il pilote.

François Mitterrand (1981-1995)

De tous les présidents de la Ve, François Mitterrand est sans doute celui qui aura le plus entendu ses ministres s'écharper

1. De Gaulle passe également outre l'avis du Conseil d'État et celui, officieux, du Conseil constitutionnel. *Idem* pour l'Assemblée qui vote la censure le 5 octobre et que de Gaulle dissout dans la foulée.

en Conseil. Au début, en tout cas, ça discute, ça grogne, ça conteste. Question de casting. Autour de la table, il n'y a que des « grandes gueules » au sang chauffé par trente ans dans l'opposition. Les hommes et les femmes appelés par Pierre Mauroy en mai 1981 ont davantage l'expérience des empoignades au bureau national du Parti que des communications minutées et dictées par l'Élysée.

Face à ces individus frondeurs, Mitterrand surjoue le formalisme. Stoïque la plupart du temps, visage immobile, une main posée sur l'autre, la caressant lentement. La vraie force tranquille. « Un sphinx », dit Édith Cresson. « Majestueux », complète le communiste Anicet Le Pors. Robert Badinter, qui lui fait face, l'imagine souvent en Louis XIV, perruque sur la tête.

L'autorité s'installe dès la descente d'escalier. Systématiquement en retard. Au mieux, le président sort de son entretien hebdomadaire avec le Premier ministre trois bons quarts d'heure après l'horaire prévu.

Pierre Mauroy, qui jusque-là ne jurait que par Guy Mollet – concentré sur son travail du lever au coucher – découvre un président qui, une fois la préparation du Conseil bouclée, parle volontiers théâtre et littérature. Sa vie, ses vies en dehors du pouvoir. « Il était fasciné par les femmes qu'il rencontrait, amoureux de toutes les femmes de la vie », se souvient ce Premier ministre des débuts (1981-1984), qui voit le président jouir de faire patienter la troupe. « C'était l'affirmation de son autorité[1] », estime Pierre Mauroy trente ans plus tard, avant d'ajouter, sans rire, « peut-être aussi une marque de politesse dans son esprit. S'il arrivait dans la salle alors que les gens n'étaient pas prêts, ça risquait de les mettre mal à l'aise. »

Mitterrand pousse l'élégance jusqu'à s'arrêter systématiquement dans le grand escalier de marbre qui mène au hall

1. Entretien avec Pierre Mauroy, 9 février 2011.

d'entrée. Toujours au même endroit, dans le virage. Il dit à Mauroy : « On va attendre un petit instant encore pour y aller. » Ultimes secondes de répit avant de faire signe à l'huissier. Il se plaît à entendre le brouhaha des ministres tomber subitement comme le soufflé à l'ouverture du four. « Monsieur le président de la République ! » Il entre alors, majestueux, bien que n'ayant la taille ni de Giscard ni de De Gaulle. Malgré aussi ces petites jambes qui lui donnent une démarche moins noble. Assez vite, il cesse d'ailleurs de faire le tour complet de la table et se limite à quelques poignées de mains jusqu'à son fauteuil.

Contrairement à ce qu'on aurait pu penser, l'alternance n'entraîne pas de révolution dans la façon de conduire le Conseil. Sur ce point, Mitterrand fait confiance à Mauroy. « Comment fait-on pour mercredi ? », interroge simplement le président dans les jours qui précèdent la première séance. Pierre Mauroy se fait briefer par Marceau Long, le secrétaire général rescapé de l'ère VGE, qui a aussi occupé différents postes depuis l'époque de Gaulle. Long, le radical valoisien, et Mauroy, l'ancien secrétaire national des Jeunesses socialistes, se connaissent et s'apprécient. « Voilà comment on fonctionnait avec le Général », explique le secrétaire général du gouvernement, détaillant au petit nouveau les trois parties : A, B et C. « Je n'en change pas », répond Mauroy, qui se garde bien de préciser la référence au président. « Je n'ai surtout pas dit : "On fait comme de Gaulle !" On ne parlait pas de De Gaulle. Mais je savais bien que cela plaisait à Mitterrand de marcher dans ses pas », raconte, pas peu fier, l'ancien Premier ministre.

Comme ses prédécesseurs, Mitterrand annonce donc l'ordre du jour et distribue la parole. Plus que le Général, en revanche, il pousse son Premier ministre en avant. Ainsi du concours d'entrée de l'Ena, que Mauroy et son ministre de la Fonction publique, Anicet Le Pors, veulent réformer pour l'ouvrir au sang neuf. En mars 1982, leur projet prévoit que, parallèlement au concours traditionnel de Sciences-Po et au concours interne des fonctionnaires de cinq ans d'expérience, l'Ena absorbera des syndicalistes haut gradés, ainsi que des dirigeants d'association ou des élus locaux.

« Sacrilège ! », hurlent en chœur les énarques du salon Murat. Delors aux Finances, Cheysson au Quai d'Orsay, Rocard au Plan, soutenus par Jospin à la tête du PS et Joxe aux commandes du groupe parlementaire socialiste. Les voilà tous unis pour l'occasion, dressés en rempart de l'élite républicaine. Pas touche à cette grande école ! La République s'est faite aussi comme ça ! Le président repasse le « bébé » au Premier ministre :

> — *Vous entendez, monsieur le Premier ministre ? Que décidez-vous ?*
>
> — *Oui, j'entends, monsieur le président, mais je ne suis pas d'accord.*

Mauroy maintient finalement son texte. La loi est adoptée... puis abrogée en 1987, créant alors un troisième concours ouvert au secteur privé. En théorie, les syndicalistes y seront toujours admis, mais *de facto*, les ingénieurs préempteront de plus en plus les places.

Un Conseil plus que tous les autres donne lieu à débat au début du premier septennat, celui sur les nationalisations, le 2 septembre 1981. Ce Conseil qui se tient exceptionnellement dans le décor champêtre du château de Rambouillet. Pierre Mauroy, cravate à pois, canote benoîtement avec Catherine Lalumière dans une embarcation barrée par Jean Le Garrec, le « Monsieur Privatisation » de Matignon, sans toutefois faire oublier que l'ordre du jour est un nouveau défi à l'union de la gauche.

Durant l'été, neuf conseils interministériels ont donné lieu à moult empoignades. À droite, Édouard Balladur, l'ancien secrétaire général de Pompidou passé dans le privé, a entamé un lobbying très actif auprès de l'Élysée et de Matignon pour que l'État ne prenne pas plus de 51 % du capital de ces sociétés. Une thèse portée au sein du gouvernement par Jacques Delors, ministre des Finances – qui a mis sa démission dans la balance en juillet –, ou encore par son rival de la « deuxième gauche », Michel Rocard, ministre du Plan et meilleur ennemi de Mitterrand, qui ne se lasse pas de raconter ce moment : « Nous sommes en septembre. Cela fait trois mois que la France entière rigole du débat sur l'actualisation du Programme commun, et de cette question stupide de savoir s'il faut nationaliser les grandes entreprises publiques en même temps que leurs filiales [thèse défendue par les ministres communistes et Jean-Pierre Chevènement]. À titre personnel, je considère que ça va coûter un pognon fou alors qu'une majorité de 51 % suffit pour rester maître de la stratégie. De plus, nos banques nationalisées (BNP/Paribas, Société Générale et Crédit Lyonnais) possédant déjà beaucoup d'actions dans les sociétés à nationaliser, il est inutile de racheter ces parts. Pour Saint-Gobain par exemple, si on veut une majorité à 51 %, il suffit d'acheter 13 % du capital total. Avec une loi à 100 %, il faut tout racheter, ce qui va coûter huit ou neuf fois plus cher[1]. »

Pourtant, le « camarade Mauroy », comme dit Rocard, ouvre la séance et annonce la couleur : 100 %. La ligne de l'Élysée. « À ce moment-là, poursuit l'octogénaire espiègle, le président prononce une phrase que je crois bien ne plus jamais lui avoir entendu prononcer. "Qui demande la parole ?" Je me dis alors : "Il y a un ministre de l'Économie, Jacques Delors, qui ne peut pas avaler ça ; il y a un ministre de l'Industrie, Chevènement, qui ne devrait pas avaler ça ; il y a Laurent Fabius, certes zélateur et dauphin du président…, mais ministre du

1. Entretien avec Michel Rocard, 4 février 2011.

Budget. Payer trois ou quatre fois plus que la somme, ça doit le faire réfléchir normalement." Pourtant: silence! Mais un silence, qu'il faut... je ne sais pas moi... Tolstoï ou Stendhal pour décrire. On est quarante! Lourdeur terrible. Et tout le monde se tait.»

Au bout d'une minute trente, Mitterrand prend acte de l'échec de son tour de table et commence à refermer son dossier. Rocard, qui espérait parler le plus tard possible pour ne pas compliquer la tâche des ministres tentés de le soutenir, se jette à l'eau. Pas le choix! Son monologue dure vingt minutes, avec un dernier argument international:

> — *Détail important: dans deux pays – Belgique et Espagne –, une loi permet au gouvernement de nationaliser chez lui toute société étrangère qui serait sous menace ou qui aurait été nationalisée dans sa maison mère. À Saint-Gobain, la majorité du profit final venant de la Cristal Levria Española, les Espagnols peuvent la nationaliser chez eux pour ne pas la laisser échapper. Et je trouve ça dangereux. Enfin, nous risquons d'avoir toutes les places financières contre nous. Tout cela me paraît démentiel.*

Nouveau silence. Puis une main se lève: celle du garde des Sceaux, Robert Badinter. Rocard, qui ne le connaît que de réputation – le gouvernement n'est en place que depuis trois mois –, s'inquiète. «Je me dis: "Si c'est Badinter, ça commence mal. La garde noire sonne l'hallali tout de suite pour clore le débat." Même s'il est réputé d'intégrité très forte, c'est aussi un proche de Mitterrand.» Mais là, surprise! Le garde des Sceaux soutient la ligne Rocard:

> — *Monsieur le président, il me faut vous dire que je suis totalement d'accord avec monsieur le ministre d'État chargé du Plan et de l'Aménagement du territoire. Le*

danger international qu'il vient de souligner est patent et dans bien plus de pays que les deux qu'il a cités.

Claude Cheysson, le ministre des Affaires étrangères, demande ensuite la parole et soutient, lui aussi, les nationalisations à 51 %. Au centre de la table, Mitterrand écoute, glacial. Totalement maître de ses nerfs. « Imaginez Chou En-laï », s'amuse Rocard. Visage immobile, impénétrable.

Puis vient le ministre de l'Intérieur : « Le vieux Defferre trouve que le chef est en danger. Il fait une intervention pour nous démolir tous, en se trompant, en mélangeant les chiffres. Il fait rire le Conseil des ministres par la médiocrité de l'intervention. » Fait rarissime, dix-sept ministres s'expriment ce jour-là. Jean-Pierre Chevènement (Industrie) favorable aux 100 %, puis Jacques Delors, partisan du 51 %, finalement Laurent Fabius, qui ne sort pas de son rôle de ministre du Budget. « Fabius, le payeur, parle environ quatorze secondes, se souvient Michel Rocard, revanchard. Il dit simplement : “Si on nationalise à 100 %, ça coûte tant. Si on nationalise à 51 %, nos évaluations montrent que ça coûtera tant.” Et le chiffre est faux ! »

Fin de la première manche. Rocard affirme qu'il « gagne par les trois quarts ». Un score qui surprend Lionel Jospin quand nous l'interrogeons…, mais il ne parvient pas à démontrer le contraire. Alors premier secrétaire du PS, successeur de François Mitterrand à Solférino, il ne siège pas au Conseil.

Le président laisse un dernier silence pour s'assurer que tout le monde a pu s'exprimer et range ses dossiers :

— *Messieurs, je vous remercie, c'est un débat tout à fait passionnant. De haute qualité. Il honore la délibération en France. Je vous tiendrai informés de ma décision la semaine prochaine.*

En fin de compte, François Mitterrand maintient les nationalisations complètes, mais ne l'annoncera jamais lui-même.

Le mardi suivant, à la réunion interministérielle où il entend le Premier ministre considérer les 100 % comme acquis, Michel Rocard, décidément intarissable lorsqu'il s'agit de vanter ses hauts faits, raconte s'en être étonné : « Pierre me regarde un peu durement : "La décision est prise." Je pousse l'insolence : "Où, quand, comment, par qui ? Y a-t-il un écrit ?" Mauroy : "La décision est prise, Michel !" J'ai rangé mes dossiers et j'ai quitté la salle. Cet incident-là s'est vu un peu plus que le précédent. »

Bien entendu, ces affrontements entre socialistes n'échappent pas aux ministres communistes, qui s'en amusent, lucides. « Mitterrand les laissait parler, sachant ce qu'il allait entendre, mais aussi ce qu'il avait déjà décidé », analyse Charles Fiterman[1].

Exceptionnellement, le président est quand même contraint de trancher en direct, devant ses ministres réunis au grand complet, un dossier non bouclé en amont. Le cauchemar. C'est le cas pour le plan acier-charbon.

« J'avais présenté un Plan en interministérielle. Fabius, ministre de l'Industrie, qui se prenait pour le roi de Rome, est arrivé au Conseil et en a présenté un autre, sermonne Pierre Mauroy. Il voulait sabrer dans la sidérurgie, garder uniquement celle de Lorraine en fermant la normande, malade, et celle du Nord. En réalité, il voulait être Premier ministre, c'était à la fin. » À plus de quatre-vingts ans, Mauroy classe ce Conseil des ministres comme le plus dur de ses trois années à Matignon. La mort dans l'âme, François Mitterrand finit par arbitrer en faveur de son Premier ministre, contre son protégé Fabius.

Quoi qu'il en soit, il entend bien montrer que nul ne fait la loi à part lui. En cette veille de Noël 1985, André Labarrère,

1. Cité par Pierre Favier, Michel Martin-Roland, *La Décennie Mitterrand*, Seuil, 1990.

chargé des relations avec le Parlement, évoque le retard pris dans le calendrier des deux assemblées. Sur sa petite table, à l'écart, le secrétaire général du gouvernement Jacques Fournier relève l'échange entre le ministre et le chef de l'État[1].

— *La loi sur les cumuls a capoté cette nuit au Sénat*, annonce Labarrère.

— *Pourquoi le Parlement ne siègerait-il pas pendant les fêtes ?* demande Mitterrand.

— *Ni Mermaz ni Poher ne veulent siéger entre Noël et Nouvel An. Le Sénat ne siégera pas.*

— *Il sera en rébellion si nous l'obligeons à siéger. Nous aurons épuisé une partie de la résistance.*

— *Cette nuit, il y avait sept sénateurs à 4 heures du matin.*

Pour le coup, le président tranche :

— *Mettez donc une séance le 26 décembre !*

Les « grandes gueules » du Conseil subissent le même châtiment que celles du Parlement. Qu'elles s'ouvrent un peu trop et Mitterrand fait honneur à son surnom de « Florentin » pour les remettre à leur place.

Au début des années 1990, Jack Lang, ministre de la Culture, amateur de commémorations à grand spectacle, en propose une nouvelle : les cinq cents ans de la découverte de l'Amérique en 1492. Le Nouveau Monde, la « Mer ténébreuse » vaincue, la fin du Moyen Âge et l'avènement des temps modernes. Pierre Joxe réagit violemment. Pas question de commémorer 1492, une date sinistre qui marque le déclenchement d'un grand génocide physique et culturel. Le ministre de la Défense s'emporte, tant l'idée lui fait horreur :

1. Notes manuscrites du secrétaire général du gouvernement Jacques Fournier, conservées aux Archives nationales.

— *Comment peut-on célébrer la découverte de l'Amérique qui est avant tout le début de décennies de massacres!*

Lang enrage. Le président se fâche:

— *Monsieur le ministre, on ne s'exprime pas comme ça en Conseil des ministres.*

«Je me suis fait engueuler par Mitterrand, raconte Joxe vingt ans plus tard. Mais, comme quelques-uns, je savais que je pouvais me permettre de m'opposer à lui ou à d'autres. Depuis 1965, ou même avant, c'était notre chef d'équipe. On était des "collaborateurs" de Mitterrand, pour reprendre le mot qui a tant chiffonné Fillon dans la bouche de Sarkozy[1].»

En contrepartie de ce droit de parole, les très proches encaissent plus que les autres. Georges Fillioud s'entend dire au milieu d'une communication: «Tout cela n'est pas très intéressant.» Charles Hernu se fait rabrouer sans ménagement. Mitterrand sort aussi de ses gonds lorsqu'un ministre transgresse la sacro-sainte neutralité politique des débats. Du moins au début. Édith Cresson, ministre de l'Agriculture pour son tout premier poste en 1981, se fait remettre en place un mercredi, alors qu'elle détaille le pedigree de son candidat à la direction de l'Agriculture:

— *C'est quelqu'un de très bien. Il a d'ailleurs été très utile dans l'animation du groupe agriculture au Parti socialiste.*

Réponse de Mitterrand, exaspéré:

— *Madame la ministre, ce n'est pas le genre de considération dont on doit faire état en Conseil des ministres.*

Très vite, toutefois, le président se souviendra qu'un gouvernement est en campagne permanente. Lorsqu'il accueille

1. Entretien avec Pierre Joxe, 5 octobre 2010.

la première équipe Fabius le 19 juillet 1984, le cahier des charges est clair : « Respecter l'adversaire politique. » Mais il s'empresse d'ajouter : « Toutefois ne les ménagez pas lorsque cela vous paraît juste[1]. » Au passage, il demande également de « faire preuve vis-à-vis de ceux qui ne sont plus représentés au gouvernement [allusion aux communistes qui viennent de sortir avec le gouvernement Mauroy] de compréhension, de capacité d'échange et de dialogue. Il existe à cet égard une certaine force centrifuge qui jouera, jusqu'au moment où je déciderai que cette phase est achevée. »

Qu'on se le dise, même au cœur du pouvoir, Mitterrand est le seul et unique chef d'orchestre de la gauche plurielle.

Quand il s'ennuie au Conseil – c'est-à-dire souvent, et de plus en plus avec les années et la maladie – le « Vieux » a un passe-temps bien à lui. Il plonge la main à l'intérieur de sa veste et en sort une liasse de papiers en tout genre : un bout d'article, une note découpée, les derniers sondages transmis par le PS… Il lit. Il peut aussi se plonger, stylo à la main, dans le parapheur rempli de documents en attente de signature que lui a transmis le secrétaire général de l'Élysée, Pierre Bérégovoy. Dès lors, il pilote en mode automatique, vigilant, mais levant à peine les yeux pour passer la parole aux ministres inscrits à l'ordre du jour. Le novice déstabilisé n'a plus qu'à chercher le regard compatissant, presque maternant, de Pierre Mauroy.

Malheur toutefois à celui qui croit la « bête » assoupie. Même en dehors de la politique étrangère – son sujet de prédilection –, Mitterrand repère parfois une cible, la met dans son viseur et ne la lâche plus. À l'automne 1982, le communiste Anicet Le Pors sent la flèche arriver en pleine communication sur le droit de grève dans la fonction publique. Le texte

1. Notes manuscrites du secrétaire général du gouvernement Jacques Fournier, conservées aux Archives nationales.

passe tous les aspects en revue, notamment la rémunération. Jusque-là, un trentième du salaire est retenu chaque jour dès la première heure de grève. La future loi du 19 octobre 1982 bascule vers plus de proportionnalité, presque du sur-mesure : une heure de grève implique une heure de salaire en moins ; une demi-journée de grève, une demi-journée de salaire en moins ; au-delà, la journée entière n'est pas payée. L'opposition, vent debout, craint déjà la chienlit.

En Conseil, parfaitement briefé par Charasse et Attali, Mitterrand pilonne Le Pors :

> — *En cas de grève tournante, qu'est-ce que vous faites ? Et pour une grève du zèle ?*

Péremptoire, il laisse tomber ses questions comme autant de boulets que reçoit le ministre de la Fonction publique. « Il voulait être sûr que je n'allais pas prendre la tête d'une fronde », analyse aujourd'hui Anicet Le Pors. Aucune agressivité toutefois vis-à-vis des ministres communistes. Avec eux, Mitterrand n'oublie jamais la politique.

Il ne s'embarrasse pas de ces précautions avec les ministres qui chassent sur ses terres : Affaires étrangères, Affaires européennes, Coopération... son domaine réservé. Plus mitterrandien que lui-même, il prend un plaisir sadique à confier des communications à Georges Kiejman, ministre délégué, sans attribution particulière, à seule fin de faire enrager son ministre de tutelle. Et ça marche. Roland Dumas fulmine en voyant Kiejman rentrer de l'investiture du président uruguayen et s'embarquer dans un récit enflammé – à la Kiejman –, alors que lui-même vient de boucler son exposé de la situation internationale ! « Même si l'événement était minuscule, ça distrayait beaucoup Mitterrand de voir la tête de Dumas[1] », se souvient, amusé, Hubert Védrine.

---

1. Entretien avec Hubert Védrine, 13 avril 2011.

Au besoin, le président n'hésite pas à contredire son ministre des Affaires étrangères après sa communication hebdomadaire. Claude Cheysson se voit ainsi reprocher sa présentation du conflit israélo-palestinien. « Mitterrand, qui avait pourtant fait ce discours historique à la Knesset, trouvait Cheysson trop pro-palestinien[1] », se souvient Jean-Louis Bianco, secrétaire général de l'Élysée de 1982 à 1991.

Sur le fond, le talent de Mitterrand éclabousse chaque Conseil au moment d'évoquer la situation internationale. Pendant quatorze ans, cohabitation comprise, il n'a de cesse d'expliquer, de décortiquer, d'éclairer et même de tenter de prévoir les bouleversements à l'Est, dans l'Allemagne en voie de réunification, dans les Balkans. Sa culture épate. « Même Roland Dumas prenait un cours », souligne trente ans plus tard, narquois, Michel Rocard.

« La réunification de l'Allemagne et la fin du communisme, vous les verrez de votre vivant », lâche le président dès les premiers Conseils en 1981. Non pas que la perspective le réjouisse, mais il sent une aspiration légitime. À l'époque, le mur de Berlin semble pourtant solide sur ses bases. Il ne tombera d'ailleurs que huit ans plus tard, en novembre 1989, entraînant dans la foulée la réunification de l'Allemagne l'année suivante. « Personne n'y croyait à l'époque. Moi-même je ne le croyais pas[2] ! », plaide, après coup, Édith Cresson, clairement engagée dans la défense de son mentor, accusé d'avoir mal anticipé les bouleversements à l'Est. Hubert Védrine, en renfort, parle lui aussi de la « polémique la plus con » de toutes celles sur Mitterrand.

Dès 1981, Védrine, conseiller à la cellule diplomatique de l'Élysée, est témoin, à Latché, des mots de Mitterrand

1. Entretien avec Jean-Louis Bianco, 4 avril 2011.
2. Entretien avec Édith Cresson, 29 février 2011.

prédisant la chute du Mur, devant le chancelier allemand Helmut Schmidt en personne. D'après lui, ses notes de Conseil des ministres, protégées par le secret, pourraient aussi témoigner de très nombreuses prises de parole de Mitterrand sur ce sujet dans le salon Murat. « C'est même l'endroit où il en parlait le plus dans les années 1988 à 1991. Il ne pouvait quand même pas aller à la télévision et dire : "Voilà comment je vais faire avec Kohl, je l'aime beaucoup, mais je ne suis pas d'accord avec lui et je vais lui tordre un peu le bras !" »

Cela étant, même en Conseil des ministres, Mitterrand dévoile rarement ses intentions. Il explique, met en perspective les événements, mais l'homme n'est pas « partageur », contrairement à Nicolas Sarkozy, des années plus tard. Trop de risques de fuites là encore.

Édith Cresson garde en mémoire l'arrestation de Klaus Barbie. En Conseil des ministres, Mitterrand concède qu'il était au courant depuis longtemps, mais que, bien sûr, il ne pouvait rien dire. Même le Conseil de Défense doit souvent se passer du fond de sa pensée.

Le 9 août 1990, Mitterrand évoque pour la première fois la logique de guerre contre l'Irak qui vient d'envahir le Koweït. Autour de lui : le ministre des Affaires étrangères (Dumas), le ministre de la Défense (Chevènement), le ministre de l'Intérieur (Joxe), les chefs d'état-major des différents corps d'armée, le chef d'état-major particulier du président, le secrétaire général de l'Élysée et le conseiller diplomatique. Ce jour-là, deux voix s'opposent à ce que la France emboîte le pas aux Américains : celles de Pierre Joxe et de Jean-Pierre Chevènement. François Mitterrand, lui, ne se prononce pas. Il consulte. Officiellement du moins. En réalité, sa décision est prise depuis le 3 août : la France fera la guerre aux côtés de George Bush père. Roland Dumas le révélera à la fin des années 2000, dans un ouvrage publié par l'Institut François-Mitterrand. « Même au sein du Conseil de Défense, le président avait un double langage, regrette

Chevènement. Il laissait entendre qu'il essaierait de jouer les médiateurs, son discours à l'ONU en septembre 1990 pouvait d'ailleurs le laisser penser. En réalité, la décision était prise[1]. » L'épilogue pour Chevènement est connu : « Un ministre, ça ferme sa gueule ou ça démissionne. »

Le 7 décembre, dès le feu vert de l'ONU pour l'usage de moyens militaires, celui-ci remet sa démission à François Mitterrand, qui lui demande de surseoir, deux médiations étant encore possibles. L'opération « Tempête du désert » commence le 17 janvier 1991. Le ministre français de la Défense quitte son poste le 27. « Chaque fois que j'ai eu quelque chose à dire au Conseil, je l'ai dit », revendique aujourd'hui le sénateur-maire de Belfort, qui trouve, dans les quatre gouvernements au sein desquels il sévit, l'occasion de s'opposer. Trois sous Mitterrand, le dernier pendant la cohabitation sous Chirac.

Parmi tous ceux qui ont connu les Conseils de la Mitterrandie, ils ne sont pas si nombreux à pouvoir afficher ce sourire énigmatique d'éternel empêcheur de tourner en rond. Dans l'enthousiasme des débuts, sa proximité avec les quatre ministres communistes donne sans doute à Jean-Pierre Chevènement une « emprise » sur le président, que nous aurons l'occasion d'évoquer ultérieurement. Par la suite, il conserve une liberté de parole précieuse dans ces réunions au salon Murat où les échanges se font de plus en plus rares… et brefs. « Il fallait au moins être ministre d'État pour oser lever la main et demander la parole[2] », se souvient le jeune et éphémère secrétaire d'État à la mer de l'époque, Jean-Yves Le Drian (1991-1992), qui plus tard, sous d'autres cieux présidentiels et avec plus de bouteille, n'aura plus les mêmes craintes.

---

1. Entretien avec Jean-Pierre Chevènement, 7 décembre 2010.
2. Entretien avec Jean-Yves Le Drian, 22 décembre 2017.

Les Conseils du second septennat Mitterrand, en tout cas, ne dépassent pas plus d'une demi-heure. La maladie et la cohabitation finale avec la droite (1993-1995) n'arrangent rien.

Emmanuel Macron (depuis 2017)

Bannir les portables! De Gaulle et Mitterrand auraient sans doute commencé par là s'ils étaient arrivés au pouvoir en 2017. Hollande, président, a tenté. Macron, en campagne, y est parvenu durant les longues commissions d'investiture. Macron élu n'a pas hésité. D'autant que son prédécesseur n'avait pas réussi. Moins de fuites, et plus de concentration. Désormais, un bloc tiroir violet attend les smartphones au salon des Aides de camp. Tous! Même pour le président et le Premier ministre. Seuls les deux secrétaires généraux gardent le leur, chargés de donner l'alerte en cas de besoin. Et gare au malheureux qui conserve le sien en douce dans sa veste! Le regard noir du président après une sonnerie intempestive, durant le premier automne du quinquennat, a dissuadé tous les autres de jouer au plus malin. Qui imaginerait de Gaulle ou Mitterrand supportant cela?

À l'image de ses prédécesseurs qui ont connu le Conseil en tant que ministre avant de l'orchestrer, Emmanuel Macron rêve de faire mieux. Moi président, fini la « tannée ». À la différence des autres, il y réfléchit avant le scrutin, avec ses futures éminences de l'Élysée, Alexis Kohler, le grand commis en costume-cravate, futur secrétaire général, et Ismaël Emelien, le stratège branché qui deviendra son conseiller spécial. Plus que sur le Conseil lui-même, ils cogitent d'abord autour de la structure de gouvernement. Resserrée, incluant des secrétaires d'État polyvalents, mixée droite-gauche, avec une bonne dose de société civile, histoire qu'ils ne passent pas leur temps à digérer des haines politiques cuites et recuites...

et surtout, que ses membres ne soient pas engoncés dans les codes, les traditions, la peur de parler. Autant d'ingrédients censés libérer la parole dans un salon plus petit que le salon Murat, mais qui pour autant ne met pas totalement à l'aise : le salon des Ambassadeurs, décor Empire, avec l'aiguière préférée de Giscard décorant la pièce voisine pour boire le café en attendant.

Dans le nouveau monde macronien, l'huissier continue de hisser le sabre pour saluer l'arrivée d'un ministre. Un autre de prononcer les six mots solennels : « Monsieur le président de la République », avant de glisser royalement le fauteuil sous les fesses présidentielles. Mi-monarque mi-démocrate, le « en même temps » macronien peut s'installer dès le premier Conseil :

> — *Solidarité, collégialité, confidentialité, voilà le triptyque sur lequel je souhaite fonder l'action gouvernementale. Intervenez chaque fois que vous le souhaitez, même en dehors de votre champ de compétences. Nous sommes là pour ça. Il faut que les échanges soient libres. Nous devons tous prendre la mesure de la responsabilité qui est la nôtre. Ce gouvernement a vocation à durer.*

« Les ministres de la société civile l'ont tout de suite pris au mot[1] », constate Marlène Schiappa. Avec très peu de ratés au protocole, si l'on en croit Annick Girardin, qui a débuté sous Hollande. « Au début, certains oubliaient de commencer leur propos par "monsieur le président, monsieur le Premier ministre, mes chers collègues", mais ils ont compris d'eux-mêmes. Et au bout de trois semaines, c'était réglé[2]. » Parmi les plus bavards, Muriel Pénicaud, l'ancienne patronne de Business France, Nicolas Hulot, l'ancien animateur d'« Ushuaia »,

1. Entretien avec Marlène Schiappa, 5 décembre 2017.
2. Entretien avec Annick Girardin, 23 décembre 2017.

mais aussi quelques politiques comme Bruno Le Maire, qui trouve toujours une façon de vanter son action à Bercy.

Le débat s'anime surtout en partie D, le moment d'« échanges » tenté sous Sarkozy et Hollande, mais jamais vraiment réussi. Désormais, tous ont voix au chapitre sur un projet censé aboutir environ un mois plus tard. Les thèmes sont variés : l'attractivité de la place de Paris, la fonction publique, la préparation du Sommet Climat, le Ceta, mais aussi l'Europe ou encore la vie associative.

Le 13 décembre 2017, sur un Conseil pourtant réduit à une heure à cause du G5 Sahel convoqué dans la foulée à Paris, l'ordre du jour annonce : « Notre-Dame-des-Landes. Échanges présentés par le ministre d'État, ministre de la Transition écologique et solidaire. » Dossier explosif et baromètre de l'état du duo Hulot-Macron. La décision du président de construire ou non le nouvel aéroport est attendue pour mi-janvier 2018. Ils y passent presque tout le Conseil. Macron :

> — *Nous avons souhaité recevoir le rapport des médiateurs aujourd'hui. L'élément intéressant, c'est que jusque-là, c'était l'aéroport de Notre-Dame-des-Landes ou rien. Désormais, il y a deux solutions : construire Notre-Dame-des-Landes ou agrandir Nantes-Atlantique. Il a été acté en interministérielle que le Premier ministre, le ministre de la Transition écologique et solidaire* [Nicolas Hulot] *et la ministre des Transports* [Élisabeth Borne] *allaient recevoir les différentes parties prenantes pour écouter leurs commentaires*[1].

Paradoxalement, Nicolas Hulot est plutôt en confiance. Quelques semaines plus tôt, l'ancien patron d'ONG a donné

1. Ils recevront en tout quatre-vingt-quinze personnes durant la première quinzaine de janvier 2018.

des gages de réalisme en assumant, au Conseil et devant la presse, le report au-delà de 2025 de la diminution à 50 % de la part du nucléaire. Sur Notre-Dame-des-Landes, le vent semble tourner à son avantage. Mais en bon Sioux qu'il est, il n'affiche pas son opposition, pourtant connue, au projet, se contentant de retracer son évolution, et comment il a été, un temps, envisagé pour accueillir le Concorde. Si ses amis des ONG l'entendaient :

> — *Le projet a eu sa pertinence dans les années 1990 par rapport à un modèle de développement, la croissance du trafic aérien. À l'époque, on ne s'interrogeait pas sur la consommation des terres agricoles. On s'interrogeait moins sur les impacts environnementaux dans la planification telle qu'elle existait. Mais ce n'est plus le cas aujourd'hui. Je précise que certains points du rapport méritent encore d'être creusés par mes propres services, notamment les délais. Si on refait Nantes-Atlantique, est-ce qu'on pourra vraiment le relancer en trois ans ?*

Fraîchement arrivée dans ce dossier, Élisabeth Borne souligne un élément nouveau du rapport des médiateurs :

> — *L'agrandissement de Nantes-Atlantique entraînerait des nuisances sonores significatives pour une population beaucoup plus nombreuse que sur un nouvel aéroport.*

Avantage aux « anti ». Mais, bien sûr, les « pro » historiques sont aussi dans la place. Notamment l'ancien président de la région Bretagne. Jean-Yves Le Drian rappelle tout le bien qu'il en pense. Jacques Mézard (Cohésion des territoires) est également favorable, pour des raisons juridiques :

> — *Je suis juriste. Lorsque depuis des années, les décisions de justice sont toutes allées dans le même sens,*

lorsqu'il y a eu un référendum, il convient d'en tirer les conclusions. Mon avis est qu'il faut faire ce nouvel aéroport. Mais calmement.

Parmi les inquiets, Florence Parly. Pas convaincue avec sa casquette d'ancienne numéro deux d'Air France, elle ne l'est pas plus comme ministre des Armées, à cause des aspects sécuritaires :

— *Si on veut faire ce chantier, il faudra que des militaires remplacent des gendarmes mobiles sur d'autres sites.*

Réponse de Gérard Collomb :

— *Les risques si l'on doit évacuer la ZAD sont colossaux.*

Les craintes du ministre de l'Intérieur sont réelles. Peu de temps après la présidentielle, interrogé sur les zadistes, Gérard Collomb n'avait pas hésité à évoquer une « radicalisation [qui n'était] pas simplement djihadiste ». Quant au Premier ministre, il rappelle à tous l'exigence de solidarité :

— *La décision engagera l'ensemble du gouvernement en même temps que le président de la République.*

Le chef de l'État, lui, écoute, prend des notes. Les petits mots affluent, il répond à certains, puis donne le clap de fin en synthétisant, mais sans arbitrer en direct. En apparence, donc, rien de nouveau. Et pourtant ! Pour la première fois depuis des mois dans cette histoire d'aéroport, l'échange et le rapport d'experts entrouvrent une porte de sortie sur le déni démocratique. Hulot peut souffler. « Tout ça permet au gouvernement de dire : "La question a été mal posée lors du référendum", souligne-t-il, soulagé, dans les jours qui suivent. Ça n'aurait pas dû être : "Voulez-vous Notre-Dame-des-Landes ?", mais : "Préférez-vous Notre-Dame-des-Landes ou Nantes-Atlantique[1] ?" »

Fait assez rare, l'arbitrage – l'enterrement officiel – tombera finalement en Conseil, un mois plus tard, le 17 janvier 2018. De nouveau en partie « Échanges ». Le secret a été miraculeusement gardé. Seuls quelques ministres sont dans la confidence depuis trente-six heures : les Hulot, Collomb, Borne. Le président et le Premier ministre font durer le suspense jusqu'à la toute fin. Édouard Philippe annonce le verdict :

> — *Les conditions ne sont pas réunies pour faire l'aéroport de Notre Dame-des-Landes.*

En guise d'« échanges », les prises de parole se succèdent, sans surprise. Le Drian, déçu, promet « d'être solidaire ». Hulot, satisfait, surjoue le triomphe modeste, comme il le fera devant micros et caméras. Pas d'éclats de voix, mais une place pour les divergences.

Les deux rescapés de l'époque Hollande n'en reviennent pas. « Quel contraste ! », s'exclament en chœur Jean-Yves Le Drian et Annick Girardin. « Sur chaque sujet, le débat est ouvert, s'enthousiasme la ministre de l'Outre-mer. J'avoue, au début je ne parlais pas. L'héritage de la période précédente m'a rendue prudente. J'ai mis deux Conseils à m'y mettre, je n'aurais jamais cru que ça prendrait si vite[2]. » Ce qui bluffe le plus, c'est la confidentialité parfaitement respectée, disent les uns. « Respectée sauf exception », nuance Jean-Yves Le Drian, qui en a lui-même fait les frais. Car le gouvernement Macron-Philippe n'est pas le pays des Bisounours.

Certains jours, même, ça gronde ! Macron revêt l'habit de Jupiter. Ce 7 novembre 2017, le ton monte, les bras

1. Entretien avec Nicolas Hulot.
2. Entretien avec Annick Girardin, 23 décembre 2017.

s'agitent. Devant le gouvernement au grand complet, il s'agace de persiflages rapportés dans un article du *Parisien* et attribués à « des proches du président de la République », à quelques jours d'un remaniement[1]. Le Drian y est qualifié d'« inexistant » ; Collomb, « fatigué », devient « altesse Sénilissime ». Quant à Brune Poirson, la secrétaire d'État auprès de Nicolas Hulot, « le président lui-même trouve qu'elle n'imprime pas », selon le quotidien. Macron est furieux :

> — *Une cohésion de groupe était en train de se former au sein du gouvernement et il conviendrait de ne pas retomber dans les travers des quinquennats précédents !*

« Ah non, ça ne va pas recommencer ! se désespère Annick Girardin, qui a déjà connu tant de coups de gueule présidentiels. Avec François Hollande, c'était presque toutes les semaines. Et ça ne servait à rien car tout se retrouvait dans la presse. » De fait, la colère macronienne contre les fuites se répand à son tour, dès le lendemain, dans *Le Figaro*.

La brutalité peut aussi déborder sur la médiocrité des notes que les ministres lui font remonter :

> — *C'est du pipi de chat ! Vous êtes les chefs de vos administrations. Ne vous laissez pas enfermer dans le confort des documents qu'elles rédigent. Sinon, dans six mois, vous aurez disparu !*

« Jamais de reproches *ad hominem* », prétendent en chœur tous les ministres. Pourtant, certains jours, Emmanuel Macron ne cache pas son impatience en écourtant les communications sur des projets mal ficelés – plusieurs en ont fait les frais – ou inutilement bavardes. Petite douche fraîche reçue, par exemple, par Christophe Castaner à la veille de Noël 2017.

1. « Remaniement : spéculations et manipulations vont bon train », *Le Parisien*, 6 novembre 2017.

Le ministre chargé des relations avec le Parlement, embarqué dans un inventaire des lois votées depuis le début du quinquennat, enchaîne avec le programme de 2018 – apprentissage, immigration, logement –, stoppé dans son élan par le président : « Oui, bon, passons... On aura l'occasion de détailler tout ça lors du séminaire du 3 janvier. »

Bizarrement, la gestion des conflits de personnes ou de ministères s'ébruite moins : « Intérieur » contre « Territoires », « Écologie » contre « Agriculture ». Quand la semaine a été tendue entre Nicolas Hulot et Stéphane Travers, Emmanuel Macron donne la parole à l'un, puis à l'autre. Il arrondit les angles. Concernant l'autorisation du glyphosate en Europe, le ministre de l'Agriculture estime « nécessaire de la prolonger de dix ans ». Il le dit en Conseil, même si, en fin de compte, la France proposera un renouvellement de cinq ans, et qu'Emmanuel Macron finira par promettre une disparition dans l'Hexagone sous trois ans. « Ne jamais humilier personne » est, dit-on, sa devise pour ses ministres comme pour les corps intermédiaires, notamment les syndicats de fonctionnaires à propos desquels il suggère à ses ministres « d'aller discuter ».

Autre règle macronienne : faire parler les ministres, les mettre délicatement sous pression. À la différence de Mitterrand qui en essorait un au hasard et le passait à la moulinette sans préambule, Macron veut tous les faire plancher sur la réforme de l'État avant la fin du quinquennat. Jamais rendu public *via* l'ordre du jour et le compte rendu, le grand oral est programmé certains mercredis pour un ministre prévenu à l'avance par l'Élysée. Françoise Nyssen, pour la Rue de Valois[1], ouvre le bal en février 2018, suivie par Gérald Darmanin pour Bercy. Une même question pour tous : que comptez-vous mettre en place pour moderniser votre administration ? Organisation, négociation d'accords salariaux,

1. Siège du ministère de la Culture.

management différent : chaque « candidat » expose ses idées, puis est questionné, cuisiné par le président ou le Premier ministre. Il ne s'agit pas d'écrire de nouvelles lois, mais de dépoussiérer l'État d'ici 2022. C'est du pur *soft law* – du « droit mou » –, explique-t-on à l'Élysée. Avec application immédiate dans certains cas. Et, d'après l'entourage du président, ça marche.

Avec l'arrivée des premiers gros nuages, Emmanuel Macron peut aussi utiliser le Conseil pour afficher clairement son soutien à certains. Comme à Nicolas Hulot qui arrive, blanc comme un linge, ce jeudi 8 février 2018. Quelques minutes plus tôt, le ministre de la Transition écologique est sorti en larmes de son « interview-déminage » à BFMTV sur deux prétendues affaires sexuelles[1]. Là où les ministres hésitent entre soutien démonstratif, façon Françoise Nyssen, ou plus distant pour ne pas ajouter de pression, le président met délicatement les pieds dans le plat en ouverture. « Ce sont des moments difficiles, il faut tenir », dit le chef de l'État, à l'adresse visiblement aussi de Gérald Darmanin, également dans la tourmente pour une affaire de mœurs. Et, bien entendu, il le fait savoir : Benjamin Griveaux, le porte-parole, lors du compte rendu à la presse, parle de « rumeurs » et exprime le « soutien » du gouvernement.

À défaut d'une entente à 100 %, la collégialité entre ministres ouvre en tout cas des perspectives nouvelles pour eux. L'échange sur le logement permet à Annick Girardin d'obtenir la création d'un groupe de travail spécifique à l'Outre-mer. « L'Anah[2], explique-t-elle, n'intervient pas dans les territoires d'Outre-mer. Si, comme par le passé, le texte était arrivé au Conseil déjà finalisé, nous n'aurions jamais pu

1. Le 8 février à 8 h 30, Nicolas Hulot s'invite à BFMTV pour tenter de tuer dans l'œuf les révélations imminentes du magazine *Ebdo* sur plusieurs affaires de mœurs : une plainte pour viol classée sans suite en 2008, et une rumeur d'agression sexuelle démentie par l'intéressée.
2. Agence nationale de l'habitat.

créer ce groupe. » Le 25 novembre, sur « les violences faites aux femmes », Marlène Schiappa repart du Conseil avec plusieurs propositions de collègues de faire des déplacements communs.

Au fil des semaines, l'échange se met aussi en place dans la partie C, celle des communications. Et même la partie B, celle des nominations. Là encore, tous les avis sont bienvenus. Au point de retoquer certaines Légions d'honneur, en plein Conseil, parce qu'un aspect relevé par un autre ministère sème le trouble sur la promotion. « C'est arrivé à de nombreuses reprises pour des décorations, mais aussi des nominations de second ordre », concède-t-on au palais au bout de sept mois de pouvoir, sans s'en inquiéter outre mesure. Des tâtonnements déjà observés durant les années Sarkozy – toute une promotion de la Légion d'honneur avait été retoquée en plein Conseil par manque de femmes – et qui avaient le don d'offusquer Marceau Long, secrétaire général du gouvernement sous Giscard et aux débuts de Mitterrand[1].

Les marcheurs ne s'en offusquent pas. Au contraire ! Au Conseil, le président épate ses troupes. D'abord avec son exposé liminaire. Dix minutes, parfois quinze ou vingt, en solo. Magistral, « lumineux » dit un témoin, lui-même gêné d'être aussi flatteur. Devant lui : deux simples fiches qu'il consulte à peine. Mais contrairement aux apparences, le boss n'est pas en impro. Le *roadbook* a été minutieusement étudié, avec quelques messages clés pour éviter les embûches de la semaine, façon conseil d'administration pour novices. Les sondages baissent ? Ne les regardez pas. Les sondages remontent ? Nous sommes sur la bonne voie. Et pour tenter de chasser de l'opinion l'idée du « président des riches », il surligne au marqueur fluorescent le fait que budget 2018 et budget de la Sécu sont désormais présentés lors du même Conseil.

1. Voir l'interview de Marceau Long au chapitre 5, p. 155.

Le plus jeune président de la Ve impressionne aussi lorsqu'il prolonge le compte rendu du ministre des Affaires étrangères, Jean-Yves Le Drian. Il laisse Gérard Collomb ajouter un mot sur les migrants, Nicolas Hulot sur le G5 Sahel et la désertification. Au besoin, il demande un complément à la ministre de l'Europe, Nathalie Loiseau. Et toujours il conclut, comme au lendemain des législatives allemandes de septembre 2017, sûr de lui :

> — *Angela Merkel est dans une situation compliquée. Il faut lui laisser le temps de constituer une coalition. En attendant, j'ai pris le* leadership *de la refondation de l'Europe.*

Brexit, Syrie, Sahel, Corée du Nord, Amérique, « ce qui est étonnant, compte tenu de son cursus, s'enthousiasme un ministre qui en connaît lui-même un rayon, c'est qu'on aurait pu s'attendre à ce qu'il n'en ait pas une lecture complète et une connaissance détaillée. Eh bien, vous avez l'impression qu'il est dedans depuis toujours ! »

Au grand soulagement de tous, ces trois heures – parfois trois heures et demie – de Conseil amènent, chaque semaine, leur lot de rires. Vital pour Nicolas Hulot. Au moins autant pour Emmanuel Macron et Édouard Philippe. Jean-Yves Le Drian décoche une vanne sur Donald Trump, invitant à « faire la part des choses dans ce que peut dire le président américain ». Plus inattendu, Nicole Belloubet, la cantatrice contrariée du ministère de la Justice, détend l'atmosphère en fredonnant. « Ça peut m'arriver de finir la phrase d'un collègue si elle me fait penser à telle ou telle chanson[1] », concède-t-elle sans gêne particulière quand on l'interroge. On la dit incollable sur Daniel Balavoine. « Le Conseil des

1. Confidence de la ministre de la Justice à l'auteure en janvier 2018.

ministres, c'est solennel mais pas guindé », ajoute-t-elle. Marlène Schiappa, de son côté, reste sans voix le jour où Nemo déboule en pleine communication du Premier ministre. Le griffon croisé labrador présidentiel vient tout juste d'arriver à l'Élysée. Sachant la ministre de l'Égalité entre les femmes et les hommes craintive des chiens, Jacqueline Gouraud, sa voisine bienveillante, retient l'animal. « Attends, je vais l'attirer de l'autre côté », prévient la ministre centriste. « Viens, viens », chuchote-t-elle, tandis qu'Édouard Philippe poursuit sa communication, imperturbable.

« Je n'ai jamais ressenti un tel sentiment d'appartenance, de collectif dans un gouvernement, conclut Annick Girardin depuis Saint-Pierre-et-Miquelon, où elle passe les fêtes en cette fin 2017. Ça n'existait pas sous Hollande, où j'ai toujours été l'un des trois ministres PRG, et où je n'ai jamais adressé la parole à certains collègues ! Travailler avec des ministres de droite, honnêtement, je me suis vraiment demandé comment tout ça allait pouvoir marcher. Et en fait, le président rend les choses faciles. »

Le pari transpartisan est-il pour autant gagné ? Les propositions urticantes pour les ministres issus de la gauche ne manquent pas : circulaire Collomb instaurant le contrôle des migrants dans les centres d'hébergement d'urgence, projets de radiation des chômeurs qui refusent plus de deux offres d'emploi… À écouter le conseiller spécial de l'un d'eux, on perçoit le tiraillement : « Que voulez-vous, quand vous sortez d'une réunion avec Édouard Philippe, les choses sont claires : il est de droite, il est droite ! » Au Conseil, pourtant, ces divergences semblent à peine visibles. Jean-Yves Le Drian veut même croire à la pleine adhésion des troupes. « La force d'Emmanuel Macron, analyse le ministre des Affaires étrangères, c'est qu'il met en œuvre son programme. Toutes les actions décidées en Conseil ou au gouvernement avaient été annoncées pendant la campagne. Ceux qui le soutiennent s'inscrivent dans cette dynamique, y compris sur des sujets difficiles comme la politique migratoire. La trajectoire avait été clairement posée[1]. »

Pour Marlène Schiappa, cela tient surtout à la présence de ministres de la société civile : « Beaucoup de réflexes politiques ne sont pas importés dans le Conseil. Habituellement, le jeu, c'est de montrer aux autres qu'on a raison, qu'on va emporter l'arbitrage. Il y a des jeux de non-dits. Là, honnêtement, il n'y en a pas. Et même entre les ministres les plus politiques, il n'y a pas de vrais enjeux. Bruno Le Maire ou Gérald Darmanin face à Gérard Collomb, par exemple : il n'y a pas d'arbitrage, d'affrontement direct entre Beauvau et Bercy. » Et Jean-Yves Le Drian, qui garde le souvenir de « moments difficiles » sous Hollande, de conclure : « Ce n'est plus un lieu tactique comme par le passé ! Des gens comme Benoît Hamon ou Cécile Duflot parlaient pour que ce soit su à l'extérieur [NDLR : leur désaccord avec le couple exécutif était de notoriété publique], c'était devenu un lieu tactique. Honnêtement, sous Macron, ce n'est plus le cas, et c'est bien ainsi. »

Autour de la table, un indice trahit toutefois ces origines partisanes : le circuit des petits mots. « Au bout de sept mois, rien n'a changé. C'est toujours de Le Maire à Darmanin, de Darmanin au Premier ministre. Ou de Lecornu au Premier ministre », inventorie un macronien « historique ». *Idem* au petit café avant le Conseil, où les marcheurs se retrouvent volontiers : Benjamin Griveaux, Julien Denormandie, Marlène Schiappa, désormais mêlés à Laura Flessel, Agnès Buzyn ou encore Nicolas Hulot. Mais pas Bruno Le Maire ou Sébastien Lecornu. Mounir Majoubi, le « Monsieur numérique » du gouvernement, navigue, lui, d'un groupe à l'autre, happé par des : « Mounir, aide-moi. J'ai un problème avec mon

1. Entretien avec Jean-Yves Le Drian, 22 décembre 2017.

téléphone… » « Et ne venant pas uniquement des plus âgés[1] », souligne-t-il, en clignant de l'œil.

La cohésion passe aussi par des moments exceptionnels, comme ce mercredi de novembre 2017 où le gouvernement glisse, comme un seul homme, du salon des Ambassadeurs vers la salle des fêtes, sans passer par le vestibule vitré. Et sans que la presse soit prévenue. Tradition au bout de six mois de pouvoir, le président remet la Grande Croix de l'Ordre national du mérite à son Premier ministre. La mère d'Édouard Philippe, son mentor Alain Juppé et Antoine Ruffenacht, son prédécesseur à la mairie du Havre, écoutent le président saluer « le meilleur » pour « porter le programme de transformation » présidentiel.

Sonnent 14 heures. La faim les tenaille tous. Et pas forcément le temps de déjeuner. Pour beaucoup, le panier-repas attend dans la voiture. Direction le compte rendu à la presse pour le porte-parole, mais aussi certains ministres désignés chaque semaine – autre nouveauté de l'époque Macron. Pour les autres, les questions d'actualité au gouvernement se profilent à l'Assemblée. Aucun répit.

À l'image d'un Marcelo Bielsa, ancien entraîneur de l'OM et de Lille, réputé épuiser ses joueurs dès les premiers mois, le coach Macron s'enorgueillit de ce rythme d'enfer imposé à son équipe : « Je pense que je fais les Conseils des ministres les plus longs et les plus collégiaux de la Ve République[2] », explique-t-il lors de sa conversation déambulatoire avec le journaliste Laurent Delahousse, sur France 2, juste avant le premier Noël. L'Histoire jugera.

1. Confidence de Mounir Majoubi à l'auteure.
2. France 2, « Journal de 20 Heures », 17 décembre 2017.

4

POMPIDOU, CHIRAC, HOLLANDE : LES CLASSIQUES

Pas simple de succéder au Général fondateur, après avoir été son subalterne. En 1969, lorsque de Gaulle, tel Bonaparte rejeté par son peuple, vit son dernier exil, conséquence du référendum manqué, avant de mourir l'année suivante, sa garde rapprochée a l'œil. Pompidou entame son unique mandat présidentiel, veillé, surveillé par la statue du Commandeur. Vingt-six ans plus tard, Chirac a tout appris de la politique dans le cabinet de Pompidou, qui plus est sous la houlette des mêmes « barons » du gaullisme : Jacques Chaban-Delmas, Michel Debré, Pierre Lefranc.

Chez l'un comme chez l'autre, le Conseil des ministres, piloté dans la plus stricte orthodoxie, revêt une importance toute particulière. Ou comment s'émanciper tout en donnant les gages suffisants. En 2012, l'autre Corrézien de la Ve République, François Hollande, préside son premier Conseil sans jamais y avoir assisté comme ministre. Et même si, à mi-mandat, une soudaine audace le sort du mythique salon Murat pour un lieu à taille plus humaine, son Conseil restera d'une facture très classique.

Georges Pompidou (1969-1974)

Avec Pompidou aux commandes du Conseil, tout change… mais rien ne change. Ses sourcils épais, sa voix rocailleuse, ses yeux de diamant noir, son profil bourbonien modifient forcément le ton. Tout pareil, mais plus rond. Suite au départ du Général en 1969, l'intérim d'Alain Poher a été aussi bref que « calamiteux », selon le mot des gaullistes purs et durs qui refusent de coopérer. Comme le veut la Constitution, le gouvernement en place assure la transition. Les ministres font acte de présence, autour du premier d'entre eux, Maurice Couve de Murville, mais avec toute la mauvaise volonté du monde. L'intérimaire, coupable d'avoir fait capoter le référendum sur la régionalisation avec sa campagne pour le « non », n'a aucune chance d'imposer son autorité. Le président du Sénat se fait couper la parole, bafouille en permanence, rapportera Yves Guéna[1], alors en charge des PTT. D'après lui, même l'huissier en perd son protocole et morcelle son annonce : « Monsieur le président du Sénat… assurant l'intérim… de la République. »

Ce 2 mai 1969, Poher, le patron remplaçant, donne la parole à Michel Debré, ministre des Affaires étrangères, pour « le tour d'horizon diplomatique, communication habituelle je crois ». Cette dernière approximation fait bondir Yves Guéna, qui n'est pas au bout de ses surprises.

> — *Le seul événement notable de la semaine est le départ du général de Gaulle qui provoque la stupeur internationale dans toutes les ambassades,* déclare Debré. *Il est perçu comme un risque d'affaiblissement de la France*[2].

1. Entretien avec Yves Guéna, le 20 octobre 2010.

2. Notes manuscrites du secrétaire général du gouvernement Jean Donnedieu de Vabres, conservées aux Archives nationales.

— *Il serait bon, dans cette période, d'éviter de manquer d'objectivité,* répond Alain Poher.

— *Ce que je viens de vous dire est tout à fait objectif.*

— *Le fait de dire que le départ du Général est un événement mondial ne peut pas être soupçonné d'un manque d'objectivité,* intervient Couve de Murville, Premier ministre.

— *Bon... dit comme ça, d'accord. Mais au moins, dans le communiqué, je souhaiterais qu'on évite les controverses,* précise Poher.

— *Jusqu'ici, nous n'avions jamais de controverses. Mais désormais...,* répond Couve de Murville.

Ambiance !

On expédie quelques communications, notamment sur plusieurs décrets concernant le Code rural ou les personnels aux frontières. On fixe les dates de l'élection présidentielle (1er et 15 juin), la limite pour le dépôt des candidatures (13 mai) et les modalités de cette campagne. Poher souhaite une plus grande impartialité de l'ORTF. Il en a d'ailleurs déjà touché un mot au président du conseil d'administration. Le Conseil s'achève en à peine une heure. Les suivants sont marqués par la même absence de tenue.

En théorie, le fiasco de cette transition ne peut que faciliter l'installation de Georges Pompidou qui, lui, connaît la maison comme sa poche. Mais il a encore moins le droit à l'erreur. Les « barons » l'attendent au tournant et comptent bien veiller à ce qu'il restaure l'autorité et la dignité de la fonction. Ceux qui rencontrent régulièrement le Général dans sa retraite de La Boisserie – « son exil », disent certains – savent qu'il est plutôt critique vis-à-vis de celui qui a été son Premier ministre de 1962 à 1968. Il ne digère pas son ambition, si visible durant les mois qui ont précédé le référendum. En se présentant comme un recours possible, n'a-t-il pas, lui aussi, contribué à faire échouer cette consultation ?

Pompidou s'emploie donc à rassurer, fort de ses six ans à Matignon – record absolu pour un homme qui ne voulait pourtant pas du poste au moment du retour de De Gaulle en 1958.

En trois cents Conseils des ministres, il a eu le temps de voir la machine fonctionner. Dès le tout premier qu'il préside, le 25 juin 1969, il glisse sa rondeur cantalienne dans le moule de la Ve République. Poignée de main à tous les ministres à l'entrée. Consignes de secret. Communications calibrées. Pompidou s'exprime beaucoup, sur tous les sujets. La montre compresse le poignet gauche posé sur la table, tandis que la main droite voyage en permanence, d'un mouvement presque aérien, avant de se reposer.

Yves Guéna, qui revient au gouvernement en 1973, souffle : « Pompidou tient son Conseil, s'exprime très bien. Pas de problème, l'unité de commandement est assurée. Il n'a pas la même stature que le Général, mais il a celle d'un président, d'un grand homme d'État. C'est l'essentiel[1]. »

Le sentiment est partagé par un autre ministre qui a aussi connu les Conseils sous de Gaulle. Jean Charbonnel revient aux affaires en juillet 1972, nommé ministre de l'Industrie du premier gouvernement de Pierre Messmer. « Pompidou, en Conseil, a cette même attitude très solennelle que de Gaulle. Juste un peu plus chaleureux peut-être. Mais ce qui change surtout, c'est notre regard sur lui. Avec de Gaulle, on avait l'histoire de France devant nous, Jeanne d'Arc, Clemenceau et l'Homme du 18 juin réunis. Pompidou, lui, avait aussi l'autorité et la sérénité, mais il était l'un des nôtres. Ça changeait tout[2]. » Pompidou, un président « normal » aurait dit François Hollande à l'approche de la présidentielle de 2012.

1. Entretien avec Yves Guéna, 20 octobre 2010.
2. Entretien avec Jean Charbonnel, 6 juillet 2011.

Surveillé, il l'est dès le premier jour par les gaullistes et notamment son Premier ministre, Jacques Chaban-Delmas. L'ancien délégué militaire de la France libre est d'ailleurs à ce poste pour rassurer les « barons » et faciliter le lien avec l'Assemblée issue de Mai 68.

Un semblant de dialogue s'instaure le mercredi au Conseil, salué par les centristes René Pleven (Justice), Jacques Duhamel (Agriculture), Joseph Fontanet (Travail) et surtout Valéry Giscard d'Estaing (Finances). « Sous Chaban, il y a eu un peu plus d'ouverture. On a commencé à avoir quelques discussions », se souvient VGE. Le couple exécutif n'est pourtant pas le plus uni de l'histoire, loin s'en faut. Dès le discours de Chaban sur la « Nouvelle Société », au bout d'une semaine, Pompidou se serait même promis de guetter sa première bourde afin de le virer. Mais cela n'a pas d'incidence perceptible sur l'atmosphère au salon Murat.

Édouard Balladur, qui connaîtra ensuite les Conseils verrouillés de la cohabitation mitterrandienne, a récemment retrouvé ses notes prises durant la dernière année de Pompidou. Lui aussi s'émerveille : « Les gens s'exprimaient assez librement. C'était vivant. Ça avait de la consistance. » Il garde le souvenir de débats au moment de la crise pétrolière, « lorsque les Américains tentent de mettre l'Europe sous tutelle ». Débats sur l'avortement également, « où finalement, on avait retenu un système où il fallait l'avis conforme de trois médecins[1] ».

De de Gaulle, Pompidou conserve aussi les traits d'humour grinçant, voire les saillies autoritaires. « Les Français aiment la bagnole ! », assume-t-il ce mercredi où la presse lui reproche le périphérique parisien de 35,5 kilomètres tout juste achevé. « Il n'existerait pas sans mon impulsion d'il y a dix-sept ans », rappelle Pompidou au Conseil du 24 avril

1. Entretien avec Édouard Balladur, 6 mai 2011.

1973, reprochant au Premier ministre de ne pas avoir prévu d'inauguration en fanfare. Message reçu ! Messmer répare l'erreur dès le lendemain.

Cependant, l'ombre de De Gaulle plane sur le Conseil, particulièrement autour des questions internationales. Consciemment ou non – le jeune Charbonnel est convaincu que oui –, Pompidou attend la mort du Général pour faire aboutir l'adhésion du Royaume-Uni au Marché commun. À son ministre de l'Industrie, il expliquera souvent par la suite : « Mon vieux, l'Allemagne, tôt ou tard, se réunifiera et nous serons bien contents d'avoir les Anglais pour faire front avec nous. » De Gaulle s'y est toujours opposé. Il meurt le 9 novembre 1970. Le 23 juin 1971, les six pays membres de la CEE[1] acceptent l'adhésion britannique. Chez Pompidou, ce rapprochement avec le Royaume-Uni s'accompagne d'un anti-germanisme très marqué, qui surprend les gaullistes eux-mêmes, étant donné son passé.

Charbonnel, scolarisé en première au lycée Henri-IV quand éclate la guerre, revoit encore, dans la classe d'à côté, celui qui n'est alors qu'enseignant d'hypokhâgne, surnommé le « prof à la jolie môme », à cause de sa blonde épouse, Claude. Pompidou marque son auditoire de l'époque par son inertie face à l'Occupation. Plusieurs enseignants sont arrêtés, les étudiants s'organisent. Lui ne bouge pas. Aucun engagement résistant – il le reconnaîtra volontiers.

Quelle surprise donc de découvrir chez le successeur du héros de la France libre, une fois à l'Élysée, un anti-germanisme forcené. Est-ce une façon de se racheter ? Le porte-parole du gouvernement de Chaban, Léo Hamon, voit souvent le président Pompidou fondre sur lui dès la fin du Conseil : « Dites bien aux journalistes à quel point la France veut une politique économique puissante, qu'elle n'a aucune raison de

1. France, Allemagne, Belgique, Pays-Bas, Italie, Luxembourg.

laisser la place à l'Allemagne[1].» Dès qu'un ministre rentre dans ces grands objectifs, il obtient d'ailleurs plus facilement l'arbitrage qu'il souhaite.

En 1973, Yves Guéna présente en Conseil son plan de relance de la marine marchande: une enveloppe de 1,3 milliard de francs – l'équivalent de deux cents millions d'euros –, débloquée directement par le président. À son arrivée aux Transports, le ministre a trouvé l'activité en plein naufrage. «Contrairement à la présidence de Sarkozy, où toutes les instructions venaient de l'Élysée, on était une vraie force de proposition pour lancer les projets qui s'imposaient dans notre périmètre. Je suis donc allé voir Messmer, qui m'a renvoyé directement vers l'Élysée.»

> — *Quelle est la position exacte de la France en termes de marine marchande?* demande Pompidou.
>
> — *Nous avons devant nous les pavillons de complaisance, les trois grands pays maritimes: Angleterre, Norvège et Suisse. Puis les deux grandes puissances: Russie et Amérique. Les Allemands sont neuvièmes. Et nous, dixièmes,* détaille Guéna.
>
> — *Quoi? Nous sommes derrière les Allemands? C'est entendu. Je suis d'accord avec votre plan.*

Yves Guéna rit tout seul en repensant à ce moment de gloire dans le salon Murat, où tombe la bénédiction présidentielle. «Pompidou a dit: "J'approuve totalement le plan du ministre des Transports", et tout le monde a fermé sa gueule! Évidemment, poursuit Yves Guéna, j'avais parlé au ministère des Finances. En suivant scrupuleusement le conseil du patron: "Quand vous verrez Giscard, ne lui dites pas que vous avez déjà mon accord!"»

1. Entretien avec Jean Charbonnel, 6 juillet 2011.

L'année 1973 marque un vrai tournant de l'ère Pompidou. La santé hésitante du président avive brusquement les ambitions de chacun, les couteaux s'aiguisent au sein du Conseil. Les rendez-vous du mercredi au salon Murat se tendent, d'abord autour du conflit Lip. Les forces de l'ordre finissent par pénétrer dans l'usine horlogère de Besançon où les grévistes, menacés par un dépôt de bilan depuis avril, ont séquestré le stock de vingt-cinq mille montres. Le 2 août, Charbonnel (gaulliste social en charge de l'Industrie) présente, en Conseil des ministres, un plan de sauvetage. Face à lui, la droite de la majorité, Giscard et Chirac en tête, poussée par l'aile la plus dure du patronat, freine des quatre fers. Elle craint la contagion et, de façon plus ponctuelle, des manifestations aux assises de l'UDR prévues en novembre à Nantes.

Le 29 septembre, cent mille personnes battent le pavé sous une pluie diluvienne à Besançon. « Essayez de trouver une solution d'apaisement », implore le président devant Jean Charbonnel, qu'il reçoit à l'Élysée. Mais à la même période, le 15 octobre, le Premier ministre Pierre Messmer laisse échapper cette phrase malheureuse, lors d'une réunion publique en Lorraine : « Lip, c'est fini ! » Charbonnel se sent lâché, devenant ainsi une « proie » pour les prétendants à la succession de Pompidou. Toutes les semaines, au Conseil, il garde en mémoire les tentatives de Giscard pour l'attirer « dans son camp », en vain. « Vous vous égarez », répète le ministre des Finances à son collègue corrézien qui cherche toujours à sauver Lip.

Le malaise s'épaissit également entre Pompidou et les garants du gaullisme, devenant de plus en plus perceptible le mercredi. S'il reste dans l'orthodoxie gaulliste dans sa gestion de la crise pétrolière – notamment avec le choix assumé du nucléaire –, Pompidou fait hérisser les cheveux blancs des gaullistes du gouvernement avec son projet de réforme constitutionnelle. Michel Debré (Défense) jette d'ailleurs l'éponge au moment du remaniement de mars 1973, lorsqu'il comprend que le président veut instaurer le quinquennat présidentiel. Le chef de l'État n'en démord pas : « Deux mandats, c'est normal. Mais quatorze ans, c'est trop », explique-t-il à ce Conseil de septembre 1973, au cours duquel il présente lui-même sa réforme. De plus en plus attaqué par ceux qu'il appelle les « intégristes », le président règle ses comptes devant le gouvernement :

> — *Le gaullisme, ce n'est pas une idéologie, ce n'est pas répéter bêtement. C'est une attitude. Je ne vais pas me laisser dicter mon interprétation du gaullisme par de parfaits imbéciles.*

Séisme. Dans son viseur, Pierre Lefranc, qui s'est particulièrement ému de ce torpillage du septennat gaullien. Dans les années 1990 et 2000, le cofondateur – avec Malraux – de l'Institut Charles-de-Gaulle sortira d'ailleurs à nouveau de sa réserve pour critiquer le quinquennat finalement instauré par Jacques Chirac. Pour l'heure, Pompidou cède. Le 24 octobre 1973, craignant de ne pas obtenir la majorité des trois cinquièmes au Congrès, il retire son texte pourtant adopté à l'Assemblée et au Sénat.

De plus en plus fragilisé par cette maladie du sang qui le ronge, le visage déformé par la cortisone, le président délègue beaucoup de tâches, notamment à Édouard Balladur. « Il me disait : “Je m'occupe de politique étrangère, occupez-vous du reste, je vous fais confiance”[1] », raconte l'ancien secrétaire général de l'Élysée.

Balladur, aux manettes pour préparer le Conseil, reçoit les ministres avant leurs communications ou même avant

1. Entretien avec Édouard Balladur, 6 mai 2011.

leurs déplacements. Giscard, en partance pour une rencontre franco-allemande, le consulte sur la position à tenir. Le discret énarque arrive parfois le mercredi, l'esprit chargé de lourds secrets, comme cette visite d'un amiral venu lui expliquer qu'un bateau de Greenpeace s'approche de Mururoa et risque de faire obstacle à la campagne d'essais nucléaires.

« Nous allons devoir le couler, annonce l'amiral.

— Je vous l'interdis, contre Balladur. C'est terriblement risqué et profondément immoral. »

Le secrétaire général de l'Élysée rend compte, comme chaque soir à Pompidou :

« Mais ils sont complètement fous ! Vous l'avez interdit, j'espère.

— Bien entendu, opine Balladur.

— Dites-leur que je confirme votre décision. »

Balladur convoque ledit amiral le lendemain. Au moment de notre entretien en mai 2011, surgit évidemment dans son esprit l'affaire du *Rainbow Warrior*[1] de 1985. À quatre-vingt-deux ans, l'ancien Premier ministre de François Mitterrand ne résiste pas à l'envie de glisser cet aparté : « Ce pauvre Hernu [Défense] ne peut pas ne pas avoir prévenu l'Élysée que le navire de Greenpeace allait être sacrifié. C'est inconcevable. Ce sont des choses qui se décident à l'Élysée. Il se peut que le Premier ministre [Fabius] ne l'ait pas su. C'est possible, même si les fonds nécessaires viennent de Matignon… Mais ces fonds se transmettent par enveloppe globale, pas opération

1. Le 10 juillet 1985, le *Rainbow Warrior*, navire de l'organisation écologiste qui faisait route vers Mururoa pour protester contre les essais nucléaires français, est coulé à Auckland (Nouvelle-Zélande). Le photographe est tué. Le ministre de la Défense Charles Hernu démissionne pour couvrir le président Mitterrand. La France présentera des excuses officielles et versera 7 millions de dollars de dommages et intérêts à la Nouvelle-Zélande.

par opération. Donc le Premier ministre peut très bien n'en avoir rien su. »

Au grand dam de ses proches, Pompidou laisse de sa dernière année au salon Murat quelques souvenirs d'homme acariâtre. Non par fidélité au Général, mais plus vraisemblablement à cause de son traitement : la cortisone rend agressif.

Jean Charbonnel revoit « cette pauvre Marie-Madeleine Dienesch », députée des Côtes-d'Armor, issue des démocrates-chrétiens comme lui-même et Schumann. La vieille demoiselle, agrégée, bosseuse et aimée de tous, prend un savon au Conseil. « C'est la seule fois que j'ai vu une engueulade publique, en plein Conseil. La secrétaire d'État aux handicapés avait dû dire un mot qui ne lui plaisait pas dans une communication. On était tous désolés pour elle, d'autant que c'était la seule femme. Poniatowski, son ministre de tutelle, m'a dit à la fin : "Il est vraiment malade, il n'est pas dans son état normal." Ce qui nous désolait à double titre, pour elle, mais aussi pour lui. »

Plusieurs fois, durant cette dernière année, Messmer arrange les situations, lorsque le président donne deux fois la parole à un ministre ou lorsqu'il radote. « Il gardait toutefois des moments de lucidité », ajoute Charbonnel. Le dernier Conseil du 27 mars 1974, dont le récit vient plus loin, en témoigne.

Jacques Chirac (1995-2007)

On ne se refait pas. Il a beau être tombé « dans la marmite de la Ve République », comme dit son gendre Salat-Baroux, Jacques Chirac reste Jacques Chirac. Il a beau avoir été ministre de De Gaulle, formé par Pompidou, s'efforcer de briller par le détachement et le formalisme qui siéent à sa fonction, le naturel revient vite au galop. En tout cas au début.

Durant ses premiers tours de table pour saluer le gouvernement dans le salon Murat, Jacques Chirac écarte les bras en apercevant François Baroin, se penche vers lui et l'embrasse. *Idem* avec Jean-Louis Debré, qui le stoppe *in extremis*. Quelques jours plus tard, en réunion interministérielle, Debré proteste discrètement. « Ne me mettez pas dans une situation difficile, monsieur, lui glisse le nouveau ministre de l'Intérieur. C'est un microcosme, on jalouse. » Chirac récidivera pourtant. Il s'y perd. Il a toujours embrassé Debré, qui l'a toujours vouvoyé et appelé « monsieur » – jamais « président » –, contrairement à tant d'autres.

Avec ce cinquième président de la Ve, souvent catalogué comme « brut de décoffrage, la Corona à la main », les règles du « tu » et du « vous » sont plus complexes qu'il n'y paraît. Les intimes le vouvoient : Debré, Baroin, Villepin et même son épouse Bernadette. En revanche, la plupart des ministres, compagnons de combat, le tutoient au quotidien. Serge Lepeltier, qui a tracté avec lui dans les années 1970 pour gagner la mairie de Paris, se pince en découvrant le formalisme du Conseil. Du jour au lendemain, c'est « monsieur le président, vous ». Chirac lui-même lui donne du « monsieur le ministre de l'Écologie et du Développement durable, vous avez la parole ». Lepeltier se souvient : « Il débite la totalité de la fonction de façon extrêmement solennelle, alors qu'il n'y a personne, pas de témoin. C'est ça qui est stupéfiant[1] ! »

Parfois, le système dérape. Dans l'emportement d'un échange animé, un prénom surgit. Nouveauté de l'ère Chirac. Rare toutefois, car la règle s'impose. « Honnêtement, c'est beaucoup mieux comme ça. Sinon, on se retrouverait vite dans un débat à tombeau ouvert », conclut Lepeltier. Ce formalisme plaît beaucoup aux « enfants de la Ve », aux « enfants du gaullisme », comme les appelle Françoise de Panafieu

1. Entretien avec Serge Lepeltier, 9 octobre 2010.

(Tourisme), en s'incluant dans le cercle. Elle aime que ça suinte du de Gaulle. Dans la forme… en attendant le fond.

Chirac lui-même finit par s'y faire. Très vite, il en rajoute, au point d'adopter les postures monarchiques de ses prédécesseurs. Il faut le voir buvant son thé durant l'entretien qui précède le Conseil. Lui seul se fait servir. Assis dans son fauteuil brodé, dans le petit salon face à son bureau, il devise, tasse à la main, avec le Premier ministre et parfois le secrétaire général de l'Élysée, ainsi qu'un éventuel ministre invité en cas d'actualité particulière. Mais eux n'ont rien à boire. « Ça aurait été inenvisageable de prendre un café en même temps que lui », raconte l'un des privilégiés ayant assisté à ces rendez-vous du mercredi matin. Le conseiller d'État Salat-Baroux a théorisé la chose, citant ses cours de droit : « Le formalisme est le premier rempart des libertés. » Dit plus simplement, avec un mélange d'affection et de perfidie, par le même ancien secrétaire général de l'Élysée : « Tout cela avait beaucoup d'allure. Pas beaucoup de fond, mais beaucoup d'allure[1]. »

Pendant le Conseil, les interventions de Chirac sont presque toujours lues. Donc écrites. Par d'autres. Bienvenue dans le monde merveilleux des « éléments de langage ». Aux États-Unis, Ronald Reagan a ouvert la voie dans les années 1980. À l'époque, l'équipe Mitterrand l'observe, s'en amuse, mais n'imagine pas une seconde franchir le pas. Les conseillers se contentent de rédiger des notes sur les sujets importants du jour. Chirac, lui, adopte la méthode américaine sans complexe. Il ne se sépare pas de ses fiches cartonnées. Les conseillers techniques sont à la manœuvre avec des consignes strictes : format A5 – moitié de page A4 –, comme à l'Ena. Une fiche par sujet, vingt lignes maxi. Toujours la même police de caractères, toujours la même taille. Les « éléments de langage » en

1. Entretien avec Frédéric Salat-Baroux, 21 décembre 2010.

bas, en caractères gras. Allié indispensable – il y tient –, le crayon de couleur à deux mines permet de souligner méticuleusement certaines phrases en rouge – le bleu, dit-on, ne sert jamais, allez comprendre ! Salat-Baroux coordonne le tout. « On préparait deux types d'interventions avec le président. Le message politique quand il y avait un texte symbolique, et les quatre ou cinq phrases importantes reprises ensuite dans le brief du porte-parole pour la conférence de presse. J'y travaillais toute la matinée du mardi avec le conseiller en communication et le service de presse de l'Élysée. Je lui en reparlais dans l'après-midi pour qu'il arrête personnellement son texte avant que je puisse le mettre dans son dossier de Conseil des ministres. » Autant de phrases entièrement rédigées qu'il prononce *in extenso* dans le salon Murat.

Sur les sujets sensibles, certains ministres peuvent parfois rédiger directement une note avec le président, sans passer par le secrétaire général. Au moment des attentats islamistes de 1995, Juppé lui-même est parfois court-circuité à Matignon. Chirac laisse faire. Deux mois à peine après son arrivée à l'Élysée, l'heure est grave. Le 11 juillet, un imam modéré meurt assassiné dans sa mosquée, à Paris. Quatre jours plus tard, le 15, des gendarmes sont pris dans une fusillade à Bron (Rhône). Le 25 juillet, une bombe déposée dans le RER B, station Saint-Michel à Paris, fait huit morts et cent dix-sept blessés. Le 17 août, dix-sept blessés place de l'Étoile. Le 26 août, par chance, l'engin explosif déposé sur la ligne TGV Paris-Lyon ne se déclenche pas. La police judiciaire, les renseignements généraux, la DST sont sur les dents. Debré transmet tout à Chirac, les pistes, les hypothèses, les rumeurs. Un renseignement évoque un autre attentat en préparation dans les transports en commun. Debré informe heure par heure le président, lui demande d'appeler tel chef d'État, histoire d'esquiver le barrage des services secrets pour obtenir un renseignement plus rapidement. Le Premier ministre, lui, n'en sait rien. Même pour la nouvelle menace d'attentat. « Avec Juppé, avoue après coup l'enquêteur en chef Debré, je n'entrais pas dans les détails des investigations, il était occupé à autre chose, je ne lui donnais que les infos sûres. » Mais les attaques se poursuivent. Quatre blessés dans un square parisien le 3 septembre. Quatorze blessés le 7, lorsqu'une voiture garée en face d'une école juive explose à Lyon. La psychose s'installe dans le pays. Que fait la police ? Que font les services secrets ? L'opinion s'émeut. La presse aussi. Chirac sent qu'il doit parler. Au gouvernement, pour commencer.

« Qu'est-ce que je peux dire ? », demande-t-il à Debré, un mercredi matin avant le Conseil. Cette fois, Juppé assiste à l'entretien. « Évidemment, on ne peut pas dire qu'on a relevé des empreintes sur la bombe, se désole le locataire de la place Beauvau. On ne peut pas dire qu'on les a identifiées. On peut encore moins dire qu'on a une piste à Vaulx-en-Velin. »

Pas un mot non plus sur la piste Khaled Kelkal. L'homme sera finalement abattu le 29 septembre à Vaugneray, près de Lyon. Mais en attendant, Debré ne se fait pas d'illusions : sitôt rentré, l'un ou l'autre des ministres s'empressera de raconter que l'enquête progresse, risquant ainsi de la faire capoter. Tous auront leur pronostic ou leur analyse. Ce jour-là, Chirac sort donc de son bureau avec sa fiche et descend au salon Murat :

> — *Laissons du temps au temps. Il n'y a pas d'investigation sans risque. Mais il y a des investigations sans chance. Nous avons pris des risques et j'espère que nous allons trouver une chance*[1].

« Évidemment, les vieux routiers comprennent, s'empresse de préciser Debré, quinze ans plus tard. Ça n'empêche pas ceux qui le veulent de se répandre dans les médias en

1. Entretien avec Jean-Louis Debré, 2 mai 2011.

s'auto-décrétant spécialistes du terrorisme. Mais, au moins, rien ne sort qui ne le devrait pas. C'est impossible de parler au milieu d'une enquête ou d'une instruction », même à ses propres ministres.

De ce point de vue, Chirac – comme Mitterrand avant lui – partage assez peu les informations sensibles. Plusieurs ministres qui l'ont vu s'emporter contre George Bush en entretien officiel savent à quel point il aplanit ensuite les divergences dans son compte rendu du mercredi matin.

Michèle Alliot-Marie, qui a passé tout le second mandat à la Défense, l'a vu s'écharper avec le président américain sur la question de la guerre en Irak. C'est l'époque du « non » de la France à la tribune de l'ONU. « Le ton était très ferme[1] », raconte prudemment MAM, qui s'empresse d'ajouter : « de la part de Jacques Chirac ». Au Conseil qui suit, il ne divulgue aucun détail. « Une fois, l'Américain avait eu le malheur de dire, en gros, que ces cons d'Irakiens n'allaient pas dicter leur loi, se souvient Philippe Douste-Blazy, alors au Quai d'Orsay. Chirac est parti au quart de tour et lui a fait un cours sur la grandeur des civilisations. "On ne peut pas parler comme ça d'un peuple qui a inventé l'écriture, qui a été à l'origine d'un rayonnement intellectuel inouï. Ce n'est pas convenable", lui a dit le président. » Au Conseil, Chirac indique simplement qu'il a eu un entretien avec le président américain, qu'un certain nombre de désaccords sont apparus sur tel et tel point. Là encore il fait un cours, remet le sujet en perspective, glisse quelques recommandations.

Même topo que les prédécesseurs, mais avec ses propres sujets de prédilection. Éviter toutes crispations entre monde occidental et monde musulman – thème récurrent depuis les attentats du 11 septembre 2001. Son prisme des civilisations

1. Entretien avec Michèle Alliot-Marie, 14 juin 2011.

revient en permanence pour dénoncer les dangers de la mondialisation, les déséquilibres Nord-Sud. Souvent, le président s'emporte, ce qui plaît à ses ministres. « Le truc sympathique avec lui, c'est qu'il avait une vraie capacité d'indignation, se souvient Corinne Lepage, en charge de l'Environnement. On sentait que ce n'était pas factice[1]. » Quand Jacques Chirac arrive au pouvoir en mai 1995, les Casques bleus de l'ONU sont de plus en plus souvent pris pour cibles en ex-Yougoslavie, sans pouvoir répliquer. La France possède le plus gros contingent : quatre mille cinq cents hommes[2]. Depuis des mois, la communauté internationale tergiverse sur une possible riposte. Dès la fin mai, Chirac tape du poing sur la table au Conseil :

> — *On se bat ou on ne se bat pas ? On n'est pas là pour servir de punching-ball !*

La veille, les Serbes ont tiré sur des zones de sécurité onusiennes et pris en otage douze soldats français du 3e Rima, qui gardaient un pont de Sarajevo. Connaissant l'exaspération du nouveau président, les officiers français, sous mandat de l'ONU, commencent à répliquer d'eux-mêmes. Chirac, avec l'appui de l'Anglais John Major, met alors en place la « force de réaction rapide ». Suivront les frappes de l'Otan en août et en septembre.

Mais la compétence du Conseil des ministres s'arrête là. Le Conseil de Défense prend le relais. Chaque jour, autour du président, du ministre de la Défense et des chefs d'état-major, il détermine les cibles, les moyens. Le reste du gouvernement n'est pas associé. Secret défense. Au Conseil du mercredi, on ne lui demande même pas son avis. On l'informe. À vrai dire, rien n'empêcherait un ministre de lever la main. Aucun ne

1. Entretien avec Corinne Lepage, 31 janvier 2011.
2. Quatre-vingt-quatre soldats français seront tués en ex-Yougoslavie.

le fait. Chirac s'engage en tout cas dans un processus militaire, puis politique, qui aboutit en décembre aux accords de Dayton, signés à Paris[1].

Sur le plan politique et humain, le dossier le plus compliqué à gérer dans ces années de Conseil sous Chirac est probablement le cas Sarkozy – mis à part, évidemment, les cinq ans de cohabitation avec la gauche sur lesquels nous reviendrons.

À sa réélection en 2002, il peut difficilement se priver des talents du maire de Neuilly. Son purgatoire doit bien s'achever un jour. La seule expérience gouvernementale de Nicolas Sarkozy date de la précédente cohabitation, 1993-1995. Depuis, il a lavé le péché originel : son soutien à Édouard Balladur. Il a secondé Philippe Séguin à la tête du RPR, assuré l'intérim jusqu'au fiasco des européennes en 1999. Sa liste est arrivée derrière le tandem souverainiste Pasqua-Villiers, Sarkozy s'incline. Il décroche, retourne dans son cabinet d'avocats et réussit presque à se faire oublier… jusqu'à la campagne de 2002, qui le remet en selle.

Retour difficile à gérer toutefois pour Chirac. Désormais à sa droite, le « nabot », comme l'appelle Villepin – assis de l'autre côté –, digère assez mal de ne pas avoir les fesses posées sur le fauteuil d'en face, celui de Jean-Pierre Raffarin. Lui faire ça à lui, le nouveau « meilleur de sa génération », maintenant que Juppé est *out*! Pourtant, il donne le change. Il veut montrer à l'hôte de l'Élysée qu'il a eu tort de lui préférer « l'inconnu du Poitou ». Toute la semaine, il fait ses gammes. Il veut que ça percute : du chiffre, du spectaculaire, des arrestations. Et chaque mercredi, la séance d'haltères hebdomadaire :

1. Le 14 décembre 1995, à Paris, les trois présidents – le Serbe Slobodan Milošević, le Croate Franjo Tuđjman et le Bosniaque Alija Izetbegović – signent ces accords négociés à Dayton, dans l'Ohio, mettant un terme au conflit en ex-Yougoslavie.

une communication à l'ordre du jour. « Il voulait être le plus grand flic de l'Histoire, le premier flic de France, se souvient Raffarin. Je le laissais faire là-dedans[1]. »

Le dynamique ministre de l'Intérieur reste toutefois relativement calme dans le salon Murat. Déjà en campagne pour 2007, il n'a pas intérêt à se mettre les collègues à dos. Avant le Conseil, chaque mercredi, il joue les affables, parle avec tout le monde. Le type sympa, cool, abordable. Son ancien complice, ministre délégué au Budget de l'époque, Alain Lambert, en atteste – alors qu'entre-temps Nicolas Sarkozy s'est installé à l'Élysée : « Ce n'était pas le Sarko d'aujourd'hui, vous ne pourriez pas le reconnaître. C'était le Sarko séducteur, tout en pondération, en ascèse. Il épatait tout le monde et les gens se disaient : "Mais pourquoi Chirac ne l'aime pas[2] ?" » Le président n'est pas plus impressionné que ça. Au Conseil, il garde la main. C'est lui qui tient les manettes, lui qui pilote. Il sort d'une élection remportée avec 80 % des suffrages. Il règne et le prouve en valorisant Nicolas Sarkozy dès qu'il le peut, en surjouant la réconciliation, ce qui se révèle de plus en plus utile au fil des mois. Il excelle particulièrement dans cet exercice.

Pour décrire Sarkozy boudant, le président a une expression bien à lui : « Il coince du nez. » Privilège de la fonction, Chirac n'ignore – pratiquement – rien des journées du ministre de l'Intérieur. Il sait donc quand ça va coincer. Sa semaine a été difficile, l'Élysée lui a refusé un avion du gouvernement pour un déplacement, Matignon a donné consigne de le retirer d'une émission de France 2 parce que Raffarin était sur TF1, et hop ! Chirac sort la pommade. Les occasions ne manquent pas. On papote, on plaisante, on rigole. Certains jours, il lui prend son stylo et joue avec. Mieux, il lui agrippe le bras. Autant de façons de lui faire baisser la garde, insidieusement.

1. Entretien avec Jean-Pierre Raffarin, 18 mars 2011.
2. Entretien avec Alain Lambert, 15 avril 2011.

Ce manège exaspère Sarkozy. Le soir, quand son ami Lambert passe le voir à Beauvau, il enrage. « T'as vu, il en abuse. C'est tout juste si au Conseil, il ne donne pas l'impression qu'on est les meilleurs amis du monde. Avec tout ce qu'il m'a fait ! » Des années plus tard, le Premier ministre de l'époque prend un malin plaisir à souligner que, dans le fond, « Nicolas Sarkozy n'était pas si compliqué à manager. C'est un glouton, mais quand on lui dit : "Ça se bouffe pas", eh bien, ça se bouffe pas ! » Raffarin, plus malin que Sarkozy ne l'aurait sans doute imaginé, ajoute : « Avec lui, les choses sont très visibles et prévisibles. Quand ça ne va pas, on le voit. Il boude, mais son teint parle. Il est pâle, gris. Dans ce cas, il faut le faire parler et ça va tout de suite mieux. Chirac faisait ça très bien. Il arrondissait les angles. »

L'arme se révèle magistrale au moment de la crise des banlieues. Le président s'en sert autant pour calmer les ardeurs et les impatiences de son Premier ministre que pour apaiser le collègue au nez qui coince. Nous sommes à l'automne 2005. Dominique de Villepin a pris les rênes du gouvernement, après le référendum raté sur la Constitution européenne. Le premier flic de France, lui, a durci son discours sécuritaire. En juin, à La Courneuve, il promet un coup de Kärcher pour « nettoyer » la cité des Quatre Mille. Dans l'enceinte du salon Murat, le vocabulaire change aussi. La présidentielle approche. En 2002, la banlieue telle qu'il la décrit était « un sujet complexe en raison de l'urbanisation folle qu'on a laissé progresser et qui mène à des situations ingérables ». Désormais on l'entend parler de bandes et de « grands Noirs qui ont quatorze ans et qui en paraissent vingt ».

Le 27 octobre, dans la soirée, trois jeunes d'une cité de Clichy-sous-Bois sont électrocutés dans un transformateur EDF, alors qu'ils tentent d'échapper à la police. Deux d'entre eux meurent, le troisième est grièvement blessé. Cette nuit-là, de violentes émeutes embrasent plusieurs villes de la région parisienne et de province. Le lendemain, Nicolas Sarkozy assure que les policiers ne poursuivaient pas les jeunes – on découvrira que c'est faux. Jour après jour, les voitures flambent, les bâtiments aussi. Le monde entier, abasourdi, observe la France partir en fumée.

En Conseil des ministres, Jacques Chirac alterne le bâton et la carotte. La piqûre et la caresse. Il faut gérer les deux ego, soutenir Villepin qui est en première ligne sans totalement lâcher Sarkozy et son Kärcher, qu'il désapprouve pourtant. À nouveau, Chirac drague son voisin. Désormais, Villepin est en face. Il les voit faire. Les blagues, la fausse complicité gênante à force d'être insistante. « À cette période, j'ai même été obligé de m'interrompre une fois en plein milieu de ma communication sur la crise des banlieues, parce que les deux en face papotaient, se souvient Dominique de Villepin, pas peu fier de restaurer le calme dans ce salon Murat. En faisant ça, je me retrouvais être celui qui rétablissait la solennité du moment face à un président dissipé. Un comble[1] ! »

Sur le sujet, Jacques Chirac prend également la parole en Conseil. Le 2 novembre, coup de bâton pour Sarkozy cette fois... sans le nommer, bien entendu. Mais tout le monde comprend l'allusion. Le président met en garde contre tout excès de langage :

> — *L'absence de dialogue et l'escalade de l'irrespect mèneraient à une situation dangereuse.*

Le chef de l'État salue au passage une première série de mesures annoncées : le rétablissement de l'ordre, l'accélération des procédures d'indemnisation pour les victimes de ces violences. Le garde des Sceaux, Pascal Clément, est prié de saisir la justice pour que lumière soit faite sur le drame de Clichy. De plus en plus, on songe à l'étape suivante : instaurer l'état

1. Entretien avec Dominique de Villepin, 15 mars 2011.

d'urgence. Procédure rarissime utilisée deux fois pour rétablir l'ordre, en 1955, au moment de la guerre d'Algérie, et en décembre 1984, en Nouvelle-Calédonie. Villepin y est favorable, Sarkozy aussi. Michèle Alliot-Marie, ministre de la Défense, nettement plus réticente. « Je considérais que c'était une situation beaucoup plus normale que ce que Dominique de Villepin pensait, je n'étais pas pour "l'inflation[1]" », explique-t-elle seize ans plus tard, avec prudence.

Mardi 8 novembre, lors d'un Conseil des ministres anticipé, le gouvernement décrète finalement l'état d'urgence. En clair, les préfets peuvent instaurer un couvre-feu même si le mot n'est jamais prononcé. Dans les textes, l'article 5 de cette loi du 3 avril 1955 leur donne le pouvoir « d'interdire la circulation des personnes ou des véhicules dans les lieux et aux heures fixés par arrêté », « d'instituer des zones de protection ou de sécurité où le séjour des personnes est réglementé » et « d'interdire le séjour dans tout ou partie du département à toute personne cherchant à entraver, de quelque manière que ce soit, l'action des pouvoirs publics ».

Le tout n'étant valable que douze jours, le Conseil des ministres est obligé de se réunir à nouveau pour le prolonger de trois mois. Conseil anticipé qui se réunit le lundi 14 novembre. Jacques Chirac reprend la parole :

> — *C'est une mesure de protection et de précaution* [...] *nécessaire pour donner aux forces de l'ordre tous les moyens dont elles ont besoin pour ramener définitivement le calme. Bien entendu, c'est une mesure strictement temporaire et qui ne s'appliquera que là où elle est strictement nécessaire et en plein accord avec les élus.*

Quelles que soient les circonstances, Chirac, lui, demeure insondable. Aussi indéchiffrable que son ministre de l'Intérieur

1. Entretien avec Michèle Alliot-Marie, 14 juin 2011.

est lisible. C'est dire! Au Conseil comme ailleurs, « Chirac est un coffre », dit Philippe Douste-Blazy. Pendant les grandes grèves de décembre 1995, au plus bas de sa popularité, il arrive tout sourires et serre des paluches plus fermes que jamais. « Euuuh..., comment ça va? » Même chose pendant la polémique sur la cassette Méry. Raffarin, en déplacement présidentiel avec des maires en Charente ce jour-là, a les tripes à l'envers : « Un mec qui est mort l'accuse et ça va passer ce soir à TF1 », rumine le Premier ministre. Chirac, imperturbable, prononce son discours, se rassoit avec les maires et discute de tout et de rien, de leur piscine. Le soir, il prépare son intervention avec Villepin en dix minutes et lance, plein d'aplomb, son « abracadabrantesque » à la télé. Au Conseil, pas un mot. « Plus il est marqué, moins ça se voit », conclut Raffarin. L'exact contraire de Sarkozy.

Au fur et à mesure que s'écoule son second mandat, Jacques Chirac devient d'ailleurs encore plus fluctuant en Conseil. Son ouïe déclinante – révélée dès la fin de l'année 2003 par la gaffeuse en chef Roselyne Bachelot[1] – n'y est sans doute pas étrangère. Oui, le président – soixante et onze ans – a bien porté un appareil auditif, « croit » alors savoir la ministre de l'Écologie. En porte-t-il toujours? L'a-t-il juste testé? Une semaine plus tôt, *L'Express* a déjà évoqué l'« hypoacousie » du chef de l'État. Le porte-parole du gouvernement, Jean-François Copé, s'empresse de démentir lors du compte rendu du Conseil : « Bien entendu, le président Chirac n'a jamais porté d'appareil. »

Ce mercredi-là, Jacques Chirac accueille fraîchement la gaffeuse au salon Murat. En réponse, Roselyne Bachelot devient la seule membre d'un gouvernement à avoir jamais giflé le chef de l'État avant un Conseil! « Le président s'approche et me

1. RTL matin, mercredi 19 novembre 2003.

dit: "Tu sais, je n'ai pas un appareil auditif, c'est un petit pansement!" Je lui réponds: "Jacques, arrête de dire des bêtises", avec une petite tape... oh... tout à fait gentille, bien sûr[1]. » Celle qui s'est, depuis, reconvertie dans l'animation de débats télévisés révèle, pour cet ouvrage, cette anecdote étonnante qui confère à ce Conseil un caractère exceptionnel: « Finalement, dans l'après-midi, tout le monde a rétropédalé... Bref, un exercice de communication tout à fait raté. »

De fait, chaque mercredi, dans ce (trop) long salon Murat, le président suit difficilement les communications des ministres installés en bout de table. Il entend mal tout ce qui vient du « mauvais côté » et rebondit donc peu. Pas de quoi favoriser le débat. L'accident vasculaire cérébral dont il est victime le 2 septembre 2005 n'arrange rien. Un tabou, là encore, que Serge Lepeltier est l'un des rares à briser. Lors de notre entretien en octobre 2010, soit un an avant la révélation de l'« anosognosie[2] » de Jacques Chirac en prélude à son procès, le maire de Bourges évoque déjà les séquelles de l'AVC. Il avait quitté le gouvernement dès mai 2005, mais il continuait à côtoyer le président, et il entendait ses anciens collègues le décrire « un peu moins présent » en Conseil. « Je crois que son AVC a été le point de départ de la dégradation de son état, concède l'ancien ministre chiraquien. Les problèmes d'oreille, notamment, se sont aggravés. Il mettait tout le temps sa main sur son oreille. »

Faut-il y voir aussi une part de lassitude du pouvoir? « Quand j'y étais, reconnaît sans ambages un ministre en poste de 2002 à 2005, cela faisait déjà des années que Chirac était président de la République. Pour lui, le Conseil était

1. Entretien pour le documentaire TV avec Roselyne Bachelot, 14 novembre 2012.

2. L'anosognosie est un trouble neurologique qui fait souvent suite à un AVC. Les avocats de Jacques Chirac la révèlent à travers le dossier médical de l'ancien président en septembre 2011, lui épargnant alors une comparution au procès des emplois présumés fictifs de la Ville de Paris.

une corvée. Il était là, en permanence avec ses fiches couvertes de stabilo[1]... » Un autre avoue, requérant l'anonymat, qu'il s'est lui-même plusieurs fois assoupi le mercredi matin, tant le Conseil était « lénifiant ». Serge Lasvignes, qui fit ses débuts comme secrétaire général du gouvernement en septembre 2006, à la fin de l'ère Chirac, confirme. Quel contraste avec la présidence Sarkozy qui suivit ! « J'ai été frappé, au début, en voyant arriver de "vraies réformes" : le service minimum en cas de grève dans l'Éducation, la réforme des retraites... De vraies nouveautés comme celles-là, je n'en avais jamais vu en Conseil des ministres durant la dernière année Chirac[2]. »

Comme à la fin des années Mitterrand, le président Chirac n'intervient plus que pour de grands exposés sur les questions internationales. Au mieux pour « instruire » ses ministres, jamais pour délibérer.

François Hollande (2012-2017)

« De l'amitié, mais pas de familiarité ! »

Ce jeudi 17 mai 2012, le novice François Hollande, réputé jovial, annonce la couleur. Premier Conseil de son existence – il n'a jamais été ministre – et première intuition : il faut restaurer la solennité mise à mal durant l'ère Sarkozy. Il se défend pourtant de cette volonté de se démarquer lorsqu'il nous reçoit, au bout de dix-huit mois, dans son bureau de l'Élysée. « Je n'avais aucune attitude particulière à adopter qui aurait été en rupture avec ce qui se faisait auparavant, puisque je suis devenu président sans avoir été ministre[3] », explique-t-il. C'est pourtant bien ce qu'il entreprend, sans

1. Entretien avec Xavier Darcos, 24 mars 2011.
2. Entretien avec Serge Lasvignes, 31 mai 2011.
3. Entretien pour le documentaire TV avec François Hollande, 5 décembre 2012.

pouvoir compter sur l'expertise d'un Premier ministre lui-même novice. Jean-Marc Ayrault reconnaît d'ailleurs trouver ce moment « impressionnant[1]. »

Pour ce qui est du reste du gouvernement : pratiquement que des bleus ! Cinq seulement sur trente-quatre ont déjà siégé au salon Murat : Laurent Fabius, Pierre Moscovici, Jean-Yves Le Drian, Michel Sapin et Marylise Lebranchu. L'ancienne garde des Sceaux de l'équipe Jospin n'en revient pas elle-même : « Au début, certains se levaient en plein milieu du Conseil pour porter un mot au secrétaire général », se souvient-elle. Le plus haut gradé, Laurent Fabius, ancien Premier ministre et désormais patron du Quai d'Orsay, ne boude pas son plaisir d'être consulté par les nouveaux. Quant aux débutants, ils prétendent tous avoir compris d'eux-mêmes la règle numéro un : fini le « tu » et le « François », comme en campagne ou au Bureau national du PS.

Michel Sapin, le ministre du Travail et de l'Emploi, ancien voisin de chambrée à l'armée, prend très à cœur cette mue présidentielle. « Il faut l'accompagner dans ce changement. Ce n'est pas seulement François Hollande qu'on a face à soi. Ce ne sont pas deux copains qui se parlent, c'est un ministre qui parle à un président de la République. Il faut aider à respecter la hiérarchie, faire accepter la lourdeur administrative. Sinon, les institutions ne marchent pas[2]. »

François Hollande, jusque-là si jovial, entre au salon Murat sans serrer aucune main. Parfois celle du ministre des Affaires étrangères ou de sa voisine, Najat Vallaud-Belkacem. Dans la deuxième partie du quinquennat, Ségolène Royal aura droit, certains mercredis, à une bise présidentielle. Pour l'heure, c'est « Bonjour » à la cantonade et il s'assied.

---

1. Entretien pour le documentaire TV avec Jean-Marc Ayrault, 5 décembre 2012.
2. Entretien avec Michel Sapin, 7 octobre 2017.

Ce 17 mai 2012, pour son premier Conseil, il prend quand même le temps de remercier ses troupes pour les efforts fournis pendant la campagne. Mais immédiatement, et comme tous ses prédécesseurs, il leur demande de se mettre au travail et… de gagner la bataille des législatives. Pour un débutant, il apprend vite.

Autour de la table, certains novices supportent assez mal de se sentir infantilisés. Jérôme Cahuzac boude même ostensiblement. Le 12 septembre 2012, « les grandes orientations budgétaires et fiscales pour 2013 » figurent à l'ordre du jour. Le ministre délégué au Budget se met à bafouiller son texte, le plus vite possible. Comme une récitation d'écolier, sans ton ni conviction. Embarras du ministre de tutelle, Pierre Moscovici, assis à la gauche du Premier ministre. En fait, Cahuzac ne digère pas que Matignon ait réécrit une bonne partie de son texte au dernier moment.

Cécile Duflot enrage, elle aussi, de sa première prise de parole totalement ratée. « C'était sur la politique du logement. Mon texte avait été vérifié, sur-vérifé, pesé au gramme et au mot près. Et on m'a dit : "Faut le lire !" Donc je me suis mise à lire ce papier, ce qui est tout le contraire de ce que j'aime faire. Je trouvais cet exercice un peu débile pour tout dire. Et je l'ai vécu doublement mal parce qu'on m'en a fait le reproche[1]. »

Particularité de l'ère Hollande – que reprendra son successeur, Emmanuel Macron –, la longue introduction d'actualité. Il y tient. C'est sa touche personnelle. Il réclame plus de loyauté, moins de fuites à la presse. Classique ! « Ceux qui parlent sont des cons », l'entendra-t-on s'emporter une fois. Il transmet surtout la feuille de route de la semaine : « Je leur

1. Entretien avec Cécile Duflot pour le documentaire TV, 29 novembre 2012.

donne des recommandations pour l'action[1]. » Et dans un sourire, il ajoute : « Sans tomber dans une analyse partisane, ça me permet de dire quelle réponse nous pouvons apporter à une opposition qui n'a pas forcément bien compris ce que nous faisions. »

Dans cette analyse dite « non partisane », François Hollande ne se prive toutefois pas de rappeler les échecs de l'équipe précédente, notamment en présentant le premier budget de son mandat au Conseil du 29 septembre 2012 :

> — *Personne ne doit oublier qu'à la fin du quinquennat de Jacques Chirac, en 2007, la dette publique représentait 64 % du PIB. À la fin du quinquennat de Nicolas Sarkozy, elle est passée à 91 %. Il faut que personne n'oublie son bouclier fiscal qui a creusé les déficits. Ni le chômage !*

Durant cet automne 2012, François Hollande ne se prive pas d'évoquer le psychodrame Copé-Fillon pour prendre la présidence de l'UMP sous la forme d'une mise en garde républicaine à son équipe :

> — *Faites attention dans vos commentaires. Il y a un discrédit sur l'ensemble de la classe politique, pas seulement sur l'UMP. C'est pourquoi je vous demande également d'être vigilants.*

Les tours de table « façon de Gaulle », il n'y est pas favorable. En tout cas au début. Il précise, toutefois, « accepter qu'un ministre donne son avis en dehors de son champ de compétence ». Les notes prises par le secrétaire général, Pierre-René Lemas, gardent trace de quelques échanges sur la réforme scolaire, sur le plan automobile, et même sur le débat budgétaire européen. Mais ces embryons de débats demeurent

1. Entretien avec François Hollande, 5 décembre 2012.

toujours très feutrés. Jamais d'esclandre, personne ne hausse la voix. Le vocabulaire est maîtrisé. La solennité du lieu donne même l'impression d'un ensemble assez lisse... alors que des choses parfois un peu brutales peuvent être dites.

Parmi les grosses échardes dans le pied de la coalition PS/EELV/PRG à la rentrée de septembre 2012 : le traité budgétaire européen, justement. Les écologistes sont vent debout. Trois jours après la ratification en Conseil des ministres le 19, le Conseil fédéral d'Europe Écologie-Les Verts vote officiellement une motion contre. À l'assemblée, vingt députés socialistes – l'aile gauche du PS – voteront contre. Mais François Hollande ne veut retenir qu'une chose lorsque nous l'interrogeons deux mois et demi plus tard : « Quand le traité a été présenté au Conseil, il y a eu une acceptation unanime, un consensus. Aucun ministre n'a pris la parole pour dire qu'il ne voulait pas assumer ce texte. »

Cette grand-messe du mercredi, il la considère cruciale pour la mise en œuvre de sa politique. « La solidarité gouvernementale est fondée sur le Conseil des ministres. Puisque chaque ministre a participé à la délibération, il est engagé par la décision qui a été prise. » Mais quand on lui demande si personne ne s'est opposé spontanément à ce traité, ou s'il a lui-même interrogé les ministres, François Hollande réfléchit. « Il peut y avoir un silence... Il peut y avoir un ministre qui ne prenne pas la parole. Mais dès lors que le texte est adopté, il engage tout le gouvernement. » Bref, qui ne dit mot consent.

La table de cette première partie de quinquennat est immense. Trente-huit ministres et ministres délégués présents chaque semaine. Aux extrémités, on crie « plus fort ! » quand Bernard Cazeneuve, ministre délégué au Budget, ouvre la bouche. Najat Vallaud-Belkacem décrit à ses proches un joyeux foutoir, pour ne pas dire pire. Le président envoie des SMS à certains ministres pour en chambrer d'autres. Sans se cacher. Il passe même les petits mots d'un ministre à l'autre – ce qu'aucun de ses prédécesseurs ne faisait, et qui met passablement mal à l'aise.

D'où sans doute ce changement majeur en 2014 : le déménagement vers un salon plus petit. Inédit depuis Pompidou en 1969 ! Ce mercredi 9 avril 2014, l'équipe Valls I, issue de la claque reçue aux élections municipales, fait le pari du « gouvernement resserré ». Objectif : une concentration accrue. Visiblement ça marche. « Dans cette salle plus petite, on est si proches qu'on peut se toucher, ça change tout[1] ! », se réjouit Michel Sapin. « La table est trop petite pour s'occuper de son courrier sans se faire griller », reconnaît un autre « ancien ». Et on entend enfin Bernard Cazeneuve.

La deuxième « audace » sera de courte durée : l'interdiction des téléphones portables. Chacun est prié de déposer le sien dans un tiroir à son nom, dans le salon des Aides de camp. Quelques jours plus tôt, lors du premier Conseil de l'équipe Valls, une sonnerie intempestive a exaspéré le couple exécutif. « Désormais, chacun aura à écouter, et plus à pianoter sur ce magnifique outil », s'amuse Stéphane Le Foll, le nouveau porte-parole, lors du compte rendu. « Ils en ont marre que les ministres envoient des SMS aux journalistes pendant le Conseil ! Voilà la vraie raison[2] », confesse la ministre de la Fonction publique, Marylise Lebranchu. Au bout de deux semaines, Hollande et Valls auront repris leur portable, suivis par tous les autres. Mais sur le coup, le bannissement vaudra quelques suées aux huissiers contraints d'ouvrir les tiroirs, les uns après les autres, pour couper les sonneries qui ne le sont pas… provoquant quelques sourires gênés chez les ministres.

1. Entretien avec Michel Sapin, 7 octobre 2017.
2. Entretien avec Marylise Lebranchu, 5 janvier 2016.

Les Conseils hollandais sont d'ailleurs ceux de la Ve République où les ministres avouent avoir le plus ri – du moins au début – notamment grâce au président.

Ce 19 juillet 2012, le Conseil des ministres entérine la nomination de Jean-Pierre Jouyet à la tête du « bras armé » de l'État : la Caisse des dépôts et consignations. En tant que ministre de l'Économie, Pierre Moscovici égrène le CV de l'ancien grand ami du président, revenu de la Sarkozie. Mais, stupeur, il ne cite pas son portefeuille de secrétaire d'État aux Affaires européennes sous la précédente majorité. Toute la tablée s'en aperçoit, s'observe, retient son souffle et son sourire. Qu'aurait-on dit, qu'aurait-on fait à la place de Mosco ? François Hollande, percevant l'agitation et la gêne, se charge lui-même de briser la glace :

> — *Jean-Pierre Jouyet a en effet énormément de mérites, beaucoup de qualités. On les connaît toutes par cœur et, notamment, une responsabilité que, bien sûr, le ministre des Finances n'a pas pu dire, étant donné la liste déjà très longue qu'il a donnée.*

Éclat de rire général et prolongé.

Les envolées lyriques d'Arnaud Montebourg, ministre du Redressement productif, font également partie du folklore. Tout comme les bons mots de Victorin Lurel, en charge des Outre-mer. Au retour de vacances, le 22 août 2012, le ministre délégué à la Ville, François Lamy, présente les nouveaux contrats entre l'État et les collectivités territoriales. Mais il se trompe de nom. Au lieu de « contrat urbain global », il vante les mérites de prétendus « contrats uniques locaux », et provoque l'hilarité de Victorin Lurel qui visualise instantanément les initiales CUL : « Bonne chance pour communiquer avec cet acronyme ! »

Mais plusieurs fois, le président perd tout sens de l'humour au Conseil. Comme ce mercredi 13 juin 2012, à quatre jours des législatives, où « il fait franchement la gueule », selon plusieurs ministres. La veille, Valérie Trierweiler s'est immiscée dans le duel de socialistes Royal/Falorni, à La Rochelle, avec ce tweet : « Courage à Olivier Falorni qui n'a pas démérité, qui se bat aux côtés des Rochelais depuis tant d'années dans un engagement désintéressé. » Une claque pour François Hollande, qui soutient officiellement la mère de ses enfants.

Bien entendu, le Conseil s'assombrit surtout avec la vague d'attentats de l'État islamique qui frappe le pays à partir de janvier 2015. C'est là que François Hollande prend véritablement toute sa dimension à cette table du mercredi, en des termes notés par plusieurs ministres et que nous révélons ici.

« On n'est plus le même homme quand on a marché dans le sang[1] », analysera-t-il au dernier Conseil, deux ans plus tard. Parmi les douze morts de l'attaque au siège de *Charlie Hebdo*, le président perd des proches. Les dessinateurs Cabu, Charb, Wolinski. Des amis de Manuel Valls et de Bernard Cazeneuve aussi. « C'était très dur, parce qu'on avait tous des amis morts, et lui trouve les mots, alors qu'on a très peu de recul sur les événements », salue Michel Sapin après coup.

L'attaque a lieu en fin de matinée, le mercredi 7, juste après le Conseil. Le suivant se tient le 14, trois jours après la marche des chefs d'État et de millions de Français. Avec une longue prise de parole du président :

> — *Le pays a changé. Il a réagi et il a été soutenu dans le monde entier. Des millions de personnes ont voulu défendre la liberté d'expression. Notre devoir est de réagir, d'être à la hauteur de ce qui s'est passé. La menace est toujours là. Nous sommes là pour ça. C'est votre tâche, c'est la nôtre et c'est la mienne.*

1. Voir chapitre 12, p. 311.

François Hollande salue un moment historique d'union nationale à l'Assemblée, évoque « la fierté d'être français ». Les visages sont graves. Le Premier ministre prend longuement la parole et fixe deux caps :

> — *Monsieur le président, je voudrais dire ma fierté de vous servir et de servir la France. Le gouvernement est totalement mobilisé. Il doit l'être sur deux objectifs. D'abord la lutte contre le terrorisme, ce qui donnera lieu, dès la semaine prochaine, à trois communications des ministres de l'Intérieur, de la Défense et de la Justice pour essayer d'améliorer les dispositifs de renseignement notamment. Deuxièmement, je réunirai les ministres à Matignon le lendemain, le jeudi 22, pour amorcer un travail en profondeur sur les questions éducatives, le vivre ensemble et sur les politiques de la ville.*

La minute de silence a été houleuse dans certains lycées de banlieue. « Il faut soutenir les enseignants », réclame Najat Valaud-Belkacem.

Dès lors, tous les Conseils de l'ère Hollande sont précédés d'un Conseil de Défense. L'un d'eux est même convoqué à minuit, dans la fièvre dramatique de l'attentat du Bataclan.

La sombre série d'attaques démarre à 21 h 16 ce vendredi 13 novembre 2015. Du Stade de France à la salle de concert du XIe arrondissement de Paris en passant par les terrasses de café, la confusion est totale. À 21 h 40, le SMS de Manuel Valls, en réponse à Bernard Cazeneuve, claque comme le canon déclenchant la bataille : « Ça y est, nous y sommes. » La voilà, l'attaque coordonnée pour laquelle il avait suggéré au président de préparer la mise en place de l'état d'urgence. Le décret est prêt depuis janvier, depuis l'attaque de l'Hyper Casher. Une première depuis les émeutes urbaines de 2005.

À l'Élysée, les lumières se rallument côté jardin. On prépare le salon des Ambassadeurs. Le secrétariat général s'active pour éditer un ordre du jour. À 23 heures, coup de fil ou SMS à chaque ministre. George Pau-Langevin, la ministre des Outre-mer, rentre tout juste du Stade de France, direction l'Élysée. Marylise Lebranchu est déjà à Morlaix pour le week-end et y reste. Le ministre de la Défense, Jean-Yves Le Drian, fonce en voiture depuis Rennes, mais n'arrivera pas à temps. Le président le recevra au milieu de la nuit. Les secrétaires d'État, eux, ne seront conviés que le lendemain. « À regret », confie Annick Girardin, pour qui « il y avait un vrai besoin de se parler ce soir-là[1] ». Elle qui ne retiendra pas ses larmes au Conseil du lendemain.

À l'intérieur du Bataclan, plusieurs terroristes sont retranchés avec des otages. François Hollande annonce, à la télévision, la proclamation imminente de l'état d'urgence ainsi que la fermeture des frontières. Puis il rejoint ses ministres pour quelques minutes de Conseil. La nuit noire aux fenêtres, les jeans des uns, les yeux rougis des autres, certaines paires de lunettes inhabituelles, tout est inédit. Une ministre laisse paraître son malaise. « Il faut balayer ça immédiatement, morigène Manuel Valls. Tu rentres dans la pièce et c'est fini. On est membre du gouvernement. Faut mettre ça de côté tout de suite. Nous sommes là pour agir ! »

Les mots du président résonnent dans la nuit :

— *Le pays peut basculer.*

La petite douzaine de ministres est éberluée. Patrick Kanner, le ministre de la Ville et des Sports, lui, reçoit le message cinq sur cinq. On redoute « des provocations, que des militants d'extrême droite s'en prennent à des Maghrébins en banlieue. Ou l'inverse[2] ».

1. Entretien avec Annick Girardin, 23 décembre 2017.
2. Entretien avec Patrick Kanner, 16 mai 2017.

François Hollande ne masque pas son émotion. « Lui qui d'habitude se contrôle si bien paraît désarçonné, la voix blanche[1] », se souvient George Pau-Langevin, la ministre des Outre-mer. Christiane Taubira, la garde des Sceaux, est là aussi. On s'embrasse, on se réconforte. « C'était comme lorsqu'un décès frappe une famille. Nous étions en deuil. Et la famille était rassemblée », conclut Patrick Kanner.

Le chef de l'État file ensuite au Bataclan. Le lendemain, il convoquera à nouveau le Conseil de Défense, puis le Conseil des ministres, au grand complet cette fois. Il s'agit de faire passer des messages.

Cette belle unanimité va très vite se fracasser sur une idée que lâche le président devant le Congrès, dès le lundi 16, à Versailles : la déchéance de nationalité. C'est dit, c'est écrit dans le projet de loi : les binationaux qui représenteront un risque pour la sécurité du pays ne seront plus français. L'indignation est générale, à gauche et dans le monde syndical. Jusqu'au gouvernement ! Christiane Taubira tente de renverser la balance, le 22 décembre, lors d'une interview sur une radio algérienne[2] qui semble enterrer la mesure. L'espoir revient chez certains ministres. Il est de courte durée.

Le lendemain, ils tombent de haut. « Regarde dans ton dossier, sur la table », dit Jean-Marie Le Guen à George Pau-Langevin en arrivant au Conseil. « On s'aperçoit alors que le projet est maintenu », raconte la ministre de l'Outre-mer. Passé les exposés du président et du Premier ministre, elle demande la parole :

1. Entretien avec George Pau-Langevin, 2 novembre 2017.
2. Sur la Chaîne 3, Christiane Taubira évoque « un sujet qui va s'éteindre » et affirme que « le projet de révision constitutionnelle qui doit être présenté en Conseil des ministres ne retient pas la déchéance de nationalité ». Elle quittera le gouvernement un mois plus tard, le 27 janvier 2016.

— *Monsieur le président, je voudrais faire remarquer ici qu'un certain nombre de dispositions de ce texte troublent nombre de mes amis. La gauche est très attachée à cette valeur. Il fallait que ce soit dit.*

— *Madame la ministre,* lui répond courtoisement François Hollande, *je sais que, de votre part, c'est une réflexion de fond et pas de la rhétorique politique. Cela étant, ce qui a été dit au Congrès doit être respecté. Je comprends qu'il y ait débat et j'assume cette difficulté.*

Fermez le ban. « Débat impossible ! », regrette Marylise Lebranchu, qui invoque un autre paramètre : « Compte tenu de la sphère médiatique, il y a un truc que le président ne peut pas faire, c'est en discuter avec ses ministres. Parce que s'il le fait, il y a 99,99 chances sur 100 que des choses sortent. Donc il est condamné au silence. C'est très dommage, on va payer ça cinquante ans. Mais il y a des débats qui n'auront jamais lieu parce qu'il n'y a pas de discipline, parce qu'il y a du *off*, parce que je vous parle, etc. La démocratie recule quand la sphère médiatique monte. On le sait tous. »

Silencieux pendant, bavards à la sortie, certains ministres accourront pour la féliciter. « Patrick Kanner [Ville et Sports] m'a dit qu'il était d'accord avec moi. Thierry Mandon [Réforme de l'État] est aussi venu me voir. Christiane Taubira [Justice], elle, a fait un livre ensuite pour expliquer sa position. Et pour être honnête, si j'avais dû, comme elle, porter ce texte, j'aurais aussi réfléchi à une démission. » Le projet sera finalement abandonné.

Autre attentat, autre ton. Six mois plus tard, l'attaque au camion de Nice provoque un changement de braquet du côté de l'opposition. Vingt-quatre heures après l'annonce de la levée prochaine de l'état d'urgence – le 13 au Conseil, et à nouveau le 14 dans l'interview présidentielle de la fête nationale –, un camion fou sème la mort à la fin du feu d'artifice sur la promenade des Anglais. Bilan : quatre-vingt-trois morts, plus de quatre cents blessés. Des familles, des enfants, des touristes. Et la traditionnelle unité nationale post-attentats en lambeaux !

Christian Estrosi, qui n'est pas encore redevenu maire LR de Nice mais préside alors la région Paca, est en boucle sur toutes les télés et radios : « Manque de moyens de sécurité, manque d'anticipation du gouvernement. »

Les ministres, presque tous à Nice le 15, se retrouvent finalement au salon des Ambassadeurs le samedi 16 pour un Conseil très long... et très politique. François Hollande met en garde :

> — *Il y a risque de surenchère. Les attaques de la droite laissent entendre que le gouvernement aurait une responsabilité dans ce qui est arrivé. Il faut répondre de manière organisée à tout ça.*

Sur leur petite table, à l'écart, les deux secrétaires généraux notent la colère. Le chef de l'État nomme les adversaires :

> — *Christian Estrosi avait les moyens d'interdire le feu d'artifice. S'il avait voulu le faire !* [...] *Il faut faire attention à la « trumpisation » des esprits. Il faut se battre contre ce mouvement, être à l'offensive.*

Aux États-Unis, la peur du terrorisme s'impose au cœur de la campagne des primaires en cet été 2016. En France, même Alain Juppé, le « modéré », alors candidat à la candidature des Républicains, estime que « le drame n'aurait pas eu lieu si tous les moyens avaient été pris ».

François Hollande poursuit :

> — *Pourquoi la France est-elle ciblée ? Parce que c'est la France. C'est un mode de vie qui est pris pour*

cible. Parce que nous sommes intervenus notamment au Mali. Plus une participation en Irak et en Syrie. L'intention de ceux qui nous frappent est de nous désolidariser des musulmans de France. Il faut donc répondre à Estrosi, répondre à Juppé, répondre à Fenech. Être très précis, très chirurgical. [...] *Nicolas Sarkozy va reprendre le tout. Et c'est exactement ce que cherche Daesh : la dislocation.*

Le Premier ministre s'exprime lui aussi longuement :

— *Attention à ce climat délétère. Jamais on n'en a fait autant pour la sécurité, et toujours dans le respect de l'État de droit. Il faut tenir bon. Il y a un risque de désagrégation de notre société. Il s'agit d'assurer la cohérence du pays. Il y a une bataille d'opinion à mener, et à gagner.*

— *Christian Estrosi a mis en cause la PAF*[1], intervient Bernard Cazeneuve, ministre de l'Intérieur. *Or il a lui-même baissé la surveillance de la PAF quand il était ministre.*

Jean-Claude Urvoas (Justice) entre dans le détail du texte sur l'état d'urgence :

— [Il] *fixe un cadre. Estrosi demande la sortie de l'État de droit. Il veut notamment des pouvoirs exorbitants pour la police municipale. Bientôt, ils demanderont l'ouverture de camps, type Guantanamo. La loi pénale est suffisante.*

Étrange Conseil où l'on entend également une jeune secrétaire d'État, Axelle Lemaire, s'en prendre au ministre de l'Intérieur, pourtant lui-même dans la tourmente :

1. Parmi les victimes figure le numéro deux de la police aux frontières des Alpes-Maritimes, Emmanuel Grout.

— *Je voudrais souligner que le système d'alerte n'a pas fonctionné. L'application n'a pas pu être activée... Rien d'étonnant puisque l'appel d'offres avait été mené sans le concours du secrétariat d'État au numérique. Et ce n'est pas faute d'avoir alerté à l'époque.*

Regards interloqués autour de la table, et grosse fâcherie du président. S'en prendre à Bernard Cazeneuve, alors qu'il faudrait justement serrer les rangs autour de ce fidèle du président mis en cause par la droite!

En termes de gouvernance, l'époque Valls se singularise par des réunions de gouvernement. Tous les quinze jours, le Premier ministre s'offre une sorte de Conseil sans président, façon Jospin – il a fait ses armes en gérant sa communication à Matignon de 1997 à 2001. Là, on s'écharpe vraiment, par exemple sur le droit du travail en vue de la loi El Khomri.

«Ce n'est pas en disant aux Français qu'ils sont des cons qu'on va leur faire aimer ce texte de loi, s'emporte Marisol Touraine (Affaires sociales et Santé), ce 10 mars 2016. S'ils ont l'impression que la loi les met en danger, c'est bien qu'il y a un problème.» Le débat s'anime sur les stages. Emmanuel Macron (Économie) s'enthousiasme: «C'est formidable, les stages, ça n'a jamais tué les jeunes!» Myriam El Khomri interpelle: «Qui, autour de cette table, a déjà travaillé pour de vrai?» La ministre du Travail a, pour sa part, été vendeuse de maillots de bain. L'espoir, c'est que tout le monde s'exprime, sur tous les sujets, pour qu'à la fin une seule voix porte, celle de Manuel Valls. Un rêve de Premier ministre, qui doit permettre d'arriver au Conseil avec des arbitrages verrouillés à double tour.

Mais la dureté des échanges laisse des traces. À partir de début janvier 2016, plusieurs fois, les ministres voient débarquer au salon des Ambassadeurs Myriam El Khomri, visage défait. Sur ce dossier, c'est dans le bureau du président que les arbitrages sont désormais rendus avant le Conseil. D'un côté de la table, François Hollande, Manuel Valls, Emmanuel Macron (Économie), Michel Sapin (Finances) et elle. En face, le secrétaire général, Jean-Pierre Jouyet, son adjoint Boris Vallaud, et le conseiller social du président, Michel Yahiel. Discussion particulièrement tendue le 10 février. « Ce jour-là, je perds l'arbitrage, concède l'ancienne ministre du Travail, puisque cette loi que je préparais avec les syndicats depuis six mois sur la négociation collective devient, en plus, une loi sur le licenciement économique. Emmanuel Macron gagne. C'est un moment très dur, parce que je me retrouve dans un vrai conflit de loyauté vis-à-vis des syndicats[1] », qui claqueront d'ailleurs la porte. Au petit café, avant l'arrivée du président, elle se confie à Fleur Pellerin, mais au Conseil, motus !

Et rebelote une semaine plus tard, le 17, jour de rentrée pour le gouvernement remanié. Myriam El Khomri est censée apporter des pistes sur le licenciement économique. Mais *Le Parisien* la prend de court et révèle le projet de loi, « pourtant loin d'être bouclé », nous explique-t-elle. Douze ministères sont concernés, ce qui fait autant de fuites potentielles. Parmi les options, la semaine de 60 heures pour les apprentis, etc.

Au Salon doré, le ton monte. Un vrai « concours de qui aura la plus grosse », décrit un participant. « Macron voulait absolument plafonner les indemnités de licenciement. Et avec Hollande et Valls, ils jouaient à "plus libéral que moi tu meurs" », résume de son côté Emmanuelle Cosse, qui prête une oreille compatissante à Myriam El Khomri juste avant ce Conseil. Michel Sapin lui aussi redoute trop de flexibilité. « À la fin, c'est Valls qui a tranché et qui m'a sèchement interrompu d'un : "Michel, tu n'es plus ministre du Travail." »

1. Entretien avec Myriam El Khomri, 7 janvier 2018.

Ce mercredi, lorsqu'ils arrivent au salon des Ambassadeurs, Myriam El Khomri est dévastée et « Valls est très tendu », dixit Sapin, assis à sa gauche. « Et je ne crois pas que le président était très fier de cette forme d'arbitrage », conclut-il.

La première mouture du texte part ainsi au Conseil d'État, provoquant la rupture avec la CFDT. Au Conseil lui-même, rien n'est dit. Il faut attendre la reprise des discussions avec les syndicats pour que François Hollande salue longuement, le 16 mars, « le travail de concertation mené par la ministre du Travail, et les avancées sur le compte personnel d'activité, la garantie jeunes », etc. « Il faut que le gouvernement le défende. On amplifie, on modernise notre pays », assène-t-il. Myriam El Khomri noircit une page entière de son carnet de notes ce jour-là.

En dépit de ces moments de tension, ces Conseils de la Hollandie n'ont, dit-on, rien de froid. Un subtil mélange qu'Emmanuelle Cosse qualifie ainsi : « Solennel mais pas glacial, pas martial. C'est parfois dur, parce que la situation est dure. Mais il y a une certaine rondeur. François Hollande a un rapport affectif avec pas mal de ministres[1]. »

À commencer par Ségolène Royal, la mère de ses quatre enfants. Tout lui semble permis. Y compris faire changer un mot de sa communication alors que le Conseil a déjà commencé. « Comme seul le prononcé fait foi, se souvient Emmanuelle Cosse, elle passait ses modifs à Jean-Pierre Jouyet, qui sortait de la salle, allait réimprimer le document et revenait. Je l'ai vue faire ! » Ségolène Royal est aussi l'une des rares dans l'histoire de la Ve à pouvoir, sa communication achevée, quitter le Conseil sans le feu vert présidentiel. Et quelle communication ! Cinq minutes, parfois plus, alors que les autres sont limités à deux ou trois. « Il faut voir

1. Entretien avec Emmanuelle Cosse, 15 mai 2017.

la tête de certains quand elle évoque la COP21, ou ses textes sur la mer, sur le carbone, poursuit l'ancienne patronne des Verts. Certains se moquent un peu mais, au final, elle est terriblement efficace. »

Parfois, la rondeur vire carrément à l'intime. Le 22 avril 2016, l'accord de Paris sur le Climat est définitivement entériné. Dans sa communication, Ségolène Royal explique que cent soixante-quinze pays ont désormais ratifié le texte de clôture de la COP21 :

> — *Je dois avouer que cette ratification m'émeut particulièrement car j'étais déjà au gouvernement lors de la toute première COP, en 1992. C'était à Rio, et j'y étais enceinte de ma dernière fille, Flora.*

Face à elle, le père de l'enfant, qui acquiesce et abonde :

> — *C'était effectivement un moment très émouvant.*

Un léger malaise parcourt la table.

Ségolène Royal manie aussi à merveille l'arbitrage présidentiel décroché à la fin des Conseils. Elle harponne François Hollande à peine levé, hurle contre l'attitude de Stéphane Le Foll sur les pesticides tueurs d'abeilles. Le ministre de l'Agriculture vient en effet d'écrire aux parlementaires pour les inciter à voter… contre l'interdiction totale, autrement dit contre le texte du duo Royal-Pompili. Embarrassé, le président prend les autres écologistes à témoin. « Ne pars pas, Emmanuelle [Cosse] ! Toi non plus, Jean-Vincent [Placé]. Ça vous intéresse, vous, les écolos ! » Comme chaque fois, Cazeneuve, Valls et les proches du trio Hollande-Royal-Le Foll s'éclipsent. Et le ton monte. Ségolène Royal vocifère contre son ami de vingt-cinq ans : « C'est toi, le ministre de l'Environnement ? C'est toi qui vas imposer les arbitrages, alors qu'on a eu une réunion interministérielle qui a dit des choses très claires ? Tu sais quoi, puisque c'est ça, ce n'est pas

Barbara [Pompili] qui ira au banc à 17 heures à l'Assemblée. C'est moi et tu vas voir, on va gagner le vote. » Hollande : « Mais calmez-vous ! »

Ce soir-là, Ségolène Royal est bien au banc des ministres. Elle gagnera son dernier arbitrage, et la loi sera adoptée en juillet 2016[1].

Cet été-là, Emmanuel Macron vit ses tout derniers Conseils en tant que ministre. Ça sent le départ, l'envie d'Élysée, pour celui qu'on a beaucoup entendu depuis son arrivée deux ans plus tôt, avec ses bus Macron et ses magasins ouverts le dimanche. La loi Macron sera finalement adoptée *via* l'article 49.3 de la Constitution, avec l'aval d'un Conseil des ministres convoqué en grand secret le 17 février 2015 pour autoriser ce passage en force à l'Assemblée[2]. Un « sabotage » signé Manuel Valls, pensera toujours Emmanuel Macron, pour le priver du plaisir d'un vote d'adhésion.

Quoi qu'il en soit, « au Conseil, Macron rayonne », décrit Emmanuelle Cosse. « Beaucoup de gens lisent ou font autre chose en même temps. Lui, il virevolte, il est présent. Qu'il s'agisse de la centrale nucléaire d'Hinkley Point, d'Areva, de la Chine, il est là. Il intervient. »

C'est pourtant le remaniement de février qui provoque le déclic chez le futur président de la République : Hollande ne virera jamais Valls. Macron déprime. Il faut partir. En avril, il crée son mouvement, En Marche ! Michel Sapin enrage.

1. Le projet de loi « pour la reconquête de la biodiversité, de la nature et des paysages » est adopté le 20 juillet 2016, avec l'interdiction des insecticides tueurs d'abeilles. Toute la gauche vote pour, la droite contre, le groupe LR dénonçant « une écologie punitive ».

2. C'est le quatre-vingt-troisième usage de l'article 49.3 depuis le début de la Ve République. Les plus gros consommateurs furent Raymond Barre (huit fois), Jacques Chirac (huit fois), Michel Rocard (vingt-huit fois) et Édith Cresson (huit fois).

Pendant le Conseil, il bombarde le président de petits mots l'enjoignant d'ouvrir les yeux : « Sors du déni[1] ! »

« Durant sa dernière année, il me donne surtout l'impression de quelqu'un qui attend que ça se passe, raconte Sapin. Et c'est vrai que nous étions tous très gênés par ce ministre qui continuait d'être autour de la table, alors que… »

Le lundi 22 août, au retour de vacances, Emmanuel Macron figure une dernière fois à l'ordre du jour pour souffler la première bougie de « sa » loi. Toutes les occasions sont bonnes. Entre risque terroriste et bons chiffres du chômage, François Hollande réserve une « spéciale dédicace » à son ministre de l'Économie :

> — *Je voudrais terminer en soulignant l'importance de l'esprit de responsabilité. C'est un message pour tous. Pensons aux athlètes des Jeux olympiques de Rio qui se sont engagés avec un esprit collectif et nous ont montré que, dans un esprit collectif, on pouvait réussir.*
>
> — *En effet, il faut être solide, totalement collectif,* abonde Valls.

Un ange passe. « J'ai tout noté parce que je me suis dit que c'était lié à Macron », raconte un participant.

L'intéressé, imperturbable, assure sa présentation :

> — *Cette loi est désormais applicable dans sa presque totalité. Je voudrais souligner un effort considérable de rapidité dans la prise de mesures réglementaires d'application au regard de la diversité des ministères concernés et du nombre de décrets prévus. Cette loi contribue à établir une véritable égalité des chances économiques pour les Français, en particulier les jeunes.* […] *Le réseau de transport par autocars s'est développé à un rythme soutenu*

1. Voir chapitre 8, p. 227.

avec plus de 3,8 millions de passagers contre cent dix mille en 2014. Et plus de mille cinq cents emplois directs créés.

Macron démissionne huit jours plus tard, mais il reste dans les esprits au Conseil suivant, le 31. François Hollande enfonce le clou :

— *Il n'y a pas de réussite possible sans action collective. La responsabilité va bien au-delà de nous. Tout ce que nous entreprenons appelle du travail et du désintérêt. Seul l'intérêt général compte.*

— *Il y a un principe essentiel pour moi, c'est la loyauté, l'engagement,* enchérit Valls. *C'est un honneur d'être au gouvernement, de servir la France. Le travail collectif s'impose plus que jamais… notamment face à une opposition très dure et un bloc réactionnaire fort. Et je voudrais, ici, réclamer davantage de collectif.*

Sale temps, hélas, pour le collectif. Car voici venir « le » livre ! Mi-octobre, surgissent en librairie les fatals épanchements de François Hollande devant Gérard Davet, Fabrice Lhomme, bouteille de rouge et saucisson[1]. Tout le monde en prend pour son grade : les magistrats, les footballeurs, ses Premiers ministres aussi. Valls tombe de l'armoire, lui qui ravale ses ambitions présidentielles depuis des semaines. Au Conseil, il boude, refusant la parole après chaque introduction du président :

— *Monsieur le président, nous pouvons passer à l'ordre du jour.*

Le 16 novembre 2016, Macron se déclare candidat. Au Conseil du 30 novembre, la décision de François Hollande est imminente. Le propos, sibyllin :

1. *Un président ne devrait pas dire ça*, Stock, 2016.

— *Des choix doivent être faits. Chacun connaît mon calendrier. Et d'ici là, nous devons diriger l'État.*

Le lendemain, il renonce. Le 5 décembre, Manuel Valls se lance.

« À partir de ce moment-là, une grande tristesse s'est abattue sur le Conseil », raconte Emmanuelle Cosse. François Hollande répète qu'il ne « veut pas d'un gouvernement qui se divise pendant les primaires », mais il est inaudible. Le Premier ministre, Bernard Cazeneuve, relaie régulièrement le message :

— *Faites de la politique le soir si vous voulez, mais la journée, vous travaillez à fond. Nous avons des textes de loi, un budget, des décrets à sortir, et une menace très forte. Quelques meetings, OK, mais je ne veux pas de parole trop engagée, ni que vous passiez votre temps à soutenir votre candidat et je ne veux pas de dispute interne au gouvernement.*

Autour de la table, beaucoup de ministres sont en plein désarroi après la désignation de Benoît Hamon comme candidat de la gauche. Notamment les hollandais qui avaient soutenu Manuel Valls. « De toute façon, cette primaire, en plus du livre, de la part de Hollande, c'était un véritable suicide », enrage un ministre pourtant fidèle.

Le 8 mars 2017, à six semaines du premier tour de la présidentielle, le chef de l'État en convient, à sa façon, devant le gouvernement au grand complet convoqué pour un Conseil annoncé comme « important » :

— *Les primaires représentent un véritable échec pour la Ve République et pour cette élection.* [...] *Les deux candidats issus des primaires, qui sont des candidats de gouvernement, ont tous les deux un problème de crédibilité. L'un en raison de sa situation personnelle*

[François Fillon], *l'autre en raison de son programme* [Benoît Hamon].

En cette fin de mandat, François Hollande peut encore se montrer grinçant et drôle. Lucide aussi sur la démobilisation des troupes. À la sortie du Conseil du 15 mars, Gaspard Gantzer, le patron de la communication de l'Élysée aperçoit les notes prises, à l'encre verte, par le secrétaire général, Jean-Pierre Jouyet. François Hollande :

> — *Aujourd'hui, il n'y a que douze ministres présents. C'est parce que j'ai décidé de réduire le nombre de ministres. Comme dans les* Dix Petits Nègres *d'Agatha Christie. On verra celui qui reste à la fin*[1].

Michel Sapin esquisse un sourire[2]. Ce jour-là, sur dix-sept ministres en exercice, cinq manquent à l'appel… et pas tous pour obligations officielles.

Finalement, l'entre-deux tours de la présidentielle donne lieu aux deux Conseils les plus politiques du quinquennat.

On connaît alors l'affiche du 8 mai : Macron/Le Pen. Le 26 avril, Matthias Fekl, le ministre de l'Intérieur, rend compte du scrutin du 23, félicité par un président inquiet :

> — *Macron est en tête, mais, pour la deuxième fois dans l'histoire du pays, le FN est au second tour de la présidentielle. Or il n'y a pas de mobilisation forte dans le pays, pas de 1er Mai unitaire. Et même dans la presse, une banalisation de l'extrême droite. Il faut que les membres du gouvernement s'engagent pour Macron de la façon la plus efficace. Ce n'est pas une bataille de valeur mais une bataille contre les effets qu'aurait*

1. Gaspard Gantzer, *La politique est un sport de combat*, Fayard, 2017.
2. Entretien avec Michel Sapin, 7 octobre 2017.

l'arrivée du FN au pouvoir: le pouvoir d'achat amputé et la sortie de l'euro. La droite a ses divisions mais elle a plutôt adopté une attitude de vote républicain. Leur objectif à eux va être d'obtenir une cohabitation. Il faut donc, de notre côté, avoir une volonté de gouverner. Il y a deux attitudes à éviter: dire qu'on veut être dans l'opposition, et dire qu'on sera dans le gouvernement quoi qu'il arrive.

En clair: ni rejet brutal de Macron, ni adhésion totale. François Hollande ne précise pas de troisième voie. Très agacé par Jean-Luc Mélenchon, il cogne sur le candidat de la France insoumise, qui ne donne pas de consigne de vote. Il est également agacé par le discours d'Emmanuel Macron au soir de ce qui n'est qu'un premier tour, par ses mots autant que son attitude. « Il faut être à la hauteur des enjeux! », répète le président.

Le vrai débat a lieu le mercredi suivant, le 3. L'occasion d'un premier bilan: « 95 % de lois appliquées... Bravo, c'est mieux que le quinquennat précédent! » Des critiques très vives de Donald Trump et du Brexit. Mais surtout l'un des très rares échanges politiques du quinquennat, en Conseil. François Hollande:

— *Le débat de demain va être déterminant. La question n'est pas de savoir qui va être le meilleur. Il s'agit d'affaiblir au maximum la candidate du Front national. À cause notamment des risques de l'abstention. Le refus de choisir est une faute politique. Une faute envers la République. Le ni-ni est insupportable, les deux candidats ne sont pas équivalents.*

Une dernière fois, le président demande: « Est-ce que certains veulent s'exprimer? » Plusieurs mains se lèvent. Stéphane Le Foll, Laurence Rossignol. Puis Emmanuelle Cosse:

> — *Attention à cette interprétation qui consisterait à dire qu'il y a deux France coupées, et que c'est la France des pauvres qui a voté FN contre la France des nantis qui vote Macron. Le vote FN est beaucoup plus complexe. C'est surtout la relégation, l'éloignement des services publics. Ce sentiment d'abandon, y compris dans la ville moyenne.*

La seule voix vraiment discordante est celle de Jean-Marie Le Guen. L'ancien vallsiste cible clairement la responsabilité de François Hollande. « On sentait une forme de satisfaction sadique chez lui, expliquant que cette présence du FN au second tour n'avait rien de surprenant », se souvient un proche du président.

François Hollande, lui, préfère clore sur un hommage à Xavier Jugelé, ce CRS tué sur les Champs-Élysées durant l'entre-deux tours, et sur les mots de son compagnon :

> — *Est-ce que vous imaginez qu'il y a cinq ans un conjoint homosexuel aurait pu faire l'hommage dans la cour de la Préfecture de police ? C'était inimaginable. Un policier ne pouvait pas être homosexuel ! La gauche a porté le Pacs, là elle a porté le mariage pour tous. Nous avons osé le faire !*

Quatre jours plus tard, Emmanuel Macron est élu président de la République. Ce qui n'empêche pas le sortant de présider un tout dernier Conseil[1] pour dresser le bilan qu'aucun candidat n'aura pointé pendant la campagne.

1. Voir chapitre 12, p. 311.

5

GISCARD ET SARKOZY : LES MODERNES

A priori, ils sont le feu et l'eau. D'un côté, Valéry Giscard d'Estaing, l'aristocrate énarque, nourri d'Auvergne et d'abstraction. De l'autre, Nicolas Sarkozy, l'avocat roturier de Neuilly-sur-Seine, passé progressivement de la Rolex aux films d'auteur. En 1974, le second est trop jeune pour élire son aîné, mais il crie partout que l'arrogance du giscardisme n'est pas sa tasse de thé. En 2007, VGE offre son soutien à Sarkozy, mais n'aura de cesse de dénigrer l'amateurisme de son gouvernement. Une fois à l'Élysée, un rêve pourtant les réunit : celui de bousculer les usages. Lieu du Conseil, ordre du jour. Pari gagné ? Pas si sûr. Ni pour l'un, ni pour l'autre. Ni pour le feu, ni pour l'eau. Au moins ont-ils tenté. Sans parler de l'humeur cyclothymique qui rend attitudes et propos assez variables chez ces deux présidents que l'impopularité rapproche également.

Valéry Giscard d'Estaing (1974-1981)

Sur la photo officielle, pas de bibliothèque, juste un fond tricolore de drapeau qui flotte. Un simple complet veston remplace la jaquette et ses breloques dorées de la Légion d'honneur. Contrairement à de Gaulle et Pompidou qui scrutent l'horizon – ou plus vraisemblablement la fenêtre de la pièce –, Valéry Giscard d'Estaing se paie le luxe de regarder les Français dans les yeux. Candidat du « changement dans la continuité » il se voulait, président moderne il sera. Il faut donc aussi dépoussiérer le Conseil des ministres, qui lui a parfois paru si long à ses débuts en 1959.

Des années après, il ne se lasse pas de raconter qu'au-delà de 13 heures, Jacques Chirac, affamé, lorgnait douloureusement sur un sandwich glissé dans son porte-documents. Pour l'estomac de celui qui est désormais son Premier ministre, et surtout dans l'intérêt du Conseil, il importe de ne plus dépasser midi trente. Démarrage obligatoire à l'heure pile, l'entretien président-Premier ministre n'excédant pas dix ou quinze minutes. Giscard, qui affirme avoir été longtemps un retardataire invétéré, a appris la ponctualité avec le Général. Pour ne pas être pris en défaut, il dort même à l'Élysée chaque mardi, alors que le reste de la semaine, il reste aux côtés de sa famille dans sa grande maison de la rue de Bénouville, à Paris, dans le très aristocratique XVIe arrondissement. « Entre chez moi et l'Élysée, il y a un trajet qui, pour une raison ou une autre, peut être compliqué. Il peut y avoir une petite manifestation, un accident d'auto, un camion poubelle, ou n'importe quoi[1]. »

Visiblement, son tout premier Conseil de président de la République est mûrement pensé et organisé. Le compte rendu fait état d'« innovations dans le protocole ». Contrairement à ses prédécesseurs qui saluaient leurs ministres attendant derrière leur chaise, Giscard entre seul dans le salon Murat et se plante, droit comme un « I », entre la porte et son Premier ministre. « Ainsi M. Giscard d'Estaing a-t-il accueilli

1. Entretien avec Valéry Giscard d'Estaing, 3 mai 2011.

personnellement, l'un après l'autre, les ministres qui, d'autre part, n'ont pas été soumis à la traditionnelle photo du gouvernement », dit le compte rendu lu en haut du perron par Michel Poniatowski, qui assure l'intérim en attendant la nomination d'un porte-parole.

Giscard ne laisse rien – ou si peu – au hasard. Pour cette rentrée des classes, il rédige scrupuleusement son propos en forme de *Discours de la méthode* :

> — *Vous serez jugés sur vos succès personnels.* [...] *Je compte sur vous pour conduire la France et organiser le changement nécessaire dans les structures gouvernementales. J'exercerai pleinement la fonction présidentielle et les responsabilités qui en découlent*[1].

La lecture en parallèle des notes manuscrites du secrétaire général du gouvernement, Jean Donnedieu de Vabres, et du compte rendu rédigé par Ponia, ministre de l'Intérieur et homme de confiance du nouveau locataire de l'Élysée, permet toutefois de relever quelques moments savoureux où le nouveau président s'écarte de son texte. Notamment cette consigne, absente du compte rendu officiel, qu'il croit utile de livrer à ses ministres :

> — *Désormais, vous m'appellerez « monsieur le président »*.

Sans plus de modestie – mais le suffrage majoritaire des Français l'y autorise –, VGE improvise une analyse du scrutin qu'il qualifie de « significatif ». Le nouveau président semble vexé de sa maigre avance – à peine plus de trois cent quarante-deux mille voix sur vingt-six millions d'électeurs –, estomaqué par l'ampleur du vote Mitterrand – 49,19 %.

1. Notes manuscrites du secrétaire général du gouvernement, Jean Donnedieu de Vabres, conservées aux Archives nationales.

— *Près de la moitié des Français voulaient quelque chose de funeste. Cela appelle réflexion. J'ai gagné cela moi-même, avec quelques aides. Mais si je n'avais pas gagné, c'était la fin de la Ve République et l'affaiblissement de la France.*

Entre vanité et modestie, VGE balance :

— *Nous ne sommes pas là pour faire carrière, ni vous ni moi.*

Ambition récurrente chez tous les présidents en début de mandat : le nouveau veut tailler dans les cabinets ministériels. Sauf que, chez VGE, les décisions tombent dès le premier jour et plombent l'atmosphère d'entrée :

— *Je travaillerai directement avec les ministres et je vous invite à alléger à cet égard les trop nombreux écrans administratifs. Je vous demande d'intégrer au maximum un membre d'un grand corps extérieur, sauf dérogations. Et sachez que l'avantage fiscal des membres du cabinet est supprimé dès cette semaine.* […] *La France est actuellement une administration, d'ailleurs excellente, représentée par des hommes politiques. Or, j'entends qu'elle soit gouvernée par ses responsables politiques. Vous devrez alléger les moyens et les structures de vos administrations, et j'entends donner ici l'exemple au palais de l'Élysée où le personnel se trouvera réduit de quatre cent soixante-quatre à moins de trois cents personnes.*

Boum ! Cent cinquante licenciements. Un tiers du personnel apprend dès le premier jour qu'il saute.

Parmi les autres décisions : la suppression des écoutes téléphoniques – « si elles existent », précise-t-il –, et la destruction des archives qui en résultent. Ensuite, la volonté de faire de la France un pays de droit d'asile intellectuel et politique. Enfin, l'engagement de ne jamais saisir la presse en justice, « même s'il y a des attaques contre le président ». Engagement qui sera tenu, même pendant l'affaire des « diamants de Bokassa ». Il opte alors pour une solution radicale : ne plus lire la presse, en particulier *Le Monde* et *Le Canard enchaîné*.

Dès ce premier Conseil, Giscard explique aussi son envie de débat. Plus de quarante ans avant Macron, et trente avant Sarkozy. Son Conseil des ministres rêvé doit élaguer les « détails administratifs » pour pouvoir « réserver, à chaque séance, une partie à un débat d'orientation générale sur un problème d'actualité ». Toutefois, Marceau Long, qui prend ses fonctions de secrétaire général de l'Élysée un an plus tard, n'en entendra jamais parler[1].

Dans sa grande opération dépoussiérage, Giscard rabote aussi les titres des ministres. Mine de rien, cette décision protocolaire allège le Conseil. Le ministre de la Défense nationale devient ministre de la Défense tout court. « On se doute bien qu'elle est nationale », tranche VGE. De même qu'il joue la proximité en s'invitant à dîner chez les Français et en recevant les éboueurs à l'Élysée, il se met aussi en tête d'emmener le Conseil des ministres en province. Il est le premier à tenter cette délocalisation. Lyon en 1974, Évry en 1975, et enfin Lille le 30 novembre 1976.

Ce jour-là, la troupe gouvernementale qui monte dans le train gare du Nord a des airs de colonie de vacances. Conseil en préfecture, réception en mairie par un Pierre Mauroy, premier magistrat socialiste, chaleureux. « C'était très sympathique, mais honnêtement cela n'avait pas tellement d'intérêt, se souvient le secrétaire général Marceau Long. En plus, la logistique était énorme, notamment pour emmener tous les dossiers. » L'expérience s'arrête donc au troisième, même si

1. Entretien avec Marceau Long, 4 mai 2011.

plusieurs Conseils se déroulent ensuite en périphérie de Paris, dans les résidences de chasse de la présidence. Rambouillet deux fois, Marly à quatre reprises. Le besoin de prendre l'air, peut-être.

Durant ces Conseils de la « modernité » giscardienne, les ministres sont parfois autorisés à apporter du matériel, comme cette maquette de prison, immense, concoctée par Alain Peyrefitte. « Il rêvait comme tous les gardes des Sceaux d'une prison moderne. Sa maquette était fantastique », se souvient Marceau Long. Tellement démonstrative que VGE prend peur. « Giscard lui avait demandé d'être discret à l'extérieur, de ne pas trop la montrer. Il devait penser : "Ça ne doit pas être trop populaire de trop bien traiter les prisonniers." » La maquette, visiblement, ne convainc pas. Peyrefitte laisse surtout derrière lui une loi Sécurité et Libertés[1], qui durcit considérablement toute la politique pénitentiaire. Mais Giscard persiste à faire entrer d'autres « objets » au Conseil. Aucun avant lui ne s'y était jamais risqué, craignant de « banaliser le moment ».

Dans le premier gouvernement Barre de 1976, le ministre du Travail Christian Beullac demande un jour à l'Élysée l'autorisation d'amener des panneaux au Conseil pour présenter la situation de l'emploi. Il croit sans doute ne jamais l'obtenir. Et pourtant ! Beullac fait tout son exposé debout, une règle à la main, comme un prof d'amphi. Les ministres sont bluffés. Certains, assis du même côté, se permettent même de tourner leur chaise pour mieux voir ses graphiques. Quelle folie ! L'auditoire est conquis et le ministre renouvelle l'expérience six mois plus tard sur l'emploi des jeunes.

VGE n'en démord pas : la qualité de la présentation a largement favorisé l'adoption du pacte pour l'emploi des jeunes et, du coup, l'inflexion de la courbe du chômage pour la

1. Loi du 2 février 1981, abrogée ensuite par la gauche.

première fois depuis quatre ans ! Dans *Le Pouvoir et la Vie*, il avoue même plusieurs déclics ce jour-là : « En le regardant commenter les chiffres, une règle à la main, avec l'aisance d'un polytechnicien passé par l'industrie, je mesurais la supériorité de l'image sur la phrase, et aussi la nécessité de rapprocher progressivement les méthodes de travail du milieu politique de celles en vigueur dans les entreprises modernes[1]. » Trois décennies plus tard, Nicolas Sarkozy ira jusqu'à comparer le Conseil des ministres à un conseil d'administration. Pour l'heure, VGE se contente d'y songer.

La modernité dans la forme n'empêche pas ce président si cérébral d'afficher toute la hauteur qui sied, selon lui, à sa fonction. Ne jamais rien laisser paraître. Toujours tout maîtriser. « Que va-t-on penser si je fais ci ou ça, si je dis ci ou ça ? », demande-t-il sans cesse à Marceau Long.

Très british dans l'allure et le contrôle de soi, VGE ne griffonne pas sur ses feuilles des parallélépipèdes au crayon vert. Il ne joue pas avec ses lunettes. Il ne s'épuise pas non plus en soutien à ses ministres en difficulté. Pas un mot en Conseil pour Robert Boulin, mis en cause, en octobre 1979, pour des activités immobilières.

Le ministre du Travail, alors souvent cité comme prochain Premier ministre, est soupçonné d'être intervenu auprès du préfet du Var pour aider un promoteur en faillite à faire construire vingt-six maisons sur un terrain à Ramatuelle. Au passage, il aurait fait bâtir sa propre résidence secondaire, dont il aurait payé le terrain 40 000 francs – 6 000 euros – au promoteur avant d'être crédité de la même somme par l'intéressé. En juillet 1979, le journal d'extrême droite *Minute* porte la première attaque. Les hebdomadaires embrayent le 15 octobre. Le 21, Boulin riposte, mystérieux, sur Europe 1 :

1. Valéry Giscard d'Estaing, *Le Pouvoir et la Vie*, Compagnie 12, 2004.

« J'ai l'âme et la conscience tranquilles, j'ai été exemplaire. Peut-être encore plus que vous ne le pensez, car il y a des choses que je ne peux pas dire ici. » Il est retrouvé mort le mardi 30 octobre 1979, dans une mare, en forêt de Rambouillet. Suicide ou assassinat politique ? À ce jour, les deux thèses subsistent. Une chose est certaine : dans les semaines de turbulences qui précèdent sa mort, Giscard n'aura pas un mot pour lui en Conseil.

Les deux hommes se connaissent pourtant bien. D'après le chef de l'État, Alain Peyrefitte l'alerte plusieurs fois sur l'état dépressif du ministre du Travail. Son épouse Anne-Aymone lui fait remarquer, lors d'une réception à Libourne, qu'elle le trouve très abattu. « Il fait pitié[1]. » Dans *Le Pouvoir et la Vie*, Giscard concède n'avoir jamais parlé de tout cela à l'intéressé. La seule allusion en Conseil surgit au lendemain de sa mort :

> — *Je vous invite à observer une minute de silence à la mémoire et en souvenir de votre collègue qui a connu une fin tragique.*

Ce mercredi 31 octobre 1979, le silence s'installe dans le salon Murat. Tous les ministres debout, les yeux braqués sur cette chaise vide, la deuxième à la droite du président, entre Peyrefitte et Beullac. Consigne du président qui a aussi tenu à ce que l'on dispose son buvard, comme d'habitude.

L'hommage, à la sortie de l'Élysée, est rendu non par le président, mais par le Premier ministre Raymond Barre. « Il y a des choses que Giscard ne sentait pas bien dans les rapports humains », analyse pudiquement Marceau Long, qui l'avait déjà pratiqué à l'Ena – promotion « Europe » 1949-1951. « De même, quand est arrivée l'affaire de Bokassa, il est resté impassible, imperturbable. »

1. *Ibid.*

Concernant l'affaire des diamants – « la vengeance d'un type que j'avais déposé, rien de plus… si ce n'est un coup de main des médias », décrit aujourd'hui Giscard –, personne ne comprend alors le caractère explosif du petit mot que lui apporte l'huissier, signé de son directeur de cabinet. Il lui demande son feu vert pour faire saisir *Le Monde* de l'après-midi. « Le lundi soir, je dînais avec Jacques Fauvet, le patron du *Monde*, tout mielleux, à l'ambassade du Portugal, à l'occasion de la visite du président du Portugal. Je rentre, je me couche, tout est normal. Le mercredi matin, avant mon rendez-vous de 9 h 15 avec le Premier ministre, Sérisé [conseiller de toujours] et Wahl [secrétaire général de l'Élysée] demandent à me voir et me disent : "Il paraît des articles épouvantables sur vous. [*Le Canard enchaîné* a dégainé le premier quelques heures auparavant.] Ils disent n'importe quoi, ça dégrade la fonction. Il faut réagir."

— Je suis pressé, tranche Giscard. J'y réfléchis. Reparlez-m'en après le Conseil ! »

Bien malin, ce jour-là, à la table du salon Murat, qui peut deviner la tempête dans le crâne du président. Les journaux ne seront pas saisis – il a promis. Quand on l'interroge aujourd'hui sur son silence, VGE évacue la question : « Je n'ai jamais parlé de tout cela en Conseil. Ce n'est pas dans ma nature. »

Jean François-Poncet est secrétaire général de l'Élysée de 1976 à 1978, puis ministre des Affaires étrangères jusqu'à la fin du septennat. Pour lui, « VGE en Conseil donnait le sentiment de n'être jamais surpris, jamais instrumentalisé. Aucune manifestation d'intérêt ou d'ennui ». Avec lui, jamais d'inélégance, jamais d'outrance.

« C'est un joueur d'échecs, ce jeu qui abolit le hasard et où il suffit d'être le meilleur pour gagner, invariablement, écrit plus brutalement sa secrétaire d'État à la Condition féminine, Françoise Giroud, en quittant le gouvernement en 1977. Et pour ce qui est d'être le meilleur, le doute ne l'effleure jamais. Donc, en bonne logique, il doit gagner. La logique c'est son affaire[1]. » Logique, donc, que cette supériorité suffise à lui faire garder l'ascendant – c'est du moins ce qu'il croit ! – sur ce Premier ministre aux grandes mains brassant l'air. L'ambitieux Chirac a été son secrétaire d'État au Budget. « N'oublie pas qui t'a fait comte », rappellent Hugues Capet et son fils Robert le Pieux à Aldebert du Périgord qui fait le siège de Tours. Giscard oublie visiblement la réponse du jeune insolent au premier des rois capétiens et à son fils : « N'oubliez pas qui vous a faits rois ! »

Au fil des deux ans de collaboration entre Giscard et Chirac, la tension monte progressivement au sein du Conseil. Au début, bien sûr, l'euphorie de la victoire permet de faire adopter un wagon de promesses de campagne. « Avec Giscard, en Conseil, ça ne devait pas traîner », se souvient Jean François-Poncet. Parcours gouvernemental et parlementaire bouclé en six semaines pour la nouvelle majorité à dix-huit ans, le remboursement de la pilule par la Sécurité sociale, l'éclatement de l'ORTF, l'augmentation du minimum vieillesse de 21 %. Mais, progressivement, l'iconoclasme de ce président centriste commence à exaspérer les gaullistes.

D'autant qu'en 1975, sous couvert de réconciliation franco-allemande et de construction européenne, il décide de ne plus commémorer le 8 Mai[2]. Le 18 juin, jour de l'appel du Général, il part en voyage en Pologne et se fait remplacer aux cérémonies du Mont-Valérien par Chirac – qui n'attendait que cela. Dans le salon Murat, où tout est toujours plus feutré qu'à l'Assemblée, les plus vigilants savent repérer les regards qui s'assombrissent.

1. Françoise Giroud, *La Comédie du pouvoir*, Fayard, 1977.
2. Dès 1981, François Mitterrand rétablira les cérémonies commémorant la capitulation de 1945.

Les broutilles agissent souvent comme des révélateurs. En mai 1976, arrive devant le Conseil le « sentier douanier » que réclame l'opinion et qui doit permettre aux promeneurs de longer la mer, quitte à traverser les terrains privés. Jacques Chirac soutient le projet de toutes ses forces, plaidant même pour qu'on l'impose aux propriétaires des terrains en les indemnisant :

> — *La promenade le long du littoral est à tout le monde.*

Autour de la table, l'idée fait grogner plusieurs ministres. Chirac, provocateur :

> — *Je me demande si la majorité n'est pas un peu conservatrice.*

Françoise Giroud, qui rapporte la scène, évoque des « rires que le regard, noir comme il peut être, du président de la République éteint rapidement » :

> — *Vous voulez, en somme, un boulevard périphérique nautique pour une population qui, d'ailleurs, refuse de marcher à pied. Cette extravagance démagogique est au niveau intellectuel de la région de programme de…*

Ici, Françoise Giroud a préféré retirer le nom du « territoire lointain » que cite Giscard. Et le président passe à la suite de l'ordre du jour…

Lui qui affirme vouloir un chef de gouvernement fort, pour coordonner ses ministres et tenir l'administration, omet visiblement de transmettre certaines informations à Matignon. Parfois, à voir la mine surprise de Chirac, on comprend qu'il découvre certaines nominations. Dans le courant de cette même année 1976, il tombe des nues en Conseil en apprenant qu'un nouveau sous-marin nucléaire va être construit. À vrai dire, il le rend bien au chef de l'État à l'Assemblée, sur fond de majorité de plus en plus divisée entre républicains indépendants (RI) giscardiens et gaullistes de l'UDR. Notamment sur la taxation des plus-values, projet phare du président. « Preuve que le débat fut long et compliqué, se souvient Marceau Long, le sujet revient trois fois en partie C du Conseil, avant d'être finalement présenté en partie A, comme projet de loi abouti. »

Quinze réunions interministérielles, six mois de castagne entre Jacques Chirac et le ministre des Finances Jean-Pierre Fourcade. Au Palais-Bourbon, le président Edgar Faure – ancien mentor de VGE – mène la contre-offensive. Lors d'une séance mémorable, Jacques Chirac s'impose à la tribune au moment où JJSS – envoyé spécial de Giscard – s'apprête à répondre à la question préalable déposée par le groupe communiste. Au lieu de soutenir le projet du président, Chirac ne le cite même pas. En Conseil, toutefois, Giscard se débrouille pour marteler son message pratiquement tous les mercredis de juin et début juillet 1976. À en juger par les notes manuscrites du secrétaire général, Chirac ne peut faire autrement qu'abonder.

Ainsi de l'échange du 2 juin 1976. Giscard débute :

> — *La loi sur les plus-values sera votée, mais il faut éviter la mutilation du texte. Il faut que les membres du gouvernement aillent tous, au cours des débats, au Parlement non pour susurrer que le texte est désastreux, mais pour le soutenir. L'opinion populaire serait catastrophique si un tel texte était rejeté. Elle penserait que c'était la première fois qu'on voulait diminuer un privilège, que la majorité ne l'a pas voulu et qu'il n'y a donc rien à attendre que de l'opposition.*
>
> — *Je souhaite que les ministres UDR soient dans les couloirs et militent pour le texte,* plaide Chirac.
>
> — *Je me demande quel est le calcul qui peut être fait dans l'esprit de certains parlementaires,* observe Giscard.

Rebelote une semaine plus tard, le 9 juin 1976. Giscard :

> — *Le débat sur les plus-values reprend à l'Assemblée. Ce texte a été adopté par le gouvernement. Aucun ministre n'y a fait opposition lorsqu'il a été adopté. Il faut donc que les ministres aillent à l'Assemblée, se répandent dans les couloirs, confortent ceux de leurs suppléants qui ont le cœur faible et il y en a quelques-uns ! Nous sommes au stade de l'adoption. Il faut que le texte soit adopté.*

Le texte[1], très élagué, sera finalement adopté le 10 juillet 1976. Mais la guerre est déclarée. Fin août, Chirac quittera le gouvernement. « Il a pourtant été un bon Premier ministre », juge Giscard en 2011, toujours soucieux d'avoir le dernier mot. Il précise, sérieux et péremptoire : « Chirac était un bon exécutant (*sic*). Quand il avait une consigne, il l'appliquait, n'est-ce pas ? »

Déjà, à l'époque, même avec ses ministres, VGE se montre parfois sec et ironique. « Votre question provoque un frémissement », répond-il à l'un d'eux. On l'entend également se moquer de son ministre des Affaires étrangères, lui reprochant de dramatiser la situation au Cambodge :

> — *Et si on envoyait le Quai d'Orsay à la rizière ?*

Le 7 juillet 1976, à une semaine des cérémonies du 14 Juillet, Giscard clôt le Conseil par une douche froide :

> — *Je précise que la revue navale, ce n'est pas le corso fleuri. Elle est interdite aux ministres, sauf à ceux qui ont été personnellement invités*[2].

1. Texte voté par 251 voix contre 192 : 139 UDR seulement l'approuvent sur 174.
2. Notes manuscrites du secrétaire général du gouvernement Marceau Long, consultées, sur dérogation, aux Archives nationales.

La semaine précédente, le mercredi 30 juin, il réagit à une communication du ministre de l'Aménagement du territoire, Michel Poniatowski, sur le développement de la région Ile-de-France. Le voilà qui décrète un changement d'uniforme des gardiens de parc, des douaniers et des policiers :

> — *Ce qui est fait en France en matière d'uniformes est vraiment moche. J'ai vu la différence en Grande-Bretagne, pays ruiné mais bien tenu.*
>
> — *En ce qui concerne les « aubergines »,* répond Poniatowski, *leur tenue dépend du Conseil municipal. Il y a de nouveaux projets, mais on ne trouve pas de coiffure d'uniforme seyante pour les femmes.*
>
> — *Leurs organisations syndicales s'opposent à la modification de l'uniforme,* intervient Chirac. *Quand j'étais à l'Intérieur, j'ai pris une décision de principe pour l'uniforme des sous-préfètes : j'ai demandé des idées à un grand couturier. Leur uniforme est maintenant parfait.*
>
> — *Il ne faut pas faire dessiner les uniformes par les grands couturiers, ils en sont incapables,* tranche Giscard. *Il faut faire des choses simples, fonctionnelles, songer au graphisme des formes. Les femmes agents de police africaines que j'ai vues étaient beaucoup plus élégantes. Les Français sont particulièrement incapables de dessiner ce qu'ils se mettent sur la tête : casquettes ou chapeaux.*

Soupe au lait, Giscard ? Cyclothymique ? « Ragots ! proteste des décennies après, Jean François-Poncet. Marie-France Garaud et son âme damnée [le clan Chirac avec Pierre Juillet] intriguaient dans tout Paris contre Giscard. Ils avaient fait toute une campagne sur le thème de sa fragilité psychologique, prétendaient qu'il voyait un psychiatre. Mais c'était faux ![1] »

1. Entretien avec Jean François-Poncet, 7 mars 2011.

Françoise Giroud, qu'on ne peut pas soupçonner de sympathie chiraquienne, décrit pourtant un président moins constant qu'on a voulu le dire, le mercredi, en Conseil : « Parfois, Valéry Giscard d'Estaing est sombre. Ces jours-là, son visage paraît plus long, tire vers le jaune et compose avec celui, rose vif et rond de Michel Poniatowski, une curieuse combinaison. [...] Son état dépressif se décèle aux commentaires désabusés sur les Français. »

En homme organisé qu'il est, Giscard fait en tout cas des heureux au secrétariat général du gouvernement. Pour éviter les embouteillages, il consacre un Conseil par an aux textes dont les décrets d'application ne sont pas sortis. Opération éclusage. Marceau Long apprécie. D'autant qu'à l'arrivée de ce nouveau secrétaire général du gouvernement, le 13 février 1975, Giscard met aussi en place l'ordre du jour sur trois semaines « glissantes ». « Il ressentait le besoin de continuité d'un Conseil à l'autre », observe Marceau Long qui prend alors ses fonctions.

Chaque vendredi matin, lorsque le secrétaire général du gouvernement réunit ses troupes dans la sombre bibliothèque qui jouxte son bureau, il se penche sur le Conseil du mercredi à venir, mais aussi sur les deux suivants. Cela permet d'anticiper, de secouer les troupes si un arbitrage traîne. Un programme sur six mois est même rendu public. François Mitterrand et Pierre Mauroy cesseront d'ailleurs de le publier, lassés d'avoir sans cesse l'opposition sur le dos, leur reprochant ici un retard, là un renoncement.

« Bon... et puis il faut aussi que vous parliez des secrétaires d'État, parce que c'est une des plaies du système », finit par lancer VGE pendant notre entretien. Pas question, chez lui, qu'ils et elles viennent encombrer le Conseil, sauf lorsqu'ils portent un dossier ou que le ministre de tutelle le demande. « Je me faisais présenter une liste de leur présence. Et si je voyais qu'ils n'étaient pas venus depuis huit ou dix mois, je les faisais convoquer pour qu'ils participent de temps en temps et soient intégrés à l'équipe. Mais eux poussaient pour venir… et n'intervenaient jamais. Je détestais ça parce que ça faisait une sorte de grumeau dans l'État qui était nuisible. Les secrétaires d'État ne sont pas ministres, mais ils se croient ministres. En Grande-Bretagne, ils aident leur patron. En France, ils constituent une sorte de noyau à eux, avec leur cabinet, leur attaché parlementaire. »

Quand on lui fait remarquer que lui-même « faisait le grumeau » chaque semaine sous de Gaulle, les secrétaires d'État siégeant à tous les Conseils, il conclut en assenant : « Oui, mais j'étais en charge du Budget auprès de deux ministres qui ne s'en occupaient pas. Pinay, homme délicieux, n'était pas un technicien. Et Baumgartner, un anxieux qui avait été gouverneur de la Banque de France, ne connaissait pas les problèmes fiscaux. » Vu ainsi…

Nicolas Sarkozy (2007-2012)

L'anecdote en dit long sur l'attachement de Nicolas Sarkozy au Conseil des ministres et à son décorum. Un mercredi, pénétrant dans le salon Murat, le président de la République ne voit qu'elle. Une chaise. Elle traîne. Une petite chaise, différente des autres, qui vient manifestement de la pièce d'à côté. Quelques ministres laissés en liberté dans la salle juste avant la réunion l'auront sans doute déplacée pour tailler le bout de gras ensemble. Le chef de l'État ne le tolère pas. « C'est en désordre ici », admoneste-t-il, un œil noir dirigé vers les secrétaires généraux. Ça jette un froid.

Il pourrait ne rien s'y passer, Nicolas Sarkozy savourerait quand même ce rituel du mercredi. Chaque chose doit être à sa place. C'est son moment. Avec ou sans talonnettes, le simple fait de franchir la porte du salon Murat lui rappelle chaque semaine la hauteur de sa fonction. Le Conseil des ministres symbolise son pouvoir, la continuité de l'État. De fait, l'huissier annonçant son arrivée rappelle qu'il est bien « monsieur le président de la République ». Une fois tous les sept jours. Quarante-neuf fois par an.

Maniaque au-delà du raisonnable, le chef de l'État surveille d'ailleurs comme le lait sur le feu le nombre de Conseils. Est-on dans les clous ? N'en n'a-t-on pas supprimé un de plus par rapport à l'année précédente ? Deux sautent en été, et celui des fêtes de Noël. D'où le chiffre magique : quarante-neuf Conseils par an, et non cinquante-deux comme le nombre de semaines. Le sabre au clair du garde républicain, la tasse de café qu'on lui porte au début et à laquelle les membres du gouvernement n'ont pas droit, les ministres qui s'adressent à lui et à lui seul. Tout symbolise l'exercice et la continuité du pouvoir. Essentiel aux yeux du président Sarkozy.

Puisqu'il est chef de l'État, puisqu'il est numéro un, le voilà aussi en capacité d'imprimer sa marque. Dès le premier jour, lorsque Serge Lasvignes, le secrétaire général du gouvernement, vient l'« initier », il imagine un grand coup de balai. « Il n'aime pas le côté poussiéreux », dit à l'époque, avec une pointe d'ironie, le haut fonctionnaire. Il précise, dans un sourire : « Le côté sarcophage. » La salle du Conseil aurait-elle quelque chose de « sarkophage » ?

Peu de temps après son élection en 2007, le successeur de Jacques Chirac a découvert à Madrid la Moncloa, le siège du gouvernement espagnol, et ne s'en est pas remis. Des écrans à chaque place, de quoi suivre l'exposé du ministre avec graphiques en 3D et cartes interactives… Zapatero en a, Merkel aussi en Allemagne. Même le gouvernement estonien n'utilise plus une seule feuille de papier ! Alors pourquoi pas lui ?

Las ! Le salon Murat n'est pas une salle de réunion, c'est un lieu de passage, un couloir, certes chic, mais un couloir quand même, qui mène à la grande salle des fêtes du palais. Une fois les tréteaux repliés, des câbles d'ordinateur sortant du sol risqueraient d'envoyer au tapis la première reine en talons aiguilles ou le diplomate qui passerait par là. Impensable. Comme aucune autre pièce n'est assez vaste pour accueillir ces grandes réunions hebdomadaires, on songe un temps s'installer sur l'autre trottoir, à l'hôtel Marigny – on le fait déjà les jours d'arbre de Noël de l'Élysée, lorsqu'il faut dégager l'espace autour de la grande salle des fêtes. C'est évidemment moins chic... et tout aussi « poussiéreux ». Le président se fait donc une raison et se console en contemplant ce salon qui porte quand même le nom du beau-frère de Bonaparte. Jouissif.

À défaut de le déménager, il veut un Conseil des ministres plus court ! Une heure, une heure et demie grand maximum. Plus dynamique aussi. « Je me suis tellement ennuyé ici », avoue-t-il, le premier jour, triomphant.

Le ton change avec Bernard, Brice, Rama, Rachida. Désormais, les prénoms ont cours dans le salon Murat. Le président n'accorde plus forcément la parole au « ministre de la Défense », mais simplement à « Hervé ». On l'entend même donner du « François, tu » à son Premier ministre, qui lui-même lui glisse à l'occasion un audacieux « Nicolas ». Pour les simples ministres et secrétaires d'État, bien entendu, « monsieur le président » et le voussoiement restent de rigueur. Continuité par-ci, nouveauté par-là. Le vocabulaire change lui aussi. Au Conseil, on cause désormais comme les Français. Et on le fait chez eux.

Tel VGE, Nicolas Sarkozy tente les Conseils décentralisés. Dès septembre 2007, il emmène ses troupes à Strasbourg. Il se régale en écoutant Fadela Amara présenter son plan banlieue :

> — *Monsieur le président, je vous le dis très cash, maintenant il faut agir. Fini la glandouille. Il est hors de*

question qu'on continue à se la raconter sur la question des banlieues.

Sourires interloqués autour de la table. Laurent Wauquiez, le porte-parole, note les mots exacts de la secrétaire d'État pour les rapporter précisément lors du compte rendu avec la presse :

— *Il faut absolument faire en sorte que, dans les quartiers, tous les jeunes de seize à vingt ans aient une situation. Faut plus qu'ils traînent et s'emmerdent dans les cités en bas des cages d'escalier, avec toutes les conséquences que ça a.*

Et elle conclut :

— *Maintenant, il faut y aller à donf...*

À la sortie, François Fillon cache mal son embarras. Nicolas Sarkozy, lui, en rajoute devant les caméras : « Le Premier ministre, comme moi, on a pensé qu'elle était absolument remarquable et que c'est la façon pour nous de faire de la politique, c'est-à-dire une façon directe, authentique, avec la volonté de réussir. C'était vraiment un des très bons moments de ce Conseil. »

Au sein du gouvernement, les commentaires les plus durs viennent des femmes. « Fadela est une amie, explique cinq ans plus tard Rachida Dati, ministre de la Justice de l'époque. Mais en raison de son parcours et de son profil – comme le mien d'ailleurs –, parler en verlan, c'est trop prévisible. On nous attend comme ça. On ne nous attend pas comme des connaisseurs des institutions et des usages. En plus, dans la vraie vie, Fadela n'employait pas ces mots-là ! Il ne faut pas se caricaturer[1]. » Quant à Roselyne Bachelot, elle remet en ques-

1. Entretien pour le documentaire TV avec Rachida Dati, 3 décembre 2012.

tion le principe même du Conseil décentralisé, convaincue que « Fadela Amara ne se serait jamais exprimée en ces termes sous les dorures de l'Élysée[1] ».

Fadela Amara, quant à elle, assume et lâche, dans un éclat de rire, qu'un ministre interloqué par l'expression « à donf » est venu demander où se situait la ville de Donf ! Elle ne dira pas qui, « par charité chrétienne ».

En dépit de cette première tentative de délocalisation assez peu convaincante, une deuxième se déroule en Corse un mois plus tard. Mille cinq cents policiers sont déployés à Ajaccio-Fort Knox ce 31 octobre 2007. Centre-ville bouclé, manifestations interdites, légers affrontements avec les nationalistes. En ville, les insulaires grognent. Les Ajacciens ont à peine le temps d'apercevoir les « stars » descendre de leur bus et s'engouffrer dans la préfecture.

Pour la proximité, on repassera. Perturbé par le changement de lieu, Nicolas Sarkozy est même à deux doigts de démarrer le Conseil sans s'apercevoir que François Fillon n'est pas là. Il s'agace en allant fermer la fenêtre. « Il faut vraiment tout faire soi-même ici. » À l'issue, pourtant, il en promet déjà un autre… dans un territoire d'Outre-mer. Sans blague. La polémique sur le coût du déplacement corse lui fera changer d'avis. Coût en euros, mais aussi en CO2. À l'époque, les conclusions du Grenelle de l'environnement encore fraîches, l'auteure de ces lignes, alors en charge des questions d'environnement à Europe 1, s'attelle à calculer le bilan carbone du déferlement d'avions, d'hélicoptères, de véhicules ministériels, de policiers et de motards arrivés du continent. L'Élysée, pris par surprise, découvre le principe des compensations d'émissions de carbone et s'en sort en improvisant un financement de centrale

1. Entretien pour le documentaire TV avec Roselyne Bachelot, 14 novembre 2012.

hydroélectrique au Mexique, qui permettra d'éviter la production de 1,4 tonne de CO2. Ouf!

Autre innovation de l'ère Sarkozy : le grand invité. Le mercredi 21 juillet 2010, un Allemand débarque au salon Murat : le ministre de l'Économie du gouvernement Merkel, Wolfgang Schaüble rend la politesse à son homologue Christine Lagarde qui, quatre mois plus tôt – le 31 mars –, a elle-même assisté à un Conseil des ministres à Berlin. Première en Allemagne, première aussi en France. À l'issue, le couple Lagarde/Schaüble s'adresse d'une seule voix au président de l'Union européenne, Herman Van Rompuy. Il réclame des « sanctions politiques » et à « caractère financier » pour les États membres qui laisseraient leur déficit public déraper très au-delà des seuils prévus par le pacte de stabilité européen. L'expérience ravit tout le monde. Elle ne se renouvellera toutefois pas.

Outre ces initiatives sans lendemain – visite allemande et Conseils décentralisés –, l'objectif affiché est de transformer cette réunion somnolente du mercredi en véritable conseil d'administration. C'est le mot à la mode. Prière de faire passer. Tous les ministres connaissent la formule et la répètent à l'envi. Les « éléments de langage », ces formules toutes faites distribuées dans les cabinets pour harmoniser la communication gouvernementale, font bien partie du paysage. Évidemment, cette idée de comité de direction a un vrai parfum de sacrilège. « C'est sans doute aussi ce qui plaît au président[1] ! », reconnaît le secrétaire général du gouvernement. Sans aucun doute. Mais que le général de Gaulle ne se retourne pas dans sa tombe, la nouvelle partie D ne va pas foncièrement révolutionner le Conseil.

1. Entretien avec Serge Lasvignes, 31 mai 2011.

Ce dernier volet doit être consacré à l'air du temps, à l'actualité et à la prévision. Dès leur premier rendez-vous, Serge Lasvignes et Nicolas Sarkozy se mettent d'accord pour créer cette partie supplémentaire de débat – d'où la lettre D. « C'est une idée des deux... Oh ! puis non, dites plutôt qu'elle vient de lui ! », se ravise le secrétaire général du gouvernement.

Tous les présidents de la Ve en ont sans doute rêvé, sans jamais l'oser. Très vite, l'initiative, pour ambitieuse qu'elle soit, tombe en désuétude. « On n'a pas dû en faire plus de quatre ou cinq depuis 2007 », estime Dominique Bussereau à son départ du gouvernement à l'automne 2010. Impression partagée par d'autres ministres et confirmée du côté du secrétaire général du gouvernement. Pourtant, surprise ! Ses services déterrent une liste de quarante-sept dates. Dix-huit la première année en 2007, dix-neuf en 2008, quatre en 2009 – de janvier à juillet – et six en 2010. En 2011, en revanche, aucun sujet en partie D. Terminé !

Le dernier intitulé d'août 2010 aurait-il refroidi l'enthousiasme ? Le débat, confié au ministère de l'Économie, proposait d'échanger sur « la négociation du cadre de Bâle III ». Dans la liste, on trouve quand même des thèmes plus « concernants » : le régime fiscal et social des heures supplémentaires, la carte judiciaire, les négociations à l'OMC, le téléchargement illégal ou encore l'éco-pastille automobile. La proposition émane de Matignon ou du secrétaire général du gouvernement qui est, en réalité, le vrai scénariste du Conseil des ministres. Manifestement, il cherche des sujets de discussion qui ne fâchent personne. « Suite à la catastrophe de Fukushima, si je propose à Jean-Paul Faugère, le directeur de cabinet de Fillon, un débat sur le nucléaire, il me prendra pour un fou complet », sourit Serge Lasvignes.

Michèle Alliot-Marie, qui n'a aucun souvenir d'avoir dû « porter une partie D » sur le rapport Lambert et

10 janvier 1959 : Premier Conseil des ministres de la Ve République. Au côté du président Charles de Gaulle et du Premier ministre Michel Debré, une seule femme : Nafissa Sid Cara (secrétaire d'État chargée des Questions sociales en Algérie). ©Universal/Sipa

6 mars 1974 : Georges Pompidou, un mois avant sa mort, vif malgré son visage déformé par la maladie. Premier Conseil du gouvernement Messmer III resserré – seize ministres. À la table des secrétaires généraux, au fond, le dévoué du président, Edouard Balladur, prend tout en note.© Archives nationales

17 juillet 1974 : Conseil des débuts de l'ère Giscard avec son fidèle Poniatowski à sa droite. On aperçoit des cendriers que le président fera enlever quelques temps après, provoquant l'irritation du Premier ministre, Jacques Chirac. © Archives nationales

22 mars 1986 : François Mitterrand, stoïque devant les photographes, au début de ce premier Conseil de cohabitation souvent décrit comme glacial. D'après les Mémoires de Jacques Chirac – Premier ministre – parus en 2011, « la réalité de ce qui s'est passé ce jour-là est loin d'avoir été aussi dramatique ». *© Archives nationales*

Eté 2003. Photos inédites sous la Ve République : l'équipe Chirac-Raffarin saisie, en cachette, pendant les Conseils du 16 juillet et du 1er août. Le ministre délégué au Budget, Alain Lambert, a caché son appareil photo numérique ultra-plat dans une enveloppe percée d'un petit trou. Il la tient debout, sur ses dossiers. Et discrètement : clac ! Seuls Jean-Pierre Raffarin et Jean-François Lamour (Sports) semblent attentifs à la communication en cours. Le président Chirac, lui, fait son courrier, Nicolas Sarkozy (Intérieur) lit ses dossiers, François Fillon (Affaires sociales) rêvasse, Dominique de Villepin (Affaires étrangères) médite, Luc Ferry (Éducation) et son voisin Jean-François Mattéi (Santé) potassent. Photos A. Lambert

2009. Autour de Nicolas Sarkozy, le gouvernement Fillon II remanié suite aux élections européennes de juin compte encore près de quarante membres. Deux femmes aux places de choix, Michèle Alliot-Marie et Christine Lagarde – numéro 3 et 5 du gouvernement –, encadrent le Premier ministre. © Présidence de la République

9 avril 2014 : révolution à l'Élysée. Après deux ans de présidence Hollande, le gouvernement resserré Valls I déserte le légendaire salon Murat pour celui des Ambassadeurs, plus lumineux, plus petit et propice à une meilleure concentration. ph. Ian Langsdon © AFP

22 juin 2017 : le Conseil Macron-Philippe est définitivement installé au salon des Ambassadeurs, avec une parité totale. Ici, le gouvernement remodelé suite aux législatives ne compte toutefois qu'une femme, Nicole Belloubet (Justice) dans le sextuor du centre de table. ph. C. Petit-Tesson © Epa/MaxPPP

la décentralisation[1], croit en revanche se rappeler une séance intéressante concernant l'agriculture. « Ah ! se dit-on. Peut-être un débat avec des divergences de fond sur les modes de cultures : intensif/extensif, avec ou sans pesticides, OGM ou pas... » Nenni ! « On nous a présenté beaucoup de facettes du problème, un exposé sur le monde agricole, ou sur la vie rurale, etc. C'était très intéressant », se souvient l'ancienne ministre, quelques semaines après son départ du gouvernement.

En réalité, le sujet de la partie D est devenu une communication comme une autre. Pas sûr finalement que le président veuille vraiment que le fameux débat, marque de fabrique de la Sarkozie, ait lieu. Sous couvert d'un anonymat préservé, beaucoup de ministres – alors encore en poste – le confessent comme une évidence. « Il est plutôt du genre à faire les questions et les réponses lui-même, non ? », ose l'un. « Un débat avec Nicolas Sarkozy, l'expression elle-même est antinomique », fait remarquer un autre. De la théorie à la pratique, il y a visiblement un pas immense que certains tentent toutefois de franchir. Notamment Gérard Longuet, arrivé au gouvernement début 2011, sitôt après le limogeage de MAM.

Le ministre de la Défense est mal à l'aise avec cette « prime contre dividendes » que veut instaurer Nicolas Sarkozy. Il s'agit de redistribuer une partie des bénéfices aux salariés dès lors que l'entreprise augmente les dividendes à ses actionnaires. Prime facultative pour les PME, mais obligatoire au-delà de cinquante salariés. Typiquement un sujet de partie D. Sans attendre, Gérard Longuet saisit l'occasion d'une communication de Bercy pour faire part de ses états d'âme :

> — *J'ai un problème de fond avec cette prime. Dans ce pays, il vaut mieux investir dans l'immobilier que dans l'entreprise. Avec cette prime, ce sera pire. On va*

1. Débat à l'ordre du jour du Conseil du 6 décembre 2007 (source : Secrétariat général du gouvernement).

stigmatiser un peu plus le retour sur investissement et décourager encore les actionnaires alors que nos entreprises manquent déjà d'investisseurs.

L'audacieux se fait recevoir fraîchement. Nicolas Sarkozy a la mine des mauvais jours. Visiblement il n'apprécie pas. Qu'un ministre fasse des pieds et des mains pour obtenir un maroquin et se permette, à peine arrivé, de le contredire, ça le dépasse. Sur le fond, il évite de répondre.

Gérard Longuet revient à la charge à l'occasion de deux Conseils. En pure perte. Chaque fois, il récolte, en guise de fin de non-recevoir, la même réponse évasive de Sarkozy :

— *C'est un problème de justice sociale.*

Fermez le ban !

Comme le veut l'usage, le ministre ne reprend pas la parole après le président. Sur le principe, pourtant, Nicolas Sarkozy n'est pas contre le fait qu'un ministre s'exprime après lui. Inimaginable sous ses prédécesseurs, même le moderne Giscard ! C'est d'ailleurs une autre innovation de son quinquennat. À défaut de réel débat de fond, des échanges rebondissent parfois.

Christine Boutin doit encore regretter celui du 27 novembre 2008, autour de l'accueil des SDF. Dans les jours qui précèdent, deux sans-abri ont été retrouvés morts de froid dans le bois de Vincennes, en lisière de Paris. Un mois plus tôt, déjà, un homme vivant dans un abri de fortune avait été découvert dans les sous-bois. Au Conseil, la ministre du Logement dresse un état des lieux des centres d'accueil :

— *Ce qui est terrible, c'est qu'il reste des places disponibles sur Paris. Seulement, on ne peut quand même pas forcer ces gens à rejoindre un refuge.*

— *Je ne suis pas de cet avis,* répond Sarkozy. *Au contraire, on ne peut pas laisser ces pauvres gens dans la rue. C'est un truc de gens bien nourris de penser le contraire. Je souhaite qu'on intervienne.*

Fait assez rare, François Fillon prend ses distances :

— *Attention tout de même. Nous ne devons pas donner l'impression de les forcer.*

Cette fois, la discussion ne s'arrête pas à la parole du président ou du Premier ministre, car Sarkozy aperçoit en bout de table Martin Hirsch qui s'agite. L'ancien président d'Emmaüs n'en croit pas ses oreilles. Sarkozy, toujours vigilant avec ses ministres d'ouverture, tente de déminer :

— *Martin, je sais que tu ne vas pas être d'accord avec moi, mais je t'écoute...*

Le haut-commissaire aux Solidarités actives s'emploie à torpiller la thèse présidentielle. En vain. À la sortie, Christine Boutin se plie aux consignes et annonce qu'elle lance une réflexion « pour voir si on ne pourrait pas rendre obligatoire l'hébergement des personnes sans abri quand la température devient trop froide en France ». Tollé des associations. Hurlements à gauche. Boutin prend tous les coups. Le lendemain, elle finit par lâcher que l'idée a surgi d'une « intervention spontanée du président de la République en Conseil des ministres ». Mais rien n'y fait. Dans l'opinion, l'idée demeure la sienne et lui vaut un dernier tacle de François Fillon. En déplacement à Arcachon, le Premier ministre annonce qu'« il n'est pas question d'obliger les SDF à rejoindre un centre d'urgence ».

Du point de vue du secrétaire général du gouvernement, auteur du scénario chaque mercredi, la véritable rupture de l'ère Sarkozy est que le président ne s'intéresse pratiquement plus à l'ordre du jour.

Depuis le début de la Ve, la présentation du programme donnait toujours lieu à une « grand-messe » le lundi après-midi. Le secrétaire général du gouvernement venait présenter le plan qu'il avait concocté au bureau du secrétaire général de l'Élysée, puis chez le président. Il ne s'étendait pas sur les mesures phares déjà connues, mais donnait les clés pour chaque autre point des projets de loi et de l'ordre du jour.

Avec Sarkozy, ce rituel républicain ne va durer que quelques semaines. Serge Lasvignes est très vite averti qu'il n'est plus nécessaire de rendre visite au président le lundi. Désormais, il informe le secrétaire général de l'Élysée, Xavier Musca – ou, au début du quinquennat, Claude Guéant –, qui transmet. Sa seule consigne : que l'ordre du jour soit roboratif. Au moins trois communications en partie C – François Mitterrand en exigeait déjà deux –, ce qui est plus crédible d'après lui. Si un sujet tombe à l'eau faute d'arbitrage, on bouche le trou. Un autre ministre – ou le même – se retrouve « taxé » de communication en catastrophe. Du coup, la « taxe » tombe parfois le lundi pour le mercredi, alors qu'en temps normal, une communication est commandée des semaines à l'avance.

Serge Lasvignes s'applique tout particulièrement sur le casting : « Un Conseil des ministres, c'est comme une mise en scène. J'essaie de monter un spectacle varié. Une des trois com' est souvent dictée par l'actualité. Pour les deux autres, il faut alterner les sujets, trouver un équilibre entre les interventions, les ministres, les thèmes. »

Le secrétaire général du gouvernement connaît ses acteurs. À partir d'une communication rédigée par leur cabinet, certains récitent docilement, là où Xavier Bertrand et Laurent Wauquiez organisent un traitement très politique, marquant les clivages. Il y a les bavards comme Michèle Alliot-Marie, les très synthétiques comme Bruno Le Maire ou François Baroin, les pédagogues comme Christine Lagarde, et les imprévisibles comme Jean-Louis Borloo. Impossible de programmer uniquement des secrétaires d'État situés en bout de table, qu'on écoute forcément avec moins d'attention. Et puis, Lasvignes connaît les chouchous qui n'agaceront pas le président, et les autres qui, au contraire...

Parmi les souffre-douleur, Christine Albanel, la ministre de la Culture jusqu'en juin 2009, verra souvent sa communication « sucrée » en fin de Conseil par la formule présidentielle : « Tu nous la feras la semaine prochaine, on n'a plus le temps, là. »

Nicolas Sarkozy s'implique tellement peu dans l'ordre du jour qu'il semble parfois découvrir certaines nominations ou décorations pendant le Conseil. Impensable chez ses prédécesseurs !

Un jour, il s'étonne du choix du nouveau président de l'APE[1], la structure qui détient les participations de l'État dans les entreprises, présenté par Bercy et la Défense.

— *Avez-vous rencontré le patron ? Quel est son projet d'entreprise ?*

Ni Christine Lagarde ni Hervé Morin ne sont en mesure de répondre. Le nouveau titulaire du poste, Jean-Dominique Comolli, attendra une semaine de plus pour voir sa nomination entérinée.

Une autre fois, c'est la nomination d'un ambassadeur qui fait l'objet de plusieurs allers et retours entre le Quai d'Orsay et l'Élysée. Kouchner en propose un, Sarkozy un autre. Tout le monde met son grain de sel : le conseiller diplomatique Jean-David Lévitte, le directeur de cabinet Christian Frémont, le secrétaire général Claude Guéant. Visiblement, le nom qui atterrit dans le dossier du Conseil des ministres n'est pas celui qu'avait compris le président. Là encore, retour à l'envoyeur.

1. Agence des participations de l'État.

Au besoin – autre nouveauté du Conseil sarkozien –, le chef de l'État interpelle Guéant qui veille personnellement sur toutes ces listes, comme pour cette Légion d'honneur accordée à un vieux gaulliste « multimédaillé », inscrit sur le contingent du ministère de la Défense sans qu'Hervé Morin ne soit prévenu. Guéant fait entendre sa voix dans le salon Murat, ce qui est nouveau pour un secrétaire général. Cette fois pourtant, à court d'arguments, il renvoie à plus tard.

En 2007, fait unique dans les annales de l'Ordre national du Mérite, une promotion entière du 11 Novembre est refusée en bloc par le président :

> — *J'ai sous les yeux 1 340 nominations et je vois... seulement un tiers de femmes ! Vous allez me revoir tout ça. Je veux la parité partout.*

Pour certains secteurs, on est loin du compte. Parmi les bonnets d'âne, la liste présentée par le ministère du Budget et de la Fonction publique d'Éric Woerth arrive péniblement à une femme sur dix, et le secrétariat d'État chargé des Entreprises et du Commerce extérieur d'Hervé Novelli à une sur vingt !

Un lointain prédécesseur de Lasvignes s'étrangle en imaginant de tels affronts. « Si quoi que ce soit était bloqué en Conseil des ministres, je considérais que je n'avais pas fait correctement mon travail en amont[1] », analyse Marceau Long, qui a officié sous Giscard et durant la première année de Mitterrand.

Sous Sarkozy, l'Élysée exige pourtant que le dossier final soit sur le bureau plus tôt que pour ses prédécesseurs : 18 heures le mardi, 19 heures dernier carat – une heure où tous les arbitrages ne sont d'ailleurs pas forcément rendus. Pas simple.

1. Entretien avec Marceau Long, 4 mai 2011.

Le dossier arrive… à vélo, grâce aux coursiers-gendarmes de Matignon, avec ses quatre pochettes – parties A, B, C et D – pleines des textes de décrets, de projets de loi, d'avis du Conseil d'État, de communications de chaque ministre. Des feuilles roses, des bleues, des vertes : un pavé très codifié, épais de sept ou huit centimètres parfois. À l'Élysée, on sort alors les ciseaux et la colle pour constituer une version élaguée. On y glisse aussi les fameux « éléments de langage », une fiche par sujet – comme pour Chirac –, même pour des thèmes moins stratégiques comme le commerce du bois ou l'opération « vacances tranquilles ».

Pour la petite histoire, le mercredi matin, le secrétaire général du gouvernement place quand même un nouveau dossier intégral à côté de la place du président, qui en a donc deux. « Je ne veux pas qu'on puisse dire qu'il lui manquait un document à la table du Conseil et qu'un texte a été adopté sans avoir tous les éléments », se justifie le prudent Lasvignes. Formalisme, quand tu nous tiens…

Le grand « Sarko show » peut alors commencer. Il teste ses arguments politiques.

Au printemps 2011, la prime contre dividendes va naître de cette manière. Après un premier round devant les parlementaires de la majorité le mardi matin, il y revient en Conseil. « Il rode les formulations, l'éloquence, il s'exerce avec public, il observe ce qui fait mouche, analyse Serge Lasvignes. Au passage, il a dans l'idée qu'il est là pour instruire les ministres et leur donner des éléments de langage. » Comme ses prédécesseurs, Sarkozy joue au prof dans les domaines réservés du président : politique étrangère et défense. Plus que tous les autres, en revanche, il met les ministres dans la confidence, façon de leur signifier sa confiance. Hervé Morin, pourtant si acerbe après son éviction du gouvernement, salue lui-même une grande démonstration souvent très bien faite. « Il permet aux membres du gouvernement d'avoir un niveau d'information qui, probablement, n'a pas de précédent », reconnaît l'ancien ministre de la Défense, avant de railler le « côté Zorro de Sarko ». « Grosso modo, il est le grand ordonnateur du monde[1]. »

Sans ironie aucune, en revanche, Bernard Laporte reste aujourd'hui baba du retour de Nicolas Sarkozy de Géorgie, durant l'été 2008. La France préside l'Union européenne lorsque, dans la nuit du 7 au 8 août, les troupes géorgiennes avancent en Ossétie du Sud, territoire séparatiste prorusse. Immédiatement, les troupes russes, massées à la frontière, entrent à leur tour chez leurs voisins géorgiens. Le 13, face à l'escalade, Sarkozy écourte ses vacances, saute dans un avion et fait signer un plan de paix aux deux présidents belligérants : fin des combats, retour de chaque armée sur ses positions antérieures, lancement de négociations internationales sur le statut de l'Ossétie du Sud.

À son retour, exposé triomphant aux Conseils du 21 et du 27 août. Le président conciliateur raconte ses entretiens avec Medvedev et Poutine :

> — *L'affaire de la Russie est une affaire difficile. On ne peut accepter leur façon de procéder, ce type de décision unilatérale. Ce n'est pas à eux de décider des frontières de la Géorgie. Ces gens ont un droit à l'autodétermination, comme au Kosovo. Quoi qu'il en soit, il faut garder les voix du dialogue avec eux ouvertes. Et je vous signale quand même que nous sommes les seuls à porter ce dossier.*

En bout de table, Bernard Laporte est bluffé. « On avait l'impression qu'il avait arrêté la guerre à lui tout seul. Putain, c'était génial[2]. »

1. Entretien avec Hervé Morin, 15 décembre 2010.
2. Entretien avec Bernard Laporte, 22 novembre 2010.

Le numéro d'autosatisfaction est un exercice récurrent en Conseil des ministres sous Sarkozy. La page deux du *Canard enchaîné* en regorge semaine après semaine.

Ainsi, à la fin du printemps 2011, après trois mois de frappes infructueuses en Libye, Kadhafi semble indétrônable, mais Nicolas Sarkozy trouve matière à se réjouir au Conseil du 8 juin :

> — *Je suis tellement content de voir, en Libye, la France à la tête de l'Otan. Ah ça, on n'est pas gênés par les idées des autres au niveau international. C'est la tétanie de l'intellect. La France est la seule à penser. On est le pays qui fait la course en tête. C'est logique, celui qui a des idées a toujours raison à la fin*[1].

Toujours d'après *Le Canard enchaîné*, Nicolas Sarkozy a testé, la semaine précédente, au petit déjeuner de la majorité, l'idée d'un troc : « Départ de Kadhafi contre engagement à ne pas le faire comparaître devant le Tribunal pénal international. » Le premier test n'a pas dû être concluant, car l'idée n'a pas été suivie des faits, et n'a même pas été évoquée au Conseil des ministres le lendemain.

Ce franc-parler permet en tout cas d'observer ce président entre réalisme cynique et erreur d'appréciation de l'Histoire.

Frédéric Mitterrand n'avait jamais raconté ces Conseils de l'hiver 2010-2011, au tout début des Printemps arabes[2].

Pendant les premières semaines de manifestations jusqu'à la fuite du dictateur tunisien Ben Ali, le 14 janvier 2011, la France ne bouge pas et refuse de condamner la répression, en

1. *Le Canard enchaîné*, 15 juin 2011.

2. Entretien pour le documentaire TV avec Frédéric Mitterrand, 19 novembre 2012.

vertu de la non-ingérence. L'ancien ministre de la Culture, lui-même critiqué pour avoir trop longtemps soutenu le régime en place, affirme pourtant avoir alerté le président, en Conseil, dès le mois de décembre. Mohamed Bouazizi, ce marchand ambulant à qui les autorités tunisiennes avaient confisqué ses étals, s'est immolé par le feu trois jours plus tôt. Il est dans le coma. La rue tunisienne commence à gronder.

Au Conseil du 22 décembre, Mitterrand le Tunisien – il est naturalisé – demande la parole à Nicolas Sarkozy, après la communication du ministre des Affaires étrangères :

> — *Je pense qu'il ne faut pas sous-estimer ce qui est en train de se passer en Tunisie.* Via *Internet, on perçoit très bien la mobilisation qui monte. Pour la première fois, je ne suis pas sûr que Ben Ali tienne très longtemps.*

La réponse du président claque comme une sentence dans le salon Murat :

> — *Mieux vaut un dictateur corrompu et pas sanguinaire que des forcenés.*
>
> — *Monsieur le président, je vous assure qu'il y a pourtant un vrai danger...*

La discussion s'engage, preuve qu'elle peut occasionnellement avoir lieu. Mais la France ne modifie en rien sa position. Pas plus qu'elle n'interviendra au retour des fêtes de Noël.

Frédéric Mitterrand fait passer un petit mot au chef de l'État : « Monsieur le président, je pense que la situation en Tunisie est beaucoup plus grave qu'on ne le dit. » Cette fois, le ministre de la Culture n'obtient pas la parole.

> — *Oui, Frédéric. Je sais ce que tu vas nous dire. Je t'ai déjà répondu.*

Ben Ali prend la fuite une semaine plus tard, le 14 janvier.

Sur d'autres dossiers internationaux, le Conseil permet en revanche d'observer l'évolution du président. Sur l'élargissement de l'Alliance à la Géorgie notamment.

« Bien avant la crise de 2008, il y était très favorable, se souvient Hervé Morin. Même chose pour l'entrée de l'Ukraine. C'est la seule fois où je suis intervenu pour marquer une inquiétude. » Évolution sur la politique européenne également. « Au début, il ne cessait d'expliquer que l'axe franco-allemand, c'était un schéma du passé que rabâchent les diplomates en manque d'imagination, poursuit l'ancien ministre centriste. L'avenir, à l'en croire, se jouait désormais avec les Anglais. Il lui a fallu huit ou neuf mois pour comprendre que l'Europe passait bien par cet axe Paris-Berlin. »

Semaine après semaine, le chef de l'État s'emporte contre les provocations nord-coréennes sur le nucléaire. Il a bien sûr quelques têtes de Turc parmi les grands de ce monde : le Russe Medvedev, le Vénézuélien Hugo Chavez, le « fou », comme le qualifie le conseiller diplomatique de l'Élysée Jean-David Lévitte – *dixit* WikiLeaks[1]. Très souvent, il se paie Laurent Gbagbo. « Quand le président ivoirien a été arrêté [le 11 avril 2011], cela faisait au moins deux ans qu'il l'avait dans le pif », se souvient un ministre anonyme.

Il fait rire avec ses formules. Régulièrement, Brice Hortefeux donne un coup de coude à Luc Chatel, le porte-parole : « Tu notes celle-là, hein ? » Lequel Chatel s'indigne surtout des fuites : « C'est vrai qu'il est drôle, mais la phrase "Obama mou du genou", par exemple, n'aurait jamais dû sortir. C'est irresponsable ! Imaginez la réaction de l'ambassadeur des États-Unis en France[2]... » Comme si le problème était la langue trop pendue des ministres, non le manque de retenue

1. WikiLeaks, entretien de Jean-David Lévitte avec le sous-secrétaire d'État américain Philip Gordon en septembre 2009.
2. Entretien avec Luc Chatel, 5 avril 2011.

et de prudence du président. « Oh, c'est sa personnalité. Il est comme ça », dédramatise Chatel, un peu embarrassé.

Jeux de mots, croche-pattes, dérision, l'humour vache fait incontestablement partie du management sarkoziste.

Finalement, tous ces ministres qui reprennent en chœur l'expression « conseil d'administration » ont raison sur un point : Nicolas Sarkozy a fait de ce Conseil un stage hebdomadaire de dynamique de groupe, un instrument d'adhésion à sa propre politique. Quelques coups de gueule, mais plus encore des couches de pommade, quelques pics de décibels et beaucoup de caresses verbales. De la pièce adjacente, sous la verrière, où s'installent quelques conseillers prêts à dégainer pour le compte rendu dès la sortie, on entend parfois le ton monter.

Là où Valéry Giscard d'Estaing déroutait par sa causticité, Nicolas Sarkozy désarçonne par ses colères. Surtout dans les premières années de son quinquennat. Rama Yade, l'incontrôlable secrétaire d'État aux Droits de l'homme, prend des savons. Christine Albanel aussi. À l'intérieur, les témoignages le confirment, mais évoquent aussi – ce qui ne figure pas dans la palette de VGE – les satisfecit ou soutiens appuyés aux ministres en difficulté. Une méthode qui parle forcément à l'ancien coach Laporte : « Sarko, il te met en valeur. Il valorise plus qu'il ne critique. C'est comme dans le sport : si les mecs ne parlent que quand ça ne va pas, ça ne marche pas. La phrase qu'il répétait souvent c'était : "C'est pas facile d'affronter la crise financière, mais vous pourrez être fiers d'avoir fait partie du gouvernement à cette période-là." Lui, il fait passer ça. C'est là qu'il est bon. Ce n'est pas un discours protocolaire. »

Loin du protocole en effet, Nicolas Sarkozy pousse la complicité jusqu'à évoquer sa vie privée. En Conseil ! Quelle rupture là encore ! Imagine-t-on de Gaulle évoquer Tante Yvonne, Giscard Anne-Aymone, ou Chirac Bernadette ?

Début 2008, ses troisièmes noces avec la chanteuse-mannequin Carla Bruni s'étalent dans tous les magazines et le comblent de bonheur. Aucune raison, selon lui, de ne pas en faire état au Conseil :

> — *Je sais que certains d'entre vous ne savent pas comment me féliciter pour mon mariage. J'ai fait ça discrètement, c'était impossible de vous y associer. Mais sachez que ce bonheur est important pour mon équilibre. J'y ai droit, quand même.*

« Il n'était pas peu fier », confient plusieurs ministres présents ce jour-là. D'autant que François Fillon a repris la parole pour le féliciter au nom du gouvernement et lui présenter tous ses vœux de bonheur.

Six mois plus tard, Carla Bruni surgit une deuxième fois dans la chronique du Conseil. En chair et en musique. Pour la dernière séance avant la trêve estivale le 28 juillet, les jeunes mariés offrent un pot dans un salon de l'Élysée… et Carla son dernier CD. Le titre semble trouvé sur mesure : *Comme si de rien n'était.* Tout à son impatience de cette petite fête, le président abrège même l'une des rares communications du secrétaire d'État aux Sports :

> — *Bernard, tu connais ça par cœur, tu vas nous la faire courte, hein ?*

Deux minutes montre en main, jure Laporte, qui n'a pas eu à regretter sa concision. « Le CD, elle me l'a dédicacé pour ma fille : "À Marine, signé Carla Bruni." J'étais content. »

Conséquence directe ou hasard de calendrier, le mariage du président avec Carla coïncide avec son intérêt (re)découvert pour la littérature et le cinéma d'auteur. Désormais

« piqué de culture », selon la formule de Roselyne Bachelot, il saisit le rendez-vous du mercredi pour en faire profiter tout le monde.

Très souvent, il arrive avec un Dostoïevski – qu'il pose à côté de son sous-main – ou le récit d'un film des années 1950 ou 1960. Il s'embarque dans un laïus sur Dreyer, le réalisateur danois, ou sur Bresson... devant des ministres effarés. « Un jour, rapporte Frédéric Mitterrand, il nous a fait cinq minutes sur Yasujirō Ozu ! *Voyage à Tokyo*[1], qui est l'un des plus beaux films du monde, il l'avait vu six fois pendant le week-end. Aucun ministre n'avait jamais entendu parler du réalisateur japonais. » Des petits mots affluent alors de toute la table : « Ozu, comment ça s'écrit ? » L'ancien ministre de la Culture s'en amuse et poursuit : « C'est comme Catherine Deneuve dans *Potiche* qui va voir les syndicalistes en fourrure et les appelle "mes amis". Eh bien là, c'est pareil, le président faisait un cours sur l'importance d'Ozu. Il y a certains ministres qui en étaient restés aux *Visiteurs*, et tout ça leur était totalement étranger. Après, plusieurs m'ont tapé sur l'épaule, en me demandant : "Tu as des cassettes d'Ozu ?" »

Dans le discours et l'atmosphère, les deux dernières années marquent quand même le retour à plus de formalisme en Conseil. Finis les prénoms – ou presque. Les fonctions réapparaissent dans les discussions. À l'époque, les conseillers de Nicolas Sarkozy et les journalistes politiques n'ont qu'un néologisme à la bouche : il se « représidentialise ». Au Conseil des ministres également.

Ce qu'ils taisent, en revanche, c'est qu'une forme de déprime guette à l'approche de la campagne présidentielle

1. Film sorti en 1953.

de 2012. Roselyne Bachelot l'évoque dans son livre[1] paru un mois seulement après la défaite. Pour elle, le Conseil du 21 décembre 2011 est « à marquer d'une pierre noire ». La gaulliste historique, probablement déjà mal à l'aise avec le ton de cette campagne, décrit, dans le salon Murat, un « état dépressionnaire aigu », « des ministres épuisés, pétrifiés », « une ambiance mortifère », un « Sarko stressé, nerveux ».

Début janvier, le président, pas encore officiellement candidat à sa succession – il se dévoilera le 15 février – mais déjà battu dans les sondages, tente de remuer ses troupes. Le 11 janvier, il affiche ce même visage gris, éreinté, fermé, tel que le décrivait Jean-Pierre Raffarin, Premier ministre de Jacques Chirac, aux grandes heures du duel avec Dominique de Villepin.

> — *Je ne suis ni optimiste ni pessimiste*, déclare-t-il. *Il faut de la concentration et du sang froid. Il faut se battre. Le soldat qui a peur de se battre, il faut qu'il fasse un autre métier.*

Rebelote le 18 janvier 2012, avec admonestations et véhémence :

> — *Je veux vous voir tous sur le terrain. Vous ne vous battez pas assez.*

Roselyne Bachelot, vexée, interroge le Premier ministre :

« Mais il vise qui, là ?

— Rassure-toi, ce n'est pas toi », lui répond François Fillon.

La ministre des Solidarités et de la Cohésion sociale fait quand même adresser à l'Élysée un état des lieux de ses déplacements. « Je travaillais comme une bête, j'étais sans

1. *À feu et à sang. Carnets secrets d'une présidentielle de tous les dangers*, Flammarion, 2012.

arrêt sur le terrain, se justifie-t-elle. Et quand on se déplaçait avec lui, on était réduits au rôle de chandelier. Donc je trouvais ces accusations assez injustes[1]. »

En Conseil, c'est désormais le candidat Sarkozy qui interpelle ses militants, et plus le président.

1. Entretien pour le documentaire TV avec Roselyne Bachelot, 14 novembre 2012.

6

LE TRIBUNAL PERPÉTUEL

« Retenez-moi ou… je remanie. » La menace aura été brandie durant cinq mois au cours de l'été et de l'automne 2010.

Fin juin, plombé par les scandales à répétition – les cigares de Christian Blanc, le permis de construire d'Alain Joyandet, le HLM de Fadela Amara et la « saga Bettencourt » d'Éric Woerth –, Nicolas Sarkozy annonce un remaniement important. Mais il a encore besoin de son ministre du Travail, Éric Woerth, pour faire adopter sa réforme des retraites à l'automne. Le remaniement n'interviendra finalement que le 14 novembre, et sera franchement *light*. En attendant, au Conseil comme ailleurs, les ministres passent cinq mois douloureux. Subissant – ou suscitant – pronostics, rumeurs et coups fourrés.

Un mercredi d'automne dans le salon Murat, le président Sarkozy, un rien sadique, va jusqu'à prendre une feuille et, ostensiblement, tracer deux colonnes. Aussitôt, autour de la table, chacun le soupçonne en train de faire son *mercato*, comme un entraîneur de foot cherche, à l'intersaison, à s'attacher les services de meilleurs joueurs et à se débarrasser des tocards. « Il était assis un peu en retrait, au fond de son fauteuil », campe, après coup, un ministre de la jeune garde chiraquienne. « Son regard passait en revue chaque personne et on le voyait noter des noms. Puis les barrer. D'un côté ou de l'autre. Manifestement, il dressait sa liste. On s'est tous dit qu'il imaginait son nouveau casting. Évidemment, personne n'a réussi à lire les noms. Mais ce n'était pas très rassurant. »

Bizarrement, le seul vraiment épargné dans cette période est Éric Woerth, soutenu, encouragé, félicité par le président au fil des Conseils et des coups encaissés dans l'affaire Bettencourt :

> *— Je voudrais souligner le courage avec lequel le ministre du Travail se bat pour défendre cette réforme. J'aimerais bien que les autres montent au front avec lui.*

Dans l'adversité, serrons les rangs. On le dit humainement attaché à l'individu Woerth, à qui il prédit un avenir à Matignon. Soit. Mais il a surtout une hantise : que le ministre du Travail laisse en plan sa réforme ! L'effet serait désastreux.

Si Woerth n'a rien à craindre pour son poste, pour tous les autres ministres, le sentiment d'insécurité s'accroît. Même pour le Premier. Plus le temps passe, plus les hypothèses Borloo ou MAM à Matignon gagnent du terrain, et plus François Fillon s'éteint au Conseil. Peu présent jusque-là, le voilà transparent. « Certains mercredis de septembre, lorsqu'il croyait que Borloo allait vraiment le remplacer, il n'ouvrait plus la bouche de toute la séance[1] », se souvient le centriste Hervé Morin, alors ministre de la Défense. Le moindre recadrage du président à son égard ferait, à coup sûr, le tour de Paris dans les cinq minutes. Cela n'empêche pas François Fillon de lâcher quelques vacheries lors de ses sorties. En arrivant aux Universités d'été de l'UMP à Biarritz fin septembre, il ridiculise son rival qui, dit-il, « a une peur bleue en avion ». Ça vole haut.

1. Entretien avec Hervé Morin, 15 décembre 2010.

Au Conseil, Borloo, lui, se montre détendu. Il jure, et il jurera par la suite, qu'il n'a jamais été question de remplacer Fillon à Matignon. Encore un coup du « marquis de Source sûre », qu'il invoque si souvent. Pourtant, l'ex-maire de Valenciennes consulte bel et bien les ministres sur leurs « priorités pour la France en 2012 ». « Il constituait même son cabinet pour Matignon, confirme Dominique Bussereau, sorti en même temps que lui. Au Conseil, le président, qui était le voisin de Jean-Louis, passait son temps à bavasser avec lui, soit pendant les interventions techniques dont il n'avait rien à faire, soit pour montrer à Fillon qu'il n'y avait pas que lui[1]. » Résurgence de cette vieille technique apprise auprès de Jacques Chirac lors des pics de tension face à Dominique de Villepin, Premier ministre en 2005. Jean-Louis Borloo, d'un naturel plutôt affable, ne se fait pas prier pour entrer dans ce jeu. Le retour de balancier n'en sera que plus visible au Conseil.

Non pas que le ministre de l'Écologie ait perdu Matignon uniquement à cause d'une mauvaise prestation dans le salon Murat, mais sa « médiocrité » au mauvais moment n'a sans doute rien arrangé. Mi-octobre, la rue rechigne à réformer les retraites. Grèves d'éboueurs, blocage des raffineries. Les poubelles font le plein, les stations-service font le vide. Au Conseil du 13 octobre, lorsque Nicolas Sarkozy réclame plus d'engagement des ministres concernés, Borloo reçoit le message cinq sur cinq et demande la parole – ce qu'il fait rarement en dehors de ses communications. Avachi sur sa chaise, ici comme partout, l'ancien avocat s'enferre dans un tunnel incompréhensible. « Un fatras fait d'"énergie de demain" et de "financements innovants" », rapporte un membre du gouvernement présent ce jour-là. Éric Woerth, ministre du Travail, se tourne vers son voisin, Luc Chatel, en charge de l'Éducation : « T'as compris quelque chose, toi ? »

1. Entretien avec Dominique Bussereau, 4 avril 2011.

Deuxième salve, la semaine suivante, le 20. Cette fois, le nom de Borloo figure à l'ordre du jour pour une communication sur la situation sociale. Le «zozo», comme le surnomme François Fillon depuis qu'il a, sur ses conseils, expliqué sur TF1 qu'il n'y aurait pas de pénurie d'essence, dresse un tableau plus noir de la situation. «Si le pays ne manque pas de carburant, compte tenu des stocks abondants dans les dépôts, la situation logistique est tendue et n'a pas permis ces derniers jours de répondre de façon satisfaisante à l'accroissement considérable de la demande au niveau des stations-service. Il en résulte une situation difficile, avec hier après-midi près de 40 % des stations présentant des difficultés d'approvisionnement.» Voilà pour la version écrite transmise à la presse. Mais à nouveau, la version orale, façon Borloo-des-matinées-difficiles, est embrumée. À nouveau, les partisans de Fillon se gaussent dans le salon Murat. Trois semaines plus tard, c'est un nouveau bail que signe le Premier ministre pour Matignon.

Un ancien ministre de l'ère Mitterrand, fin connaisseur de la IVe République par son père, observe le manège avec désolation. «Contrairement à ce qui se passait sous la IVe, les ministres de la Ve se disent qu'ils sont peut-être là pour cinq ou sept ans, analyse Pierre Joxe. Ils savent qui les a nommés. Ce qui explique qu'on puisse faire un remaniement en disant, pendant cinq ou six mois: "Je vais remanier, je vais remanier." C'est extrêmement fort. C'est une façon de fixer tous les mecs en regardant qui se dévoile. C'est uniquement fait pour ça. Il crée l'instabilité dans le gouvernement en faisant ça. La crise gouvernementale, c'est lui qui la décide[1].»

Qu'ils soient de premier plan ou au bas de l'échelle hiérarchique, nombreux sont les ministres à «s'être loupés», un

1. Entretien avec Pierre Joxe, 5 octobre 2010.

jour, sur leur communication. Chance unique gâchée pour Guy Hascoët, secrétaire d'État venu expliquer « l'économie solidaire ». « Ça devait être son jour de gloire, se souvient Yves Cochet, son ministre de tutelle en 2001 et 2002. Il a lu un truc de treize ou quatorze pages pendant douze ou treize minutes. On voyait les mecs, que ce soit Chirac, que ce soit Jospin, tous en train de s'endormir. Il s'est fait chambrer à la fin. "Ah ben oui… C'est quand même très important quand on voit le temps que t'as parlé[1]…" »

Durant le second quinquennat de Jacques Chirac, Pierre-André Wiltzer, ministre délégué à la Coopération de 2002 à 2004, horripile également le président qui tente de le stopper en moulinant des bras dans un éclat de rire général. « Merci pour cette communication passionnante », lui envoie-t-il un jour, alors qu'il reste encore au ministre deux pages à ânonner.

François Mitterrand n'était pas plus tendre. Alors ministre de la Justice, Henri Nallet présente une énième réforme de la procédure pénale visant à garantir les libertés individuelles et rendre plus efficace l'instruction, lorsqu'il s'entend dire par le président, caressant ses mains : « Bien intéressant, votre communication. Mais vous savez, monsieur le garde des Sceaux, j'admire votre enthousiasme, parce que tout ça c'est du petit bois pour le feu[2]. »

De quoi flanquer la trouille même aux plus expérimentés. Pour certains, c'est la boule au ventre, les matins où ils doivent intervenir au Conseil. Pas besoin de lire l'ordre du jour, il est écrit sur le visage de Christine Albanel, ministre de la Culture, le souffre-douleur du président Sarkozy. « Sans doute aurait-elle moins souffert à la fin du mandat », estime Serge Lasvignes, qui constate une tendance à l'apaisement à un an de la présidentielle de 2012. Christian Blanc aurait également

1. Entretien avec Yves Cochet, 26 novembre 2010.
2. Mathieu Delahousse, *Justice, le ministère infernal*, Flammarion, 2009.

scellé son sort, assez tôt, lors d'une communication insupportable sur le Grand Paris. « Il était grillé avant même l'histoire des cigares », s'amuse Hervé Morin qui rapporte volontiers l'un de ses propres moments de solitude.

Ce jour de 2010, par le jeu des absents et des présents, le ministre centriste se retrouve exceptionnellement face à François Fillon, qui le voit faire « non » de la tête. « Je n'étais pas d'accord avec la réforme du mode de scrutin pour les élections territoriales. Le texte garantissait à l'UMP et au PS de capter à peu près tous les postes des conseillers territoriaux. »

> — *Je rappelle aux membres du gouvernement que ça les engage une fois que le texte est voté. N'est-ce pas, monsieur le ministre de la Défense ?* lance Fillon.
>
> — *Hervé, qu'est-ce que tu veux dire ?* insista Sarkozy.
>
> — *Euh...*

« Comme je n'avais pas préparé, j'ai eu beaucoup de mal à expliquer clairement pourquoi ce mode de scrutin était une aberration. J'avoue, j'ai été très moyen », concède l'ancien ministre de la Défense, soucieux de préserver les intérêts de sa petite formation, le Nouveau Centre.

Et Sarkozy de conclure :

> — *Je remercie le ministre de la Défense pour ses explications extrêmement claires !*

Une semaine plus tard, Morin relancera le sujet de manière plus convaincante lors du petit déjeuner de la majorité. Le projet sera finalement abandonné.

Durant le Conseil, après chaque prise de parole, la conclusion du président fait office de verdict. Les élèves attendant leur note. Ce que confirme le secrétaire général en 2011, Serge Lasvignes. « L'enjeu, pour le ministre, ce n'est pas la communication elle-même, c'est ce qui suit. Le président va-t-il dire merci ? Va-t-il apporter un commentaire ? Ou au contraire rester silencieux ? S'il ne dit rien, c'est soit que le sujet ne l'a pas intéressé, soit qu'il est en froid avec le ministre. Et comme ça, tout le monde le sait[1]. »

Se faire reprendre ou contredire en cours de communication est sans doute pire. Au printemps 1966, Edgard Pisani se fait « moucher » par Georges Pompidou. Le voilà à la tête d'un nouveau grand ministère de l'Équipement, taillé sur mesure pour Giscard qui l'a dédaigneusement refusé. Ce jour-là, exceptionnellement, les ministres sont autorisés à contester leurs enveloppes budgétaires... sans garantie de résultat, loin de là. Mais Pisani s'y risque, expliquant que la situation du logement est « tragique ». Fureur du Premier ministre :

> — *Je demande qu'on ménage les adjectifs. On ne peut appliquer le terme de tragédie à la situation d'un ministère où l'on vient d'accéder. C'est un peu trop violent pour la situation antérieure. La construction a baissé en 1966, mais elle n'avait jamais été aussi forte qu'en 1965.* [...] *Nous n'avons pas changé de président ni de Premier ministre. Je ne peux pas laisser dire que la situation est tragique, comme si cela résultait de l'incapacité du ministre antérieur.*

De façon plus anecdotique, les circonstances piègent aussi parfois les membres du gouvernement. Pour Hélène Missoffe, ce fut Jugurtha, le labrador de VGE. Avec huit enfants à la maison, la secrétaire d'État, femme de ministre du Général, n'est pas du genre à faire des chichis. Son franc-parler est même ce qui lui vaut ce portefeuille à un an de législatives mal embarquées. Son courage à l'Assemblée aussi où, comme jeune députée RPR, elle a pris les coups au côté de Simone Veil pour faire légaliser l'avortement. Tombée en politique

1. Entretien avec Serge Lasvignes, 31 mai 2011.

par amour, pour suppléer son parlementaire de mari hospitalisé, la secrétaire d'État n'ignore toutefois rien du formalisme auquel le président tient encore plus qu'à son labrador. C'est dire... Collier de perles fines, jupe droite et col pelle à tarte, dame Missoffe n'arbore pas la rigueur du chignon d'une Marie-France Garaud ou d'une Simone Veil, mais plutôt la coupe courte, raie sur le côté. Elle a définitivement cessé d'être embarrassée le mercredi où elle a vu André Malraux franchir la porte de son domicile, amené à l'improviste par son mari après le Conseil. Au déjeuner familial, les huit enfants s'étaient un peu serrés. L'aînée, Françoise – future Panafieu –, avait partagé son steak et le prix Goncourt s'était régalé, savourant visiblement tant de simplicité.

Point d'embarras par conséquent cet autre mercredi de l'hiver 1977-1978 dans le relais de chasse présidentielle de Marly, où Giscard réunit un Conseil décentralisé. Les pieds trempés par la neige qui tombe à gros flocons, Hélène Missoffe se déchausse sous la table... Un seul détail lui a échappé : Jugurtha y a élu domicile. Le labrador présidentiel, pas gêné – lui non plus –, s'approche, tourne autour, renifle, lèche et finalement – crac ! – lui déchire le collant. « Je lui ai donné un grand coup de pied, il a filé en aboyant[1]. » Instantanément, quarante paires d'yeux ahuris visent le bout de la table. Pratiquement que des hommes à gros souliers qui n'ont pas le même problème. Missoffe, lanterne rouge au protocole, joue la fille indignée.

« Mon p'tit, tout le monde te regarde, tu viens de signer ton arrêt de mort, chuchote son voisin.

— J'm'en fiche, de toute façon j'suis là jusqu'aux élections dans deux mois. C'est pour ça que Barre m'a fait venir. »

1. Entretien avec Hélène Missoffe, 10 janvier 2011.

La secrétaire d'État – qui ne manque pas de chien – passera tout le déjeuner sans bas : « M'en fichais aussi, personne ne pouvait le voir, c'était sous la table… »

Éviter les labradors, ménager les adjectifs – comme dit Pompidou –, ne pas critiquer ses prédécesseurs, savoir se taire dans les périodes moroses, voilà les règles pour qui ambitionne de durer au salon Murat. Certains pourtant font le pari de s'en affranchir. Avec plus ou moins de succès.

Parmi les rois du coup de poker : Alain Lambert. En 2002, le rusé ministre délégué au Budget arrive au gouvernement avec la conviction que tous ses collègues sont des paniers percés. Avec le ministre de l'Économie, il ose l'intox, présentant parfois des tableaux extrêmement pessimistes pour doucher certaines ardeurs. « De temps en temps, Francis Mer m'appelait de Bruxelles s'il était bloqué en Ecofin[1], pour me dire où en étaient les discussions sur tel ou tel sujet. Et il me suggérait : "Dis-leur ça, ça va leur foutre la trouille !" Attention, je ne présentais jamais de chiffres faux, mais toujours orientés. » Le jeu, pour ceux qui s'y risquent, se déroule entre le Premier ministre et les deux secrétaires généraux qui connaissent les coulisses des dossiers. Et dans le rôle du juge de paix, le président Jacques Chirac.

« À l'oral, j'arrivais à faire acter des choses que je n'avais pas encore arrachées à Matignon. Il suffisait de dire : "Je pense que le Premier ministre suivra ma recommandation sur ce sujet." Là, je détaillais mon idée. Naturellement, le secrétaire général notait. Chirac, qui n'y connaissait pas grand-chose en économie, pour peu que le problème soit présenté avec un peu de bon sens, disait : "Ben oui, on va faire comme ça." Et c'était gagné ! Ça fonctionnait d'ailleurs dans l'autre sens aussi. Si Raffarin voulait forcer un peu la main de Chirac, il

1. Conseil des ministres européens de l'Économie et des Finances.

me disait: "Profites-en pour le dire en Conseil des ministres, parce que moi, je n'ai pas convaincu le président." Et parfois, c'était suffisant[1] ! »

Redoutable arme de combat, également : la flatterie. Flagorner permet de neutraliser les défenses avant de tenter une requête délicate. Experte en chef, Christine Lagarde, vingt-cinq ans d'expérience chez Baker & McKenzie, l'un des plus grands cabinets d'avocats d'affaires au monde. De retour de sommets internationaux avec ses collègues de l'Économie, la patronne de Bercy y va de son compliment. « Le président de la République a obtenu un succès inouï au G8 et au G20… » Ensuite, la voie est libre pour exposer son projet avec plus de chances de le voir aboutir. Technique imparable de négociateur, qui l'a d'ailleurs menée jusqu'au sommet du FMI.

Ficelle grossière, diront certains. Surprenante naïveté, en effet, de la part d'un président qui a sans doute passé l'âge de se gargariser de tels passages de cirage. Et pourtant ! « On ne meurt jamais d'une indigestion de compliments », s'amuse Jean-Louis Debré, qui l'a lui-même constaté sous Chirac. « Tous les présidents de la République française ont besoin de ça, confirme Serge Lasvignes. C'est le rappel régulier qu'ils sont à la tête de l'exécutif, qu'ils ont une légitimité particulière parce qu'ils sont élus au suffrage universel direct. C'est ce qu'on appelle le monarchisme à la française. »

Dans le rôle de champion de l'étalage de pommade républicaine, on trouve souvent le Premier ministre lui-même. Ainsi, Jean-Pierre Raffarin félicitant le président Chirac au lendemain d'une intervention télévisée :

— *Au nom du gouvernement, je tiens à vous dire, monsieur le président, que vous avez été formidable.*

1. Entretien avec Alain Lambert, 15 avril 2011.

Autre expert du bouquet de fleurs, François Fillon. En novembre 2010, soulagé après cinq mois d'incertitude, il se voit reconduit à Matignon et lance :

— *Monsieur le président, je voudrais vous dire, avec gravité et avec émotion, toute la confiance que je vous porte.*

Et Sarkozy de répondre, non sans une certaine fierté :

— *Ce peut être important de se dire qu'on s'aime...*

Si tous mettent autant de soin à plaire au président, ce n'est pas simplement pour briller devant lui. Évidemment, il vaut mieux qu'il les repère. Jean-Pierre Raffarin garde le souvenir gêné d'un déplacement avec le président, plusieurs mois après l'entrée en fonction de son gouvernement en 2002. Chirac lui avait demandé : « Qui c'est, celui-là ? » Raffarin, un peu embarrassé : « C'était Hubert Falco, secrétaire d'État aux Personnes âgées et maire d'une ville importante, Toulon[1]. »

Plus généralement, le défi du Conseil consiste à éliminer les concurrents. D'où l'absolue nécessité de masquer ses états d'âme, ou du moins de le tenter. « C'est un monde où il est compliqué de parler de ses faiblesses. C'est compliqué de faire entendre l'intelligence du doute[2] », se souvient Myriam El Khomri qui plusieurs fois, durant l'hiver 2016, arrive au Conseil défaite par un arbitrage défavorable fraîchement rendu, mais reste muette, sauf au petit café. Lucide, elle s'empresse d'ajouter : « De toute façon, dans ces cas-là, ça se voit sur notre tronche ! »

« Un Conseil des ministres, c'est une vigilance de tous les instants pour éviter les couteaux dans le dos », se lamente

1. Entretien avec Jean-Pierre Raffarin, 18 mars 2011.
2. Entretien avec Myriam El Khomri, 7 janvier 2018.

de son côté Hervé Morin, un mois après son limogeage du gouvernement en novembre 2010. L'homme s'avoue « soulagé d'en avoir terminé. C'est en permanence des coups à deux bandes. Avec ceux qui se comportent de façon ignoble pour pouvoir monter au sein de l'UMP, ce qui est l'un des enjeux. Ou alors carrément pour prendre votre place. Moi, je me retrouvais chaque mercredi à la même table que trois ministres qui avaient fait appel à des cabinets privés pour mener des campagnes contre moi, afin de me déstabiliser en vue du remaniement ». Il n'en dira pas plus. À l'époque, la rumeur insistante prête notamment à Nathalie Kosciusko-Morizet et Pierre Lellouche l'envie pressante de devenir ministre de la Défense. Eux-mêmes n'en font pas mystère dans leur entourage. Ce qui, en soi, ne les désigne pas comme commanditaires de la campagne organisée.

Six ans plus tôt, Serge Lepeltier semble lui aussi avoir laissé des plumes dans ce qu'il appelle carrément un « tribunal ». « Le Conseil des ministres, c'est quarante ministres et trente-neuf juges, évalue celui qui avait en charge l'Environnement dans le gouvernement Raffarin en 2004-2005. Tout le monde guette en permanence comment le président a réagi. Parce que, finalement, vous voyez très peu le chef de l'État quand vous êtes ministre. Il faut donc marquer les esprits de façon fine. Votre légitimité vient de votre communication. L'ennui, c'est qu'avec un exposé sur le "bois certifié", vous imaginez ce que les autres en avaient à faire[1]. »

Ce tribunal du mercredi, Nicole Questiaux l'a découvert il y a plus de trente-cinq ans, sous la présidence de François Mitterrand. Entre lucidité et illusions toujours vivaces, l'ancienne ministre de la Solidarité trépigne en imaginant « l'audience » qui s'apprête à démarrer ce mercredi 9 février 2011, jour de notre entretien, en pleine polémique des vacances de MAM en Tunisie

1. Entretien avec Serge Lepeltier, 9 octobre 2011.

et de François Fillon en Égypte. Dire qu'au dernier Conseil de 2010, le président a demandé que personne ne parte loin !

Ce matin encore, Nicole Questiaux sait que les mouches voleront. « Au Conseil, vous êtes sous le contrôle de tout le monde, se remémore-t-elle. C'est comme si vous planchiez ! Imaginez si aujourd'hui j'allais au Conseil, j'aurais envie de dire : "Plusieurs d'entre nous ont pris des avions pour aller passer des vacances au Maghreb en pleine révolution. Cette question est embêtante. Je ne vous critique pas. Mais nous sommes en difficulté, qu'est-ce qu'on fait ?" » Elle s'interrompt, les mains écartées en signe d'impuissance. « Vous ne pouvez pas l'ouvrir sur n'importe quoi, sinon on va dire que vous fayotez... Donc, il faut que ce soit important. Mon vrai regret, c'est que, étant dans un gouvernement de gauche qui tentait une expérience nouvelle, on aurait pu se permettre peut-être une méthode de discussion inédite. Mais la vie politique est beaucoup plus futile et moins étudiée qu'on ne le croit. Le rôle des petites choses et du hasard est considérable. Les gens ne vous parlent pas des choses importantes. Plus c'est important, moins on en parle[1]. »

D'une certaine façon, les remarques de Nicole Questiaux sont quand même entendues ce jour-là. Nicolas Sarkozy annonce que les ministres devront désormais « privilégier la France » pour leurs vacances. « Les séjours hors de l'Hexagone seront soumis à l'aval du Premier ministre et de la cellule diplomatique de la présidence afin d'examiner leur compatibilité avec la politique étrangère de la France », décrète le communiqué officiel. On n'en espérait pas moins.

Au Conseil comme dans les tribunaux, l'inattendu se produit parfois. Un témoin imprévu, une information qui a échappé à l'instruction surgit.

---

1. Entretien avec Nicole Questiaux, 9 février 2011.

Les 6 et 7 avril 2010, le Premier ministre turc Recep Tayyip Erdoğan est annoncé en visite d'État en France. La semaine qui précède, Pierre Lellouche, secrétaire d'État aux Affaires européennes, qui connaît bien la Turquie pour avoir enseigné à Galatasaray, apprend, par un retoucheur turc de sa circonscription, qu'un grand meeting est prévu au Zénith de Paris. Toute la communauté turque, soit plusieurs milliers de personnes, doit venir applaudir son leader. La presse et la télévision turques passent le message en boucle. Mais à l'Élysée, personne ne prévient le président. Lellouche raconte lui-même qu'il glisse l'information durant le Conseil des ministres :

> — *Monsieur le président, je sais que vous devez recevoir le Premier ministre turc. Je précise à ce sujet qu'il doit participer à un grand meeting au Zénith avec toute la communauté turque.*
>
> — *Qu'est-ce que c'est que cette histoire ?* répond Sarkozy en se tournant vers le secrétaire général, Claude Guéant.

Connaissant les rapports difficiles du président avec la Turquie, on aura voulu l'épargner. D'après Pierre Lellouche, la cellule diplomatique de l'Élysée est furieuse. Lui savoure son petit coup d'éclat. « Ils étaient en colère parce que, d'après eux, le président rencontre aussi les ressortissants français quand il est à l'étranger. C'est vrai ! Sauf qu'ils ne viennent pas à trente mille, mais trois cents. Et pas dans une salle de meeting, mais à l'ambassade de France. C'est totalement différent. Le Premier ministre turc venant expliquer aux gens qu'ils doivent s'intégrer en France, mais sans jamais oublier qu'ils sont turcs et musulmans, ce n'est pas tellement ma conception de la République. Toute la presse turque le savait, pas notre président. Ça devrait servir aussi à ça, le Conseil. Quand on gouverne, si on ne peut pas compter sur les gens autour pour nous dire les choses, on est morts. »

L'anecdote n'incitera pas les timides à se lancer. « Finalement, quoi qu'ils disent tous, aucun ministre n'a réellement envie qu'il se passe quoi que ce soit au Conseil, concède un ancien secrétaire général. Critiquer un collègue, ou même poser une question après sa communication, c'est s'exposer à la même chose lors de sa propre communication la prochaine fois. » Trop risqué.

7

LE TOUR DU MONDE EN DIX MINUTES

C'est immuable. Le solo du concertiste. L'échappée solitaire du Tour de France. La robe de mariée du défilé de haute couture. La pièce de choix de l'artisan. Chaque semaine, la communication du ministre des Affaires étrangères constitue la pépite du Conseil. Ses secrétaires d'État n'attendent d'ailleurs qu'une chose : qu'il soit en déplacement à l'étranger pour pouvoir assurer l'intérim. Pierre Lellouche, secrétaire d'État au Commerce extérieur en 2011, qui rêve depuis toujours du Quai d'Orsay – autant que du ministère de la Défense –, ne cache pas sa fierté, lorsqu'il était aux Affaires européennes, d'avoir remplacé Bernard Kouchner « une bonne demi-douzaine de fois. Et je peux vous dire qu'on ne s'en plaignait pas autour de la table[1] ! », clame-t-il sans fausse modestie.

Évidemment, tout dépend du talent du virtuose. En toute logique, le soliste surnage, mais il peut aussi se noyer. Sur ce point, tous les témoignages se recoupent. Parmi les très bons, on cite invariablement Michel Jobert (1973-1974), Jean François-Poncet (1978-1981), Claude Cheysson (1981-1984), Alain Juppé (1993-1995 et 2011-2012), Hubert Védrine (1997-2002) et Dominique de Villepin (2002-2004). Au-delà

1. Entretien avec Pierre Lellouche, 12 juillet 2011.

du talent, l'Histoire se fait, se joue et se raconte au cours de cette communication hebdomadaire consacrée à l'exposé de la politique étrangère de la France. Dix petites minutes, le plus souvent prolongées par le président, et même, aux ères Hollande et Macron, par les ministres de secteurs concernés. Et ils sont de plus en plus nombreux.

« On ne s'en rend pas forcément compte de l'extérieur, mais c'est un changement très important de l'activité ministérielle : quand j'ai commencé en 1981, les affaires internationales occupaient un dixième de mon temps, raconte Laurent Fabius. Aujourd'hui, pour n'importe quel membre du gouvernement, c'est au moins un tiers[1]. » Du coup, sous Hollande notamment, l'international mobilise jusqu'à la moitié du temps du Conseil.

Mars 1986, le 12. Les législatives – un seul tour de scrutin pour la première fois de la Ve – ont lieu à la fin de la semaine. L'heure de la défaite de la gauche et du début de la cohabitation Mitterrand-Chirac. Sans imaginer qu'il vit ce jour-là son dernier Conseil du septennat, Roland Dumas, alors ministre des Relations extérieures, n'a qu'une chose en tête : les événements dramatiques du Liban. Il y consacre pratiquement toute sa communication. Et voici ce qu'en rapporte Jacques Fournier, secrétaire général du gouvernement, dans ses notes confidentielles sorties, exceptionnellement pour cet ouvrage, des Archives nationales.

> — *Trois événements sont survenus depuis notre dernier Conseil. Le 5 mars, c'est le communiqué de trois pages diffusé par le Djihad islamique qui contenait un réquisitoire contre la politique française et l'annonce de la mort de l'un des otages[2]. Le 8 mars, c'est l'arrestation*

1. Entretien avec Laurent Fabius, 30 novembre 2012.
2. Michel Seurat, chercheur au CNRS, enlevé avec Jean-Paul Kauffman le 22 mai 1985 par cette organisation proche du Hezbollah pro-iranien.

> *à Beyrouth de l'équipe d'Antenne 2*[1]. *À cet égard, il y a eu une revendication du Djihad qui a été démentie par la suite, mais il semble bien tout de même qu'il y soit pour quelque chose. Enfin, le 11 mars, il y a eu la publication des photos macabres représentant la victime. Tout ceci intervient en pleine campagne électorale.*

Roland Dumas informe également le gouvernement que des émissaires représentant la France se sont rendus dans des capitales du Proche-Orient.

> — *À Beyrouth, puisque c'est le lieu des enlèvements. À Damas en raison de l'influence qu'exerce la Syrie sur ce qui se passe au Liban. Et à Bagdad par suite de l'affaire des deux Irakiens expulsés vers ce pays. Cette expulsion a mis le feu aux poudres, elle est mentionnée dans le communiqué comme l'une des causes de l'exécution de M. Seurat. J'ajoute que notre ambassadeur a pu voir les deux Irakiens en question, les identifier, les photographier et faire un rapport.*

L'information est de taille. À l'époque, personne n'a de nouvelles des deux opposants au régime irakien, renvoyés par la France dans leur pays alors qu'ils y courent un danger de mort. Hamza Fawzi et Hassan Kheireddine ont été arrêtés avec d'autres le 12 février, suite à une série d'attentats qui ont marqué le début de cette année 1986. L'arrêté d'expulsion signé du directeur de cabinet du ministre de l'Intérieur mentionne bien qu'ils sont « militants au sein d'un groupe étranger d'action violente[2] ». Donc opposants farouches au régime de Saddam Hussein. En clair, le ministère de l'Intérieur qui les expulse, avec escorte de la DST à Orly, sait exactement – ou

1. Philippe Rochot, Georges Hansen, Aurel Cornéa et Jean-Louis Normandin qui, eux, vont rester détenus deux ans et demi.
2. « Journal de 20 heures », Antenne 2, 7 mars 1986. Archives Ina.

devrait savoir – qu'il va réjouir l'Irak et fâcher l'Iran, donc, potentiellement, le Hezbollah[1].

Durant le Conseil, Roland Dumas expose dans le détail les nouvelles requêtes des ravisseurs, précisément liées aux deux Irakiens. En plus des exigences précédentes, le Djihad demande que les deux hommes soient ramenés en France. « Ceci n'arrange rien », commente le patron du Quai d'Orsay qui explique :

— *Dans cette campagne, tout le monde, du côté des principaux leaders politiques, se comporte convenablement.*

Et Mitterrand de corriger :

— *C'est beaucoup dire…*

Dumas, embarrassé, tente de rectifier le tir :

— *Mais il est vrai que la presse, elle, exploite ces événements. La toile de fond, c'est que la guerre Irak-Iran se poursuit. Il y a actuellement une offensive irakienne qui se déroule dans des conditions difficiles. Les Irakiens n'ont pas repris beaucoup de terrain, de nouveaux développements sont prévisibles*[2]*. Sur le plan diplomatique, le Conseil de sécurité, à la demande de la France, a voté une résolution dans laquelle, pour la première fois, il fait mention de l'origine du conflit* […]. *L'Europe a été quelque peu absente de ces événements. La déclaration des Douze sur le conflit est très molle. Pour notre part, nous n'avons eu dans cette affaire le soutien réel que de la République fédérale d'Allemagne.*

1. Le 7 mars 1986, un avocat, Me Oussedik, porte d'ailleurs plainte, en France, contre le ministre de l'Intérieur, Pierre Joxe, pour « enlèvement et complicité d'assassinat ».

2. Les Iraniens sont même en train de regagner du terrain avec la prise symbolique de la presqu'île de Fao quelques semaines plus tôt.

Avant que le président n'apporte son commentaire, Dumas balaie les autres événements de la semaine. Un tour du monde à la vitesse de l'éclair. Il annonce en vrac un gouvernement de transition aux Philippines, une nouvelle offensive au Tchad suivie de la réplique du gouvernement d'Hissène Habré, la victoire en Colombie du parti libéral avec perte de quelques points pour celui de Gabriel Betancourt (père d'Ingrid, future otage des FARC). Et le référendum du jour en Espagne sur son maintien dans l'Otan. Dumas explique que le « non » devrait l'emporter, contredit comme souvent par le président :

— *Ce n'est pas l'opinion de Felipe González...*

À circonstance exceptionnelle, intervention exceptionnelle. Ce jour-là, le Premier ministre réagit à la communication internationale et revient sur la question des otages. Face au soliste, Fabius, le chef d'orchestre, redonne le tempo, la ligne de conduite aux ministres : silence !

— *Il convient de ne pas alimenter les polémiques sur ce point d'ici la fin de la semaine. L'idée qui devrait faire son chemin, c'est qu'il n'appartient pas aux terroristes de décider du sort des élections législatives.*

Mitterrand conclut :

— *Je partage tout à fait le sentiment que vient d'exprimer le Premier ministre.*

Plusieurs fois durant ce Conseil, le chef de l'État insiste sur ce point. Pas de commentaire. Pas de prise de parole. Mais, plus encore que les autres jours, la communication du chef de la diplomatie sert de rampe de lancement à la parole présidentielle. Ce mercredi, il parle très longuement à ses ministres. Il évoque « la cohérence nécessaire de notre politique ». Sans tout dire pour autant. On devine le malaise, l'embarras. Le président, prudent, garde une partie des informations pour lui :

> — *Les exigences des ravisseurs, nous les connaissons depuis le premier jour.* [...] *Nous n'avons pas refusé tout accommodement. Mais nous avons refusé de concéder tout ce qui pouvait toucher à la politique de la France.* [...] *Certes, on comprend que les familles nous supplient de céder,* [...] *mais nous n'avons pas abandonné les otages* [...]. *Je ne pense pas que le gouvernement soit accusé aux yeux de l'opinion publique dans l'affaire des Irakiens. Il faudra bien connaître à cet égard un jour la vérité. Ou bien il s'agit d'une incroyable négligence, ou bien il s'agit de malveillance.* [...] *Certains pensent à la possibilité de prendre des mesures spectaculaires. Mais la vie de sept ou huit otages est menacée et nous ne sommes pas dans une situation où nous pouvons les récupérer.* [...] *Ils sont sans doute dispersés parmi deux mille otages au total.*

Visiblement, le chef tient aussi à déculpabiliser ses troupes avant la défaite probable dans les urnes... au mépris de la réalité du contexte économique, peu florissant.

> — *Tout cela est-il dû à la proximité des élections ? Nous n'avons pas connu depuis cinq ans une situation aussi difficile.* [...] *Certes, il y avait une atmosphère optimiste avec les résultats économiques, les résultats de la politique sociale, culturelle. Les événements du Liban créent un climat plus triste. Mais il ne faut pas croire non plus que cela puisse se retourner contre le gouvernement.* [...] *Seul un sang-froid absolu permettra de passer le cap.* [...] *On peut supposer que d'ici dimanche surviendront des événements plus dramatiques encore. Le Premier ministre et moi-même, nous agirons en conséquence et nous parlerons s'il le faut.*

Il n'y aura rien jusqu'au dimanche, mais le lundi une bombe visera un TGV à Brunoy (Essonne), avant une autre, le jeudi, à la galerie Point Show des Champs-Élysées, faisant en tout deux morts et trente-cinq blessés[1].

L'atmosphère est lourde ce mercredi, le ton grave. Une bonne partie des ministres ne perçoit sans doute pas tout ce qui se joue. Parmi les ténors du gouvernement et de la majorité, le débat renaît pourtant depuis quelque temps, entre les tenants d'un soutien exclusif à l'Irak et ceux qui souhaitent rééquilibrer la position française en envoyant des signaux à l'Iran.

Jean-Pierre Chevènement met délicatement les pieds dans le plat. Le ministre de l'Éducation s'autorise deux suggestions au président. En prenant soin de ne s'adresser à lui qu'à la troisième personne :

> — *Peut-être faudrait-il montrer à l'opinion que la France a une politique au Proche et au Moyen-Orient ? Et peut-être faut-il aussi lever l'ambiguïté dont a parlé le président en ce qui concerne la négligence ou la malveillance dans l'affaire des Irakiens ? Ce serait important de pouvoir lever cette ambiguïté en donnant à l'opinion une explication simple et pédagogique.*

Mitterrand prend la peine de répondre. « Trop compliqué d'expliquer ça à l'opinion », dit-il en substance. Trop compliqué pour qui ? En prononçant les mots « négligence » et « malveillance », le président laisse entendre qu'il n'est peut-être pas, lui-même, totalement au fait de ce qui s'est joué avec les deux Irakiens. Il n'ignore pas en revanche les liens concrets de la France avec l'Irak, premier partenaire commercial au

1. Attentat revendiqué par le CSPPA (Comité de solidarité avec les prisonniers politiques arabes et du Proche-Orient), comme ceux des 3, 4 et 5 février sur les Champs-Élysées, à la librairie Gibert et à la Fnac des Halles (trente-cinq blessés en tout).

Moyen-Orient, deuxième fournisseur de pétrole de l'Hexagone… ni le contentieux avec l'Iran[1] :

> — *Il est vrai que si ce gouvernement n'avait pas persévéré dans une certaine politique de soutien à l'Irak initiée par ses prédécesseurs, il n'aurait pas été l'objet des mêmes attaques de l'Iran. Ceci dit, il faut voir que nous avons sauvé au total douze mille Palestiniens au Liban. Nous avons favorisé un échange de prisonniers. C'est nous qui gardions Sabra et Chatila. C'est à la demande de toutes les factions que nous avons laissé les troupes au Liban. Que pouvions-nous faire de plus ?* […] *Aujourd'hui, l'Iran dispute à la Syrie sa prééminence. Si nous mettions le doigt dans l'engrenage, nous serions pris dans une série de concessions qui ne sont pas saines. Donc, tenons-nous-en à notre ligne : ne pas céder.*

Trouver sa place dans le domaine réservé de l'Élysée. Roland Dumas n'est évidemment pas le premier à avoir dû relever ce défi ! La diplomatie est le jardin du président, son territoire. Et pour le marquer, tous les moyens sont bons.

Patron du Quai d'Orsay pendant huit ans, de 1959 à 1967, Maurice Couve de Murville a tout pour plaire – certains ministres gaullistes, comme Jean Charbonnel, saluent d'ailleurs « une capacité de synthèse exceptionnelle, une faculté à relier les événements entre eux, à leur donner un sens[2] ». Seulement, Couve pèche par un détail : sa voix monocorde, voire

1. Pour libérer les otages enlevés dès 1985 au Liban, l'Iran, par la voix du Djihad islamique, demandait l'arrêt du soutien à l'Irak et aussi que la France rembourse l'investissement iranien consenti à l'époque du shah dans la société Eurodif. Le règlement du contentieux Eurodif en 1988 permettra la libération des derniers otages du Liban, en pleine campagne des législatives.

2. Entretien avec Jean Charbonnel, 30 septembre 2011.

inaudible. « Ça vous ennuierait de parler plus fort ? » s'agace très régulièrement de Gaulle, assis en face de lui.

Au-delà de la voix, Couve est surtout un grand sceptique, ce qui, de l'avis de Jean François-Poncet, plombe ses prises de parole. « Il minimisait tout, il temporisait tout, raconte son successeur sous Giscard. Avec Couve, rien n'avait jamais l'importance qu'on voulait lui donner. Et il arrivait à le démontrer. C'était un homme très intelligent, un rayon laser qui pointait sur l'essentiel. Mais il se faisait un devoir de ne dire que des banalités qui étaient dans la presse[1]. » François-Poncet peut sans doute se permettre cette critique, lui dont VGE salue les communications comme autant de « petits chefs-d'œuvre ». L'ancien président l'a même écrit dans ses mémoires, histoire de rappeler au passage cette idée forcément géniale – la sienne – de dynamiser cette communication en privilégiant un thème par semaine, plutôt qu'un tour du monde de l'actualité. Mais le talent d'orateur de François-Poncet y est aussi pour beaucoup.

« Je m'efforçais de dramatiser un peu mes interventions, de parler comme on parle dans la rue[2] », expliquait, telle une évidence, l'octogénaire encore sénateur. Une vraie rupture, en effet ! D'autant que l'homme ne se contente pas de reprendre le texte préparé par son cabinet. De novembre 1978 à la fin du septennat, en mai 1981, il passe toutes ses nuits du mardi au mercredi au Quai d'Orsay. Il appelle les ambassadeurs à l'autre bout du monde, les interroge sur leur actualité, pose des questions précises et exige le retour des télégrammes avant l'aube. « Celui de Moscou était particulièrement précieux dans cette période. Celui d'Allemagne aussi. Avec d'autres ça fonctionnait moins bien, comme avec Kaboul malheureusement. » Giscard, bien sûr, complète de son propre laïus. Il marque parfois son

1. Entretien avec Jean François-Poncet, 7 mars 2011.
2. Entretien avec Valéry Giscard d'Estaing, 13 mai 2011.

désaccord. « Il m'a reproché un jour de trop parler de la révolution iranienne. "N'exagérez pas l'importance de ces gens", me disait-il. Moi, ça me semblait pourtant capital. Je crois qu'il sous-estimait l'importance de ce qui se passait en Iran. »

Difficile, également, de rapporter en Conseil cette rencontre avec Brejnev en juin 1980, à Varsovie, en pleine crise afghane. Dès le départ, François-Poncet s'y oppose. À la veille de Noël 1979, les troupes soviétiques filent vers Kaboul. Pour la première fois depuis la Seconde Guerre mondiale, les Russes envahissent un pays qui ne fait pas partie de leur aire. L'URSS est au ban des nations, mais Giscard se met en tête de voir Leonid Brejnev. « Je voulais le mettre en garde », persiste aujourd'hui l'ancien président. « Il voulait surtout montrer son indépendance vis-à-vis des autres pays occidentaux. Qu'on le voie sur la planète. De ce point de vue-là, c'était réussi », ironise François-Poncet, qui non seulement ne parvient pas à le dissuader d'y aller, mais l'accompagne à Varsovie ce 22 juin, en tant que chef de la diplomatie française.

À son retour, le compte rendu au Conseil masque le désaccord. Dans sa communication, François-Poncet s'en sort en décrivant ce face-à-face étrange, le chef de l'État soviétique malade qui dialogue avec son homologue français en lisant des réponses rédigées à l'avance. « Je faisais quand même attention à ne pas trop insister sur sa faiblesse et son âge, car Giscard avait besoin d'un adversaire qui ne soit pas diminué. Sinon, le combat perdait de son intérêt. » François-Poncet, complice malgré lui de son président, laisse à VGE le soin d'exposer la partie privée de l'entretien.

Voici la façon dont Giscard lui-même affirme aujourd'hui avoir rapporté les faits dans le salon Murat : « Nous avions, face à nous, le président Brejnev et Andreï Gromiko, son chef de la diplomatie, qui grommelait en russe… donc on ne comprenait rien. Brejnev rêvait d'avoir le prix Nobel de la paix. Je lui ai dit : "Dans tous les cas, ne touchez pas à la Pologne. Sinon, c'en est définitivement terminé de votre réputation d'homme de paix." Finalement, nous sortons de la salle. Brejnev m'attrape par le bras... ce qu'il faisait souvent, il fait partie de ces gens qui vous touchent... Nous gardons avec nous un interprète russe et il me dit : "Sur l'affaire d'Afghanistan, vous avez raison, c'est l'armée qui a imposé ça, c'est une mauvaise affaire et d'ailleurs je vais l'arrêter". »

Dénouement quelques jours plus tard, d'après Giscard : « Il me fait envoyer un message par les ambassades, me disant : "On a enlevé une division d'Afghanistan." C'est là que François Mitterrand me traite de "petit télégraphiste de Varsovie", ce qui n'est pas très agréable. Mais je reste convaincu qu'on est passé à côté d'un risque fort. Les Polonais avaient commencé leur révolte. Les Russes ne voulaient pas la laisser s'installer. Je crois vraiment que cette visite a en partie évité le pire. »

En réalité, d'après François-Poncet lui-même, ce mouvement de troupes n'était qu'une simple relève. Absolument pas un retrait. D'où les critiques ironiques de l'opposition.

« Je n'imagine pas afficher un désaccord, même minime, en plein Conseil des ministres[1] », confirme, en 2017, Jean-Yves Le Drian. Le sentiment d'exceptionnelle collégialité, pourtant louée par toute l'équipe Macron-Philippe, a donc ses limites. « S'il y a une approche différente, on voit ça avant, en tête à tête. Ou alors en Conseil de Défense, rendez-vous devenu hebdomadaire suite aux attentats du Bataclan en 2015. Là je dis vraiment tout. C'est sûr qu'il n'y aura pas de fuites, car la loi punit la violation du secret défense ! »

Dans l'abri atomique situé au sous-sol de l'Élysée, le PC Jupiter – baptisé ainsi bien avant l'époque Macron – sans fenêtres, portables ou réseau téléphonique, et aux côtés des services secrets, les échanges sont sans doute moins

1. Entretien avec Jean-Yves Le Drian, 22 décembre 2017.

« diplomatiques ». Mais au Conseil, « je dis ce que pense le président », assume Le Drian, loyaliste. L'ancien proche de François Hollande se sait « surveillé[1] » sous la présidence Macron. Il se sait également précieux pour ses contacts avec les grands de ce monde. Au Conseil, il joue donc la pédagogie vis-à-vis des ministres et s'efforce d'installer dans les esprits une forme de complicité avec le chef de l'État.

Faute de pouvoir révéler de grands secrets, il s'émerveille de son appétit pour les questions internationales. En décembre 2017, tout le gouvernement le voit signer lui-même, comme un ministre de la Défense qu'il n'est pourtant plus, les contrats de vente d'armes au Qatar. Au Conseil du 8 décembre, il vante la réussite de cette tournée africaine et qatarie. Les 12 milliards d'euros de Rafale, Airbus et autres véhicules blindés vendus ainsi que les contrats pour le métro de Doha et le tramway de Lusail. Il incite également les uns et les autres à lire le discours d'Ouagadougou, « très important pour la jeunesse africaine ». Et qu'importe les grincheux qui crient à la flagornerie, il remet ça au Conseil du 20 décembre 2017.

Le ministre de l'Europe et des Affaires étrangères qui reçoit l'auteure deux jours plus tard, s'enorgueillit d'avoir passé la semaine avec le président, puisque Paris accueillait trois événements internationaux : Conférence du groupe de soutien au Liban le 8, Planet Summit le 12, G5 Sahel le 13. « Les trois initiatives sont de lui ! », s'exclame-t-il, précisant, en bon amateur de ballon rond : « Avec Emmanuel Macron, nous jouons très souvent en tandem, comme au foot. "L'affaire Hariri" illustre assez bien cette complicité. En novembre, nous sommes ensemble à l'inauguration du Louvre Abou Dhabi, puis je vais voir Sissi à Charm el-Cheikh, pendant que lui se rend chez MBS à Ryad, puis c'est moi qui vais à Ryad voir

1. Le directeur de cabinet de Jean-Yves Le Drian au Quai d'Orsay, Emmanuel Bonne, ancien ambassadeur au Liban, fait partie de l'équipe resserrée qui a préparé le projet présidentiel d'Emmanuel Macron avant l'élection de 2017.

MBS et Saad Hariri. Nous nous passons la balle à distance sans nous voir, sachant juste que l'autre est là et en nous parlant beaucoup ! À la fin de la semaine, Hariri était en France. Mais le marqueur, c'est Macron[1] ! »

De tout temps, le degré de complicité entre le président et son chef de la diplomatie détermine bien sûr cette communication du mercredi. En février 2003, lorsque Dominique de Villepin rentre de l'ONU, auréolé de gloire après son discours contre la guerre à l'Irak, Jacques Chirac ne se force pas pour saluer chaleureusement le fait d'armes de son ancien secrétaire général. Bien sûr, on ne se tape pas sur le ventre. Villepin, applaudi dans l'enceinte du Conseil de sécurité – c'est une première ! –, ne le sera pas dans le salon Murat. « Ça reste le Conseil des ministres tout de même », sourit l'ancien Premier ministre à l'évocation de cette hypothèse.

En 2011, Nicolas Sarkozy se plaît, lui aussi, à congratuler son voisin de droite pendant sa communication des Affaires étrangères. Dans son cas, pour tenter d'en faire un allié. Avec Alain Juppé, parachuté en sauveur de la diplomatie après le fiasco MAM en février, la collaboration a mal démarré. Le 10 mars, à peine installé au Quai d'Orsay et en pleine révolte libyenne, il découvre, depuis Bruxelles où il prépare le sommet européen du lendemain, que le président reçoit les insurgés du Conseil national de transition (CNT), sans lui, à l'Élysée. Sans lui, mais avec le philosophe Bernard-Henri Lévy. De Bruxelles, donc, il apprend aussi que la diplomatie française s'apprête à les reconnaître officiellement face au pouvoir en place du colonel Kadhafi. Pour installer la confiance, le maire de Bordeaux pouvait rêver mieux.

Le rapprochement va pourtant s'opérer progressivement. Nicolas Sarkozy gratifie Juppé d'apartés pendant le Conseil,

1. Entretien avec Jean-Yves Le Drian, 22 décembre 2017.

lui glisse des confidences à l'oreille. Parfois, même, il lui agrippe le bras de sa main présidentielle. Juppé, peu enclin à ce genre d'effusions, se laisse faire, en sauvegardant juste ce qu'il faut de raideur. Au Conseil du 25 mai, les duettistes s'embarquent dans un numéro humoristique, « bien branché sur les ego », selon le mot d'un ministre.

> — *Samedi dernier, avait lieu à Yamoussoukro l'investiture du nouveau président ivoirien, Alassane Ouattara,* déclare Juppé qui précise, sans même se tourner vers son voisin : *Je tiens à souligner que monsieur le président de la République a été très applaudi lors de cette cérémonie.*
>
> — *Monsieur le ministre des Affaires étrangères encore plus,* renchérit Sarkozy.

Et tout le monde rit…, sauf peut-être le Premier ministre François Fillon, qui se retrouve un peu marginalisé par le nouveau duo Juppé-Sarkozy. « Juppé, ça lui confère une place à part. Ce petit jeu de rôles, c'est aussi à son avantage[1] », analyse Serge Lasvignes, qui s'amuse de cette comédie humaine caractéristique des lieux de pouvoir. Cette complicité tranche avec la période Kouchner.

À en croire plusieurs ministres, l'ancien *French Doctor*, arrivé en *guest star* du président, atteint des sommets de flagornerie et d'à-peu-près. Comme d'autres avant lui sous Mitterrand ou sous Chirac – mais plus que d'autres visiblement –, on l'entend déclamer des « monsieur le président, vous avez illuminé de votre présence ce sommet ». Ou encore : « Tous nos partenaires ont souligné à quel point l'intervention du président français avait été décisive pour dénouer cette crise… » Dans un style second degré, parfois, mais le résultat

1. Entretien avec Serge Lasvignes, 31 mai 2011.

est le même : « Ce n'est pas pour être flatteur, monsieur le président, mais heureusement que vous étiez là ! »

Kouchner, sa geste inimitable et ses jugements péremptoires. Régulièrement, il « se paie » Catherine Ashton, la « voix diplomatique des Vingt-sept », déjà raillée dans une bonne partie de l'Europe. Certains ministres gardent aussi en tête de grossières erreurs de jugement assenées avec aplomb. « Avant les élections en Afghanistan, il nous a quand même expliqué pendant des semaines que ce serait un drame s'il y avait un second tour. Et ça ne l'a pas empêché ensuite de nous dire à quel point, finalement, la démocratie en ressortait grandie », raconte un ancien collègue. À l'occasion, il n'hésite pas à s'opposer à Nicolas Sarkozy qui veut faire revoter l'Irlande après son « non » à la Constitution européenne, en juin 2008.

Plus encore que pour Jean-Yves Le Drian, sous Macron, la tâche est compliquée pour Bernard Kouchner, cerné par la cellule diplomatique de l'Élysée. Une décennie plus tôt, Jean-David Lévitte, le sherpa du président Sarkozy, et Claude Guéant, le secrétaire général, marchent en permanence sur ses plates-bandes. Parfois, ça explose.

Coup de chaud lors du Conseil du 6 octobre 2010. Le chef de l'État connaît l'exaspération de son ministre. Bernard Kouchner lui a même présenté sa démission dès la fin du mois d'août. Dans une lettre envoyée à l'Élysée et révélée cette semaine-là par *Le Nouvel Observateur*, il se plaint d'être en permanence humilié. Cela ne dissuade pas le président, à la fin de sa communication sur la situation internationale, de le provoquer, cruel :

> — *Vous ne parlez pas de la Côte d'Ivoire ?*
> — *Le secrétaire général peut le faire, il y était,*
> répond Kouchner du tac au tac.

Le week-end précédent, à quelques semaines de l'élection présidentielle ivoirienne, Claude Guéant a en effet accompagné le président à Yamoussoukro. Il a même eu un entretien avec Laurent Gbagbo. « En réalité, Bernard n'était pas le ministre des Affaires étrangères, confie l'un de ses collègues à l'époque. Il était coincé de tous les côtés. Je ne compte plus les fois où il m'a dit, en parlant de Sarkozy : "Je n'arrive même pas à le voir, même pour parler de stratégie diplomatique." »

Encore et toujours le « domaine réservé » du président. Un ministre des Affaires étrangères doit savoir faire preuve d'humilité, pour lui laisser quelques sujets sensibles.

Impossible, par exemple, de faire une communication sur le retour de la journaliste Florence Aubenas, libérée le 12 juin 2005, après avoir été cinq mois otage en Irak. Quand il l'évoque, Philippe Douste-Blazy, ministre des Affaires étrangères de l'époque, ressent encore des frissons. Le retour en avion avec elle, aux côtés de Serge July – directeur de la journaliste à *Libération* – et du patron de la DGSE.

« C'est la femme qui m'a le plus impressionné au monde, jure-t-il. Elle est entrée dans le Falcon 50 et elle ne s'est plus arrêtée de parler jusqu'à l'atterrissage à Villacoublay. Serge July a noirci quatre cahiers. Elle parlait de tout, le quotidien, les bruits, l'espoir, les geôliers, l'Irak. Quelle force ! » Pourtant, en Conseil, le mercredi suivant, Douste n'en dit qu'une phrase :

— *Comme vous l'avez lu, Mme Aubenas est revenue.*

Tout simplement parce qu'il n'a pas plus d'informations. « J'aurais aligné des banalités. Je ne pouvais pas raconter comment s'était passée la négo. D'ailleurs, je ne savais pas moi-même ce qui avait été conclu. Seuls le président et le patron de la DGSE savent[1]. »

1. Officiellement, la France n'a versé aucune rançon pour la libération de Florence Aubenas. D'après *The Times*, les ravisseurs réclamaient pourtant 15 millions de dollars, dont 8 millions auraient été versés.

N'est pas Malraux qui veut. Car même sans être locataire du Quai d'Orsay, l'auteur de *La Condition humaine* passe son temps par monts et par vaux, avec les grands de ce monde. Pompidou, Premier ministre, lassé de son peu d'assiduité au bureau, lui en fait même un jour le reproche en plein Conseil. À son retour, l'écrivain-ministre d'État illumine la troisième partie du Conseil. Écœurant sans doute pour les autres orateurs du jour.

En janvier 1963, Malraux part « tenir compagnie à Mona Lisa », selon le mot du Général, la Joconde prêtée aux Américains. Malraux revient surtout ébloui par Kennedy, « personnage de roman » doté d'une extraordinaire « ouverture de compas ». Jamais avare, lui non plus, en flagornerie, Malraux rapporte à la table du Conseil :

> — *Il n'y a sans doute que vous, mon Général, dans le monde, qui ayez en permanence dans l'esprit une vision aussi planétaire que lui*[1].

En juin 1965, le ministre des Affaires culturelles embarque sur *Le Cambodge* en direction de l'Extrême-Orient. En août, il arrive en Chine où il rencontre Mao Zedong. À son retour, son festival éblouit Jean Charbonnel, qui mime en racontant : « Il s'installait dans son fauteuil, bien à l'aise. Le Général disait : "Monsieur le ministre d'État a la parole." Et on entendait la voix de Malraux : "Hieeeeer, dans la Cité interdiiiiiite, je disais à Maooooo…" Ça durait parfois un quart d'heure. On était fascinés. La fois d'avant, il avait vu Gandhi. Ou Nehru. Il décrivait le Gange. S'il avait vu Nasser, il nous emmenait sur le Nil. Sa voix, à partir d'un moment, devenait chant. Ce n'était pas : "Entre ici, Jean Moulin", mais tantôt sépulcral, tantôt plus enjoué. Quel spectacle[2] ! »

---

1. Alain Peyrefitte, *C'était de Gaulle*, *op. cit.*
2. Entretien avec Jean Charbonnel, 30 septembre 2011.

8

LA COUR DE RÉCRÉ

« Bernard, ce week-end, il y a France-Serbie de foot, tu y vas ? Je peux venir avec toi ? »

Le petit mot, manuscrit, vient du bout de la table. Confidentiel ! L'éphémère secrétaire d'État aux Sports de Nicolas Sarkozy le regarde passer de main en main avec l'appétit de l'entraîneur de rugby du Sud-Ouest qu'il est resté. Il ne fréquente pas souvent le « terrain » du salon Murat – environ une fois par mois – mais, chaque fois, c'est sa fête. Dès réception, il plaque à la régulière cette feuille pliée en deux sur laquelle figurent son nom et son prénom : Bernard Laporte. Pour les matchs, ça vient toujours des mêmes, les copains – enfin, qui le sont devenus : Éric Besson, Hubert Falco, Alain Joyandet, « de vrais amateurs de sport. Ils me demandent aussi pour des petits matchs, des Marseille-PSG[1] ». C'est dire !

La grande mêlée des petits mots fait en tout cas figure de sport national dans le « stade » de l'Élysée. Les ministres sont des grands gosses qui, comme à l'école, trompent l'ennui en papotant avec leurs voisins et en communiquant par petits papiers. Seule contrainte : éviter l'obstacle présidentiel. Infranchissable. Malheur au voisin du chef de l'État qui veut passer

1. Entretien avec Bernard Laporte, 22 novembre 2010.

un pli au ministre assis de l'autre côté! Il lui faudra lui faire faire le tour complet de la table, en priant pour qu'il ne soit pas stoppé avant d'arriver à son destinataire.

Le voyage prend parfois un quart d'heure lorsque tout le gouvernement siège, comme sous Chirac ou Sarkozy à partir de mai 2011. Plus de quarante personnes en tout. Contrairement à l'hôte élyséen, les Premiers ministres jouent de bonne grâce les facteurs.

Sous Jean-Pierre Raffarin (2002-2005), on se débrouille simplement pour procéder à des transmissions groupées. Résultat sans doute de son expérience de trois-quarts aile en universitaire, il attend que le pack soit au complet et c'est par piles entières que le Premier ministre finit par faire la passe décisive. Édouard Philippe non plus ne rechigne pas. Le regard chevauchant sa monture de lunettes pour ausculter la missive qui s'avance, il fait toutefois bien comprendre aux différents messagers qu'il serait bon d'éviter les excès. Quant à François Fillon, lui-même gros consommateur, les seules missives qu'il bloque sont celles qui sont destinées à Claude Guéant, l'influent et très courtisé – trop, selon le Premier ministre? – secrétaire général de l'Élysée. Qu'à cela ne tienne, la parade est vite trouvée. On les adresse au ministre assis devant la petite table des secrétaires généraux. Et hop, d'une rotation d'épaule, elles atteignent leurs destinataires.

Les plus chahuteurs décorent les papiers. Pour Nathalie Kosciusko-Morizet, on ajoute: «À ma chérie», avec un gros cœur. Ou: «À toi, mon amour.» Pierre Lellouche, le secrétaire d'État au Commerce extérieur, y va même de son coup de crayon pour croquer le collègue d'en face qui s'est emmêlé les pinceaux dans sa communication. Ou pour «éditorialiser» l'actualité du moment.

Durant le Conseil du 13 juillet 2011, Eva Joly, qui vient de faire main basse sur la primaire d'Europe Écologie-Les

Verts, finit en abeille butineuse à lunettes. Dessin offert au ministre de l'Agriculture, Bruno Le Maire. Ce jour-là, écoutant François Baroin, le nouveau jeune patron de Bercy aux airs de petit sorcier à lunettes rondes, Lellouche, dessine une ménagère baissée en train de passer le balai qui lâche: «Moi je comprends tout quand Harry Potter y parle à la télé.» «C'est du Cabu!», jure son copain Dominique Bussereau, qui admirait déjà son coup de crayon sur les bancs de Sciences Po.

Début mai 2011, quelques jours après la publication de la photo polémique de Dominique Strauss-Kahn montant dans sa Porsche, il dessine encore le toujours favori des sondages à la présidentielle, détendu, au volant d'un bolide. Laissant Washington derrière lui, il suit la flèche «Paris»... qui le précipite droit dans le vide d'une falaise. La légende revisite le slogan mitterrandien: «La Porsche tranquille.» Quelques jours plus tard, DSK sera arrêté à New York et démissionnera de la tête du FMI.

Au centre de la table, en tout cas, les patrons laissent faire. «Je ne suis même pas sûr que Sarko soit au courant, feint de croire le Cabu de l'UMP. Tout le monde sait que je prends des notes, ça oui. Mais pas pour les dessins... D'ailleurs je ne les signe jamais. Pas fou[1].»

Durant les deux cohabitations, Charles Pasqua, ministre de l'Intérieur, donne, lui, dans le canular. Un mercredi, il décide de se payer gentiment la tête d'un collègue «un peu fier de sa personne. Il avait quarante ans et passait son temps à regarder s'il était bien coiffé». Pasqua réfléchit, se pince la lèvre inférieure avec le pouce et l'index, et rédige son billet discrètement: «Monsieur le ministre, vous avez un magnifique brushing. Pourriez-vous me donner l'adresse de votre coiffeur? Signé: François Mitterrand[2].» Il met le tout sous

1. Entretien avec Pierre Lellouche, 12 juillet 2011.
2. Entretien avec Charles Pasqua, 22 avril 2011.

enveloppe au nom de Pascal Clément et rêve déjà de voir revenir la réponse : « Veuillez trouver ci-joint l'adresse de mon coiffeur... » Hélas, le message chemine bien jusqu'à son destinataire, mais dès qu'il le reçoit, le ministre chargé des relations avec l'Assemblée nationale lève les yeux. Pasqua ne peut refréner un sourire. Grillé !

Plus subtil, et même « burlesque », se souvient Jean-Pierre Chevènement, ce petit mot plein d'ironie de Charles Hernu, lu par toute la tablée aux débuts de l'ère Mitterrand, en 1981. Le ministre de la Défense s'invite dans ce manège de potaches et fait lui-même circuler une carte de l'Europe barrée d'une flèche « Paris-Moscou : 2000 km », avec la mention « Confidentiel Défense ». « C'était très drôle, parce que tout le monde savait bien entendu qu'entre Paris et Moscou, il y a à peu près 2000 kilomètres[1] », décrypte Chevènement en souriant. Personne n'ignore non plus que ce gouvernement d'union de la gauche suscite la curiosité ou l'angoisse dans le monde entier à cause de ses quatre ministres communistes supposés prendre leurs ordres en Union soviétique.

Le cirque des petits mots existe depuis toujours, plus ou moins intense selon les périodes. Giscard y contribue modestement, Mitterrand s'en agace au début, feint de ne pas voir ceux dont Yvette Roudy l'abreuve, et finalement s'y accoutume. Aux journalistes qui le côtoient pendant sa cohabitation avec Chirac, il confie même qu'Édouard Balladur, son voisin de table, lui passe « des mots rigolos ». Stupéfiante expression dans la bouche d'un Sphinx qui s'emploie ardemment à rendre ces Conseils aussi sinistres que possible.

Dans les années 1960, de Gaulle lui-même joue déjà les facteurs, mais pas pour une entrée au stade ou une place à l'Opéra. À l'approche des législatives de 1967, le Général

1. Entretien avec Jean-Pierre Chevènement, 7 décembre 2010.

cherche un point de chute pour un fidèle, le suppléant de son secrétaire d'État aux Affaires étrangères chargé de la coopération. Message à l'intéressé, Jean Charbonnel : « Je sais qu'il vous agace, mais n'oubliez pas qu'il est Compagnon de la Libération. Dites bien à Pompidou qu'on lui trouve une bonne circonscription. » Charbonnel enrage de devoir interférer pour ce général Pouyade, un homme qui, avec son épouse envahissante, lui rend la vie impossible depuis des mois, dans son fief en Dordogne. Mais, au fond de lui, il se pince presque de recevoir un mot du président. Le patron lui a parlé – ou plutôt écrit !

Le ministre s'exécute, loyal : « De Gaulle n'oubliait pas que Bokassa avait été sergent de l'armée de Libération, de même il n'oubliait pas ceux qui avaient été à ses côtés dans les années difficiles[1]. » Pouyade a conduit les forces aériennes françaises libres en appui des offensives de l'Armée rouge sur le front de l'Est. Patron du régiment de chasse « Normandie-Niemen » dès 1943, c'est un vrai héros de l'Union soviétique. Plus de quarante ans après ce Conseil, Jean Charbonnel a au moins une satisfaction, celle de conserver en reliques ces rares messages manuscrits du Général.

La quête de circonscription est d'ailleurs un grand classique à la table du Conseil. Au début de la cohabitation de 1986, Charles Pasqua croule sous le courrier. Le ministre de l'Intérieur redessine toute la carte électorale pour revenir au scrutin majoritaire. Mais le découpage mis en place par la gauche avec le scrutin proportionnel a créé une centaine de nouveaux députés. Pas question de les renvoyer chez eux : Mitterrand veut éviter une révolution. Pasqua se colle donc à un redécoupage pour les garder. Pour éviter d'être sollicité à droite, à gauche, au centre, du matin au soir, il se vante d'avoir scrupuleusement appliqué la règle des

1. Entretien avec Jean Charbonnel, 30 septembre 2010.

trois tiers : « Les trois tiers de Pagnol. Un tiers de députés de la majorité assurés, un tiers de députés de la gauche assurés et un tiers pour la glorieuse incertitude du sport. » Il sait bien que les plus grosses difficultés viennent toujours des amis qui réclament l'impossible. Ça ne loupe pas. Chaque semaine, au Conseil, il réceptionne les mêmes : « Attention à telle circonscription, qu'est-ce qui se passe, tu m'oublies pas ? » Semaine après semaine, il répond : « J'ai bien noté, je vais voir. » Finalement, Mitterrand refuse de signer l'ordonnance avalisant le découpage Pasqua. Le texte sera néanmoins adopté par le Parlement.

Le petit mot en Conseil a tous les avantages. Rapide et direct. L'audacieux s'en sert pour demander la parole instantanément. Quand Dominique Bussereau n'a aucune communication à l'ordre du jour et qu'il commence à s'assoupir, il vise directement Jacques Chirac : « Monsieur le président, je me permets de vous signaler qu'au Conseil des ministres européen de l'Agriculture à Bruxelles avant-hier, nous avons pris telle décision concernant l'OMC. » Ni une ni deux, le président note l'info et, si ça l'intéresse, après la communication du ministre des Affaires étrangères, il annonce : « Je voudrais que Dominique Bussereau s'exprime. » Imparable.

Le même Chirac ne s'interdit pas d'en envoyer. Sous VGE déjà, étant Premier ministre, il abreuve Simone Veil de courrier. Une fois à l'Élysée, il continue avec d'autres. Message parfois très intime, comme cette longue lettre rédigée pendant un Conseil de 1996 à son ministre du Commerce et des PME Jean-Pierre Raffarin. Son père, un ami de Chirac, est mort dans la nuit. Raffarin, qui a choisi de boucler quelques dossiers avant de partir rejoindre sa famille pour les obsèques, ne dit rien à personne. Sauf au président. « La vie privée n'entre pas dans le salon Murat. Au Conseil, on est en fonction, explique-t-il. On prend un costume quand on entre, on n'est plus tout à fait soi-même[1]. » Dans ce cénacle où l'on s'épie en permanence, seuls quelques ministres attentifs remarquent son visage défait. Anne-Marie Idrac, copine de l'UDF avant d'être secrétaire d'État aux Transports, s'en inquiète par ces mots : « Tu as l'air d'avoir du chagrin, de quoi s'agit-il ? » Raffarin ne l'oubliera pas.

Cet abondant courrier exprès en Conseil possède surtout un avantage, celui d'éviter le filtre des directeurs de cabinet.

En juillet 1991, les téléphones portables n'existent pas. Même pour les proches, joindre le président suppose de franchir de nombreux barrages. À l'époque, Édith Cresson tente de boucler son premier budget comme Premier ministre. Mitterrand la soutient contre vents et marées. Malheur à celui qui ose la mettre en cause devant lui. Deux mois après son arrivée, ça grogne pourtant à tous les étages et ça ne s'arrange pas avec l'arrivée des traditionnelles lettres-plafond. Elles annoncent à tous les ministres un serrage de ceinture général, laissant au passage la désagréable impression que la locataire de Matignon se fait mener en bateau par ses conseillers chargés du Budget.

Le mercredi suivant, Jean-Louis Bianco monte au front. Le ministre des Affaires sociales, neuf ans aux côtés de François Mitterrand comme secrétaire général de l'Élysée, profite du huis clos pour envoyer ce « roman » au président : « Les orientations pour le budget 1992 sont beaucoup plus dures que ce sur quoi je m'étais mis d'accord avec Pierre Bérégovoy [Économie] qui m'avait pourtant cité en exemple devant d'autres ministres pour mon courage en matière d'économies. Matignon m'impose un milliard d'économies sur les handicapés et diminue mes maigres crédits à l'intégration. C'est un véritable sabotage politique par les budgétaires qui nous gouvernent à Matignon. Cela me paraît mettre en cause la nécessaire

1. Entretien avec Jean-Pierre Raffarin, 18 mars 2011.

autorité du Premier ministre sur ses collaborateurs[1]. » En clair, Cresson est hors-jeu ! Pour l'heure, elle demeure cependant bien assise face au président lorsqu'il découvre ce mot doux la concernant. Ambiance.

Autre temps, même violence : Michel Sapin conserve comme des reliques ses échanges manuscrits avec François Hollande sur « le cas Macron ». Dès l'automne 2015, le ministre des Finances comprend que le patron de Bercy nourrit des ambitions élyséennes. Mois après mois, il alerte le président, s'agace de le sentir « dans le déni[2] ». Il enfonce donc le clou pendant le Conseil : « Es-tu au courant de l'initiative Macron/Gabriel [ministre allemand de l'Économie] pour créer un fonds de dix milliards d'euros ? » Réponse de François Hollande : « Je n'en connaissais pas le contenu. Mais c'est un fonctionnement qui ne peut pas durer. » Réponse de Sapin : « C'est au-delà de la cuvée de Montebourg ».

En avril 2016 : « Ce que je vois, entends et lis depuis quelques jours n'est plus acceptable. Cela sème la confusion. Je ne supporte plus la traîtrise vis-à-vis de toi. » Réponse de Hollande : « On en parlera. » Quelques semaines plus tard, Michel Sapin remet ça : « Chaque jour qui passe t'affaiblit, j'en suis convaincu. »

Emmanuel Macron à peine élu, les petits mots seront soigneusement rangés chez les Sapin, à la campagne, dans une jolie boîte chinoise, aux côtés de ceux des époques Mitterrand et Chirac.

Bien entendu, la fonction attire aussi le courrier. Quand on peut rendre service… À ce jeu-là, les plus courtisés sont les ministres de l'Éducation et de la Santé, transformés pour l'occasion en super DRH des enseignants et personnels

1. Document d'archives, *in* Pierre Favier et Michel Martin-Roland, *La Décennie Mitterrand*, *op. cit.*
2. Entretien avec Michel Sapin, 7 octobre 2017.

soignants. Un petit coup de pouce pour la mutation d'une cousine infirmière, l'ouverture d'une classe dans l'école du neveu et même la contestation d'un redoublement, voire un piston pour l'obtention du Capes ! Il y en a pour la famille, les amis, les militants ou les électeurs lambda rencontrés sur le terrain. Pourquoi se priver ? Le ministre de l'Éducation repart chaque fois chargé de messages.

« En moyenne, une fiche par ministre et par semaine, se souvient Xavier Darcos, en poste de 2002 à 2004 et à nouveau de 2007 à 2009. Si on peut aider et que ce n'est pas illégal, on le fait[1]. »

Nombreux sont les ministres qui ont aussi obtenu un gros chèque au cours du Conseil des ministres. En toute légalité, évidemment. De l'avantage d'avoir un maire qui est aussi au gouvernement – et vice versa !

Serge Lepeltier, l'écolo en chef de l'époque Chirac-Raffarin, offre ainsi à Bourges son tout nouveau tout beau conservatoire de musique ! Merci le ministère de la Culture. Quant à Frédéric de Saint-Sernin, il n'aurait sans doute pas fait construire sa piscine municipale en Dordogne s'il n'avait été secrétaire d'État. Merci le ministère des Sports qui, non content de distribuer des places pour les matchs de foot, gère aussi un fonds très convoité.

De ce point de vue, le ministre le plus sollicité pour son porte-monnaie reste celui de l'Aménagement du territoire. Portefeuille insignifiant en apparence, souvent très loin dans l'ordre protocolaire – donc en bout de table –, mais très gros porte-monnaie avec sa PAT et son FNADT. Ces deux horribles acronymes désignent la Prime à l'aménagement du territoire, pour soutenir les projets créateurs d'emploi, et le Fonds national d'aménagement et de développement du territoire.

1. Entretien avec Xavier Darcos, 24 mars 2011.

Plusieurs dizaines de millions d'euros à distribuer. Et valsent les petits mots à l'attention du secrétaire d'État ou du ministre titulaire du maroquin, qui pour la construction d'une route dans sa circonscription, qui pour un hôpital ou un chantier. L'un des titulaires du poste dans les années 2000 souligne que « bien sûr, il y avait un cénacle qui examinait les dossiers. Mais quand le ministre disait : "Je veux qu'on observe de près l'entreprise ardennaise qui va créer soixante emplois...", bon, ben, la PAT elle était acquise... Normal ».

Dans la série des coups de main entre amis, on n'oublie pas non plus l'ancien collègue laissé sur le carreau au dernier remaniement.

À deux ans de la présidentielle de 2007, Serge Lepeltier, débarqué de l'Écologie, se retrouve sans statut... et donc sans le sou s'il perd les municipales de 2008. Son maintien à la mairie de Bourges n'est pas acquis dans une ville longtemps dirigée par les communistes et qui vote toujours à gauche aux élections nationales. En Conseil, une vieille connaissance du RPR, Michèle Alliot-Marie, et une plus récente des radicaux valoisiens, Jean-Louis Borloo, échangent des mots. « Pour Serge, qu'en est-il de ton côté, pas de problème ? » Pour corser l'affaire, le ministre de la Défense siège à la droite du président, le ministre de l'Emploi à sa gauche. Tour complet obligatoire pour le courrier. Leur pression amicale auprès de l'Élysée finit par porter ses fruits. Coup double, et même triple, pour le maire de Bourges, nommé contrôleur général des finances, réélu en 2008 dès le premier tour... et qui finit par récupérer le bout de papier !

Même quand il est annonciateur d'ennuis, le petit mot de la main du président reste celui qu'on cite avec le plus de fierté.

Ce mercredi-là, Jacques Chirac prend une feuille, décapuchonne son stylo, et gratte frénétiquement quelques mots avant de plier le papier dans un grand geste très chiraquien. Prénom, nom... et il passe le tout à son voisin. La grande transhumance commence, suivie des yeux par toute la table. Forcément. Ce jour-là, le manuscrit s'arrête sur Philippe Douste-Blazy. Le ministre de la Culture a la réputation de faire des pieds et des mains pour recevoir du courrier présidentiel. Il signale une œuvre chinoise en vente pour tel musée, une relique découverte ici ou là. Cette fois, juré craché, il n'a rien demandé. Il lit: «Philippe, c'est bientôt l'année de la France au Japon. J'ai une idée sur ce que nous devrions leur envoyer. Et toi?» À la sortie, Douste va donc au-devant du président, qui précise sa requête:

«Appelle le président du Louvre et dis-lui que la *Victoire de Samothrace*, c'est une très bonne idée.

— On pense à la même? rétorque Douste, estomaqué.

— Ben oui, la *Victoire de Samothrace*. C'est bien, non? On va la prêter au Japon pour un an.»

Du haut de ses trois mètres vingt-huit, la déesse de la Victoire est l'un des joyaux des salles des antiquités grecques du musée. Un monument exceptionnel en marbre, de 190 av. J.-C., exhumé au XIXe siècle à Samothrace, une petite île au nord-est de la mer Égée. La jeune femme ailée, dressée sur la proue d'un navire, résiste à l'assaut du vent et, de sa main droite placée en porte-voix, annonce les victoires. Le ministre de la Culture n'essaie même pas de résister. Pas le choix. Il fait donc venir Pierre Rosenberg et sa grande écharpe rouge:

«Monsieur le président, j'aime autant que vous soyez assis. Vous savez que 2007 sera l'année de la France au Japon.

— Ah oui, formidable!

— Le président de la République aimerait... aimerait... faire un geste significatif.

— Ah, formidable! Mais pourquoi m'en parlez-vous?

— Parce que peut-être que le Louvre...

L'écharpe rouge tombe de stupeur.

— Ben oui. On pensait à une œuvre significative.

— …

— Oui, la *Victoire de Samothrace.* »

Horreur ! Une foule de symboles kanji de manga s'agglomèrent dans le cerveau en colère de Pierre Rosenberg. Le choc passé, Douste précise que c'est une demande expresse du président de la République et que les Japonais aiment vraiment beaucoup le Louvre. « Monsieur le ministre, moi président, ça n'aura pas lieu ! De toute façon, on ne trouvera pas d'assurance ! »

La semaine passe. À l'époque, Douste-Blazy a fort à faire avec les municipalités récemment passées au Front national dans des hauts lieux de la culture, Orange, Toulon. Le mercredi suivant, il arrive au Conseil avec bien d'autres soucis en tête. Mais Jacques Chirac revient à la charge. À nouveau les grands gestes, le stylo, le pliage, le message part. Accompagné d'un « À toi ! » suffisamment sonore pour qu'un autre ministre en plein exposé s'interrompe. « Non, non, rien… Je parlais à Douste. » Quant au petit mot : « Où en es-tu avec le Louvre ? »

À la fin du Conseil, Philippe Douste-Blazy, penaud, monte dans le bureau du président. On en oublierait presque qu'il a fait campagne pour Édouard Balladur.

« Je vais être très direct. M. Rosenberg m'a dit que, lui président, ça ne sortirait pas du Louvre.

— Heuuu…, j'comprends pas. Dis-lui qu'il est viré. »

Le ministre convoque à nouveau le patron du Louvre.

« Ah, monsieur le ministre, alors, vous avez changé d'avis, c'est ça ?

— Monsieur le président, je crois qu'il insiste vraiment…

— C'est impossible.

— Dans ce cas, je crois qu'il faut que vous donniez votre démission. »

Rosenberg a toujours eu des rapports exécrables avec Chirac, mais il n'en croit pas ses oreilles ! « De toute façon, il ne pouvait me virer que sur faute grave ! Or je n'en avais pas fait[1] », rigole aujourd'hui l'ancien patron du Louvre. Par chance pour lui, la cohabitation s'annonce. Le Louvre fait mine de céder, parvient à gagner du temps. Finalement, Chirac change son fusil d'épaule. Pierre Rosenberg laisse quand même filer un grand Delacroix, *La Liberté guidant le peuple*. « Un très gros sacrifice, en réalité un prêt politique, assure Rosenberg. En 2011, maintenant que le Louvre est davantage indépendant du pouvoir, je vous garantis que ça n'arriverait plus. »

Avec l'arrivée du portable, les SMS concurrencent bien entendu les petits mots, sans toutefois les remplacer totalement.

Au début, à l'époque Chirac, on se cache pour les envoyer ou les recevoir. Sous Sarkozy, l'activité, de moins en moins discrète, se généralise. Le patron lui-même pose le portable sur la table en arrivant, un tout petit téléphone sur lequel il lui arrive de répondre directement aux SMS, voire exceptionnellement aux appels. Terminé donc le huis clos.

Rachida Dati, garde des Sceaux, prévient les intéressés dès leur nomination entérinée. Si possible, en premier. Armée de ses trois téléphones, elle tapote frénétiquement sur l'un, puis l'autre. « L'intensité de son activité SMS est un bon indicateur de sa fébrilité », juge un ministre remercié au remaniement de décembre 2010. D'autres, toutefois moins démonstratifs, ne se privent pas non plus pour communiquer avec l'extérieur. Ou même avec le bout de la table. Vu la distance à parcourir pour certains petits mots, le SMS est souvent plus rapide. Surtout s'il y a urgence. Un ministre de Chirac, puis de Sarkozy, reconnaît envoyer des : « Tu l'as dit, bouffi. » On comprend que ça n'attende pas !

Bien entendu, certains oublient d'activer la position « silence ». Épisodiquement, un cocorico s'invite dans le débat.

1. Entretien avec Pierre Rosenberg, 18 mai 2011.

Ou un gong asiatique. Les sonneries les plus idiotes ont envahi la société française, pourquoi pas le gouvernement ? Après tout, VGE se fait bien appeler sur une samba sud-américaine envoûtante et le président du Conseil constitutionnel Jean-Louis Debré sur l'air de « L'Idole des jeunes ».

Pour le principe, Nicolas Sarkozy fait parfois un rappel à l'ordre. Tout au moins pour que les sonneries soient coupées. La réprimande ne va pas au-delà. Lui-même ne peut pas s'en passer. « C'est tellement dans la culture de sa campagne électorale de 2007, observe Serge Lasvignes, le secrétaire général du gouvernement déjà en poste à la fin de l'ère Chirac. Moi, j'ai découvert le texto quand "ils" [l'équipe Sarkozy] sont arrivés. Quand j'ai envoyé mon premier SMS à Claude Guéant, j'ai eu l'impression de basculer dans un autre siècle[1]. » Très vite, il interroge son cabinet pendant le Conseil, pour fournir une réponse rapide à toute question du président. À l'époque Sarkozy, le portable fait partie du décor et donne lieu parfois à des scènes croquignolesques.

Ce mercredi de printemps 2011, le président attrape son téléphone, où une petite enveloppe signale la présence d'un message : « Merci d'aller chercher mes lunettes. » Il vérifie une nouvelle fois l'expéditeur et n'en croit pas ses yeux : l'homme assis face à lui, celui qu'il qualifiait de vulgaire « collaborateur », le prend lui-même pour son larbin. Il lève les yeux, incrédule. Fillon ne le voit pas tout de suite. Sarkozy gesticule aussi discrètement que possible. Embarras du Premier ministre, qui finit par comprendre et lève les épaules, gêné, d'un air de dire : « Pas fait exprès ! » Explication donnée aux quelques curieux qui lui posent la question après coup : « Mon truc a buggé, donc tous mes numéros ont changé. Et, au lieu de partir vers le portable de ma secrétaire, le message a atterri sur celui de Sarko. »

1. Entretien avec Serge Lasvignes, 31 mai 2011.

Un homme dans l'histoire de la Ve République a fait plus fort que le portable. L'information n'a jamais filtré, sa production non plus. Ce ministre délégué au Budget de Jean-Pierre Raffarin amuse – ou agace – ses collègues de l'époque en prenant des photos à tout bout de champ. À l'Assemblée, dans les couloirs de Bercy, de Matignon, de l'Élysée, avant et après toutes les réunions, mais aussi lors des défilés du 14 Juillet, Alain Lambert « mitraille ». Ce qu'il n'a jamais dit clairement, jusqu'à ce qu'il le révèle pour cet ouvrage, c'est qu'il en prend aussi pendant le Conseil.

« J'ai demandé au secrétariat général du gouvernement si un quelconque texte l'interdisait, on n'en a pas trouvé[1] ! » s'amuse l'audacieux, devenu conseiller à la Cour des comptes. Il n'empêche, malgré sa discrétion, Raffarin le repère, et s'en agace. « Sois discret ou je vais te confisquer cet appareil. C'est pas dans ton enveloppe », lâche le Premier ministre.

Clin d'œil à l'expression récurrente de l'époque chaque fois qu'un ministre se voit refuser un crédit budgétaire :

« Ce n'est pas dans ton enveloppe, tonnent Bercy et Matignon.

— Ne t'inquiète pas, je vais tout planquer, rassure Lambert. »

Rebondissant sur la boutade, l'astucieux argentier du gouvernement a l'idée de glisser l'appareil ultra plat… dans une enveloppe. Un petit trou pour l'objectif et le tour est joué. En Conseil, il fait mine de jouer avec l'enveloppe et, ni vu ni connu : clac ! Sur les clichés, on distingue clairement, ici Luc Ferry faisant son courrier, là Nicolas Sarkozy lisant un dossier, ou encore le président Chirac rédigeant une note, tandis que Dominique de Villepin se tient la tête dans les mains. Sur ses deux années à Bercy, de mai 2002 à mars 2004, la collection Lambert atteindrait environ cinq mille clichés.

1. Entretien avec Alain Lambert, 16 août 2011.

À l'été 2003, il organise même un apéro au ministère, entretenant un certain flou sur le moment exact des « prises ». Produits de son département – l'Orne – et diaporama des photos les plus drôles, avec la complicité de ses enfants pour les légendes sarcastiques. Tous repartent avec plusieurs tirages papier et cette dédicace : « Je n'ai pas de crédit à te donner, prends toujours quelques photos. »

Bon nombre de ces clichés sont pris dans ce qu'on pourrait appeler la « cafète » du salon Murat. Le fameux « p'tit café du matin » constitue la véritable cour de récréation du gouvernement, *le* bon moment de la semaine. De l'avis de certains ministres, « la principale raison d'être du Conseil lui-même ». Déjà sous de Gaulle, on adore ce moment avant le Conseil, où l'on taille le bout de gras avec les copains de la même région ou du même parti. Les ministres importants, Couve de Murville ou Malraux, laissent traîner une oreille dans la pièce à côté, le salon des Aides de camp, histoire de sentir l'atmosphère. Comment va le Général ? Quelles sont ses angoisses du moment ? Les seconds couteaux passent directement aux rafraîchissements servis dans la salle du Conseil. Après tout, Vincent Auriol en avait fait sa salle à manger. Désormais, on se contente de verres d'eau ou de jus d'orange, mais avec le petit plaisir de pouvoir se lever et se resservir pendant la réunion. De quoi faire rêver les lointains successeurs, cinquante ans plus tard. Aucun risque que cela dégénère en café du commerce. Point de « chienlit » au temps du Général, on l'a compris.

Dès l'époque Pompidou, lorsque le Conseil descend au salon Murat, le privilège persiste. Certes, les brocs d'eau et de jus trônent juste derrière le président, mais très peu osent venir se resservir dans son dos pendant le Conseil. On boit un verre avant en réglant une foule de petits dossiers, le temps que le président et le Premier ministre achèvent leur tête-à-tête hebdomadaire. Le secrétaire général du gouvernement se balade avec son stylo et fait contresigner autant de textes que possible – Jacques Fournier, dans les années 1980, installe même un petit guichet à l'entrée pour qu'aucun n'y échappe. Sans doute est-ce parce que l'attente s'éternise avec les sempiternels retards de Mitterrand que Michel Charasse, l'Auvergnat de confiance du président, décide finalement de faire dresser un buffet. Le café-croissant sous la verrière devient une véritable institution, théâtre des rencontres les plus improbables.

Sous l'ère Chirac, le très centriste – et donc photographe – Alain Lambert n'en revient pas lui-même de s'être pris d'amitié pour le rugueux gaulliste Christian Jacob. Le même ministre du Budget fricote aussi sans arrière-pensée avec l'ancien épéiste Jean-François Lamour. « Ce n'était pas quelqu'un à enjeu budgétaire, je savais que je pouvais être copain avec lui sans redouter le moment où il allait me demander un crédit[1]. » Car, bien sûr, le « p'tit café du matin » est l'autre moment pour faire la quête.

À cette heure-là, la billetterie de Bernard Laporte est déjà ouverte. Parmi les plus organisés, et très vite redoutés, Renaud Muselier, secrétaire d'État aux Affaires étrangères, arrive souvent avec trois dossiers marseillais en souffrance, qu'il tente de coller aux collègues concernés. Erreur stratégique ! Malheur, en effet, à celui qui ignore la hiérarchie. Au début, le bleu doit savoir observer les stars. Facile, les ministres qui comptent squattent la machine à café, détendus, les bras gonflés de dossiers. Les Toubon, Debré, Barrot au début de l'ère Chirac, en 1995. « Il y a la ligue 1 et la ligue 2 », comprend tout de suite le débutant Raffarin, qui se range bien volontiers dans la seconde catégorie avec les Arthuis, Goasguen, Puech et, forcément, la brochette de « Juppettes ». « Finalement, il y a

1. Entretien avec Alain Lambert, 15 avril 2011.

une forme de bizutage, personne ne parle aux nouveaux. Moi, je cherchais à localiser Madelin, par exemple. On essayait de construire un réseau[1] », poursuit Raffarin.

Certains zappent le « p'tit café ». Forcément très vite repérés eux aussi. Attablé avant tout le monde, un pétochard révise sa communication du jour, au côté d'un tête-en-l'air à qui il reste des devoirs à finir pour l'après-midi. Parmi les plus capés, certains s'abstiennent ostensiblement. Sous Villepin, à deux ans de la présidentielle, Nicolas Sarkozy, ministre de l'Intérieur, ne fraie plus avec les autres sous la verrière. Il pose ses dossiers, juste à côté du siège du président, et laisse venir ceux qui veulent le voir. La posture n'échappe à personne. Philippe Bas, l'ancien secrétaire général devenu ministre délégué à la Santé, qui ne veut pas être taxé après coup de chiraquisme primaire, y voit la marque d'« un homme qui n'aime pas perdre son temps, qui n'est pas dans la superficialité des mondanités[2] ». Dominique de Villepin, lui, ne se prive pas d'ironiser : « C'était sa seule façon d'avoir le pouvoir pendant un moment… avant l'arrivée du président et du Premier ministre[3]. »

La bataille pour 2007 passe aussi par la « cafète » du salon Murat. Un futur patron de l'UMP prend d'ailleurs progressivement cette même habitude. Xavier Bertrand, à l'époque secrétaire d'État chargé de l'Assurance maladie, s'assoit directement à la table. « Plus Sarko a pris de l'envergure, plus Bertrand s'est rapproché de lui au Conseil », relève la chronique non écrite des commères du gouvernement. Stratégie payante puisque Xavier Bertrand quitte le gouvernement en même temps que son héros, le 26 mars 2007, pour devenir porte-parole – avec Rachida Dati – de sa campagne électorale.

1. Entretien avec Jean-Pierre Raffarin, 18 mars 2011.
2. Entretien avec Philippe Bas, 7 janvier 2011.
3. Entretien avec Dominique de Villepin, 15 mars 2011.

Sous l'ère Hollande, Ségolène Royal trouve elle aussi sa façon d'optimiser l'« avant-conseil ». La ministre de l'Environnement organise sa com'. « T'as tes tracts ? », lui lance amusé le ministre de l'Économie, Michel Sapin, quand il la voit débouler, documents sous le bras. Sur cette table disposée au millimètre près où rien ne doit normalement figurer qui n'ait été officiellement autorisé par Matignon, elle dépose, pour chaque ministre, un résumé de quatre pages de son projet du moment. Et elle fond sur le même Michel Sapin avec ses parapheurs : « Mon Mimi, tu n'as pas signé. Tiens, regarde, là ! »

L'heure tourne, toujours pas de président ni de Premier ministre. Ça piaille de plus en plus au rez-de-chaussée.

En 1981, les communistes se mêlent – froidement – à la garde mitterrandienne. « Évidemment on ne se tapait pas sur le ventre avec Delors, mais c'est le seul moment où on se parlait, se souvient Anicet Le Pors. Même au téléphone, on ne s'est jamais appelés. Avec Defferre, on échangeait aussi pas mal au café. Lui respectait davantage les communistes à cause de la Résistance[1]. » En « ligue 1 » comme en « ligue 2 », on rigole des fringues du voisin – le costume de Jack Lang – ou du bronzage raté d'un autre qui revient du ski.

Sous Sarkozy, Martin Hirsch et Éric Besson causent montagne, leur passion commune. Bernard Kouchner, si flagorneur en Conseil, rectifie son image et joue les boute-en-train. On prend des nouvelles des enfants – familles Kouchner et Bussereau se fréquentent à l'École alsacienne. Roselyne Bachelot déclenche l'hilarité avec ses histoires de blondes, et décroche sans doute dans l'annexe son titre de ministre la plus drôle[2]. Bref, on se voit, on s'embrasse, on se tutoie, avant de ne plus pouvoir le faire pendant une heure ou deux.

---

1. Entretien avec Anicet Le Pors, 25 janvier 2011.
2. « Roselyne Bachelot élue par ses pairs ministres la plus drôle du gouvernement », *L'Express*, 6 décembre 2009.

Au début de l'ère Macron, réputée « transpartisane », les regroupements pour le café trahissent d'ailleurs les parcours politiques de chacun. Les macroniens de la première heure se retrouvent entre eux… et rarement avec les locataires de Bercy. « Je suis plus souvent avec ceux avec qui j'ai des affinités ou que je connais mieux[1] », concède diplomatiquement Marlène Schiappa. À les écouter, Nicolas Hulot, l'ancien écolo préféré des Français, désormais le chouchou du salon d'attente du Conseil, doit boire beaucoup de café. Beaucoup disent passer ce moment avec lui. Notamment Annick Girardin, qui l'a « connu au moment de la COP21, lorsqu'il était envoyé spécial de François Hollande et moi ministre[2] ». Sous François Hollande, se chuchotent même ici des demandes en mariage.

Le 17 avril 2013, les prétendants se bousculent pour servir le café à Michèle Delaunay. La ministre déléguée en charge des Personnes âgées vient, en effet, de révéler le deuxième plus gros patrimoine du gouvernement[3]. Un bon parti, assurément.

À l'inverse, parfois, on s'engueule. Durant les derniers mois du gouvernement Raffarin, en 2004-2005, Hubert Falco déboule un mercredi, en furie. Il traverse tout le salon Murat sous l'œil aussi stoïque qu'étonné des huissiers : « Il est où, Douste ? Je vais lui casser la gueule. » Le ministre chargé des Personnes âgées vient d'apprendre que son ministre de tutelle compte s'approprier le livre qu'il a écrit. Douste a mis sa photo, son édito, sans en avoir rédigé une ligne. Forcément, ça agace. Par chance, le ministre de la Santé vient de s'isoler. Les collègues tentent de calmer le jeu, redoutant le retour de l'autre qui – nouvel heureux hasard – sort

---

1. Entretien avec Marlène Schiappa, 5 décembre 2017.

2. Entretien avec Annick Girardin, 23 décembre 2017.

3. Dans la foulée des aveux du ministre du Budget, Jérôme Cahuzac, sur l'existence de son compte à l'étranger, tous les membres du gouvernement Ayrault rendent public leur patrimoine : 5,4 millions d'euros pour le couple de Michèle Delaunay.

finalement des toilettes lorsqu'on annonce l'arrivée du président de la République.

Quarante ans plus tôt, on s'enguirlandait déjà copieusement dans la cour de récré du Général. La scène a toutefois une autre classe puisque les insultes pleuvent alors en grec ancien. Face à face, Jean Foyer, le très droitier et très catholique garde des Sceaux, et Edgard Pisani, un gaulliste de gauche en charge de l'Équipement, souvent qualifié par le premier de « rastaquouère » – tout Maltais d'origine qu'il est, Pisani n'en a pas moins libéré Paris. Quoi qu'il en soit, Foyer, député du Maine-et-Loire, reproche à Pisani de s'être trouvé une circonscription trop près de chez lui, dans une partie de l'Anjou orientée plus à gauche. L'épouse du ministre de l'Équipement, petite-nièce de Jules Ferry, y possède un château. La causerie commence en français : « Ce type vient sur mes terres, c'est un scandale. » On passe ensuite aux vers d'Aristophane – tellement plus chic – quand soudain… la porte s'ouvre. De Gaulle entre, s'avance et, froidement, termine le vers qui vient d'être commencé. En grec dans le texte. Autres temps, autre langue… mais mêmes mœurs.

9

COHABITER

Ah, ce petit plaisir de remettre en place le président de la République en plein Conseil des ministres ! Quatorze ans après, Jospin l'austère savoure encore son meilleur tacle du quinquennat 1997-2002. Il n'a jamais rendu public ce texte, envoyé comme un soufflet à la face de Jacques Chirac au tout début de leur cohabitation. Il accepte de nous le transmettre, à la condition qu'il soit transcrit dans son intégralité. « Je m'étonne de ne pas encore l'avoir fait[1] », lance-t-il en arpentant son appartement parisien de la rue du Regard, de bibliothèques en armoires. Il retrouve finalement ses notes manuscrites du mercredi 16 juillet 1997 et demande à « Victo » (Victoria Pérez, son assistante) de les dactylographier avant de les transmettre à l'auteure de ces lignes.

Deux jours avant ce Conseil, lors de la « grand-messe » télévisée du 14 Juillet, Jacques Chirac, toujours politiquement convalescent suite à la dissolution manquée, expose aux Français le mode d'emploi de cette nouvelle cohabitation entamée six semaines plus tôt. Pour lui, les choses sont claires : le président aura toujours « le dernier mot ». Devant son poste de télévision, Lionel Jospin est à deux doigts de

1. Entretien avec Lionel Jospin, 20 avril 2011.

défriser. Le 16 au matin, il laisse éclater son courroux dans le Salon doré de l'Élysée :

« Monsieur le président, je ne peux laisser passer cette interprétation fantaisiste selon laquelle vous auriez "le dernier mot". Je ne trouve cette formule dans aucun article de la Constitution qui est précise. Je vais être amené à faire une mise au point. Je préférerais la faire en Conseil des ministres. Sinon, je la ferai publiquement. Donc je vous demande l'autorisation de la faire en début de Conseil.

— Très bien, faites. Je vous répondrai. »

Les deux hommes descendent dans le salon Murat, s'installent face à face. La mine des mauvais jours pour Chirac, qui donne la parole d'entrée au Premier ministre.

> — *Monsieur le président, avec votre autorisation, j'ai souhaité m'exprimer de façon solennelle devant le Conseil des ministres. Lors de votre intervention télévisée du 14 Juillet, vous avez donné une interprétation particulière de la Constitution et de vos prérogatives en période de cohabitation. Vous avez aussi porté jugement sur plusieurs aspects importants de la politique du gouvernement.*
>
> *Dans ces conditions, il m'apparaît courtois vis-à-vis de vous, utile pour les membres de mon gouvernement, et avant toute expression devant les Français, de vous donner mon sentiment sur ces questions en Conseil des ministres, c'est-à-dire dans l'institution même qui symbolise le travail commun du président et du gouvernement.*
>
> 1) *En ce qui concerne la Constitution, il ne me semble pas qu'elle soit susceptible d'interprétation. Ses dispositions sont claires. Et pour ce qui me concerne, je les appliquerai à la lettre.*
>
> *L'article 5 dispose : « Le président de la République veille au respect de la Constitution. Il assure, par son*

arbitrage, le fonctionnement régulier des pouvoirs publics ainsi que la continuité de l'État. Il est le garant de l'indépendance nationale, de l'intégrité du territoire et du respect des traités. »

L'article 64, alinéa 1, précise que « le président de la République est garant de l'indépendance de l'autorité judiciaire ».

L'article 20 dispose : « Le gouvernement détermine et conduit la politique de la nation. Il dispose de l'administration et de la force armée. Il est responsable devant le Parlement. » L'article 21 précise : « Le Premier ministre dirige l'action du gouvernement. Il est responsable de la Défense nationale. Il assure l'exécution des lois. »

Je ne vois dans la Constitution aucune mention de « responsabilité du président de la République pour ce qui concerne les aspects essentiels de la vie internationale et interne de la nation ».

Je n'y vois aucune allusion à une « prééminence » ou à un « dernier mot » qui seraient ceux du président de la République, rien qui l'instaure « gardien dans le domaine de la vigilance ». Or ce sont des termes que vous avez publiquement employés.

Dès lors que ni le respect de la Constitution, ni le fonctionnement régulier des pouvoirs publics, ni la continuité de l'État, ni l'indépendance nationale, ni l'intégrité du territoire, ni le respect des traités ne sont en cause, le gouvernement, avec la confiance de sa majorité parlementaire, entend déterminer et conduire librement sa politique, conformément au mandat qu'il a reçu du peuple français, à l'occasion des élections législatives, et ceci dans l'intérêt du pays.

2) *Pour ce qui concerne les jugements que vous avez portés sur l'action du gouvernement à l'occasion de votre intervention publique devant les Français, ils ne se situent*

pas dans l'ordre constitutionnel. Ils relèvent naturellement de votre libre appréciation de responsable politique, même s'ils sont pour la plupart ouvertement critiques.

Ces commentaires publics de votre part sur l'action du gouvernement appelleront nécessairement de la part du gouvernement des répliques et des mises au point.

Je voudrais dès aujourd'hui évoquer deux points particuliers de votre intervention qui ont ému le gouvernement, parce qu'ils ne relevaient pas seulement de la libre opinion politique ou de la légitime divergence de points de vue, mais étaient inexacts sur le plan des faits : la politique du gouvernement ne vise pas, au contraire, à régulariser tous les sans-papiers – le gouvernement n'a pas à rechercher des ressources supplémentaires pour financer les mesures nouvelles du décret d'avance puisqu'il les a déjà trouvées et que ce décret d'avance est présenté en équilibre.

Voilà, monsieur le président de la République, ce que je croyais nécessaire d'exprimer ce matin en Conseil des ministres.

Jacques Chirac a promis une réponse. Elle est expéditive :

— *Chacun a son interprétation.*

Silence.

« Il ne pouvait pas contester ce que je lui disais, argumente Lionel Jospin des années plus tard, osant même la métaphore artistique. C'est le respect des formes. Ces formes sont essentielles en démocratie. Parfois elles se détachent comme un dessin se détache d'une peinture. Mais le dessin existe[1]... »

Depuis le début de la Ve République, trois couples exécutifs ont eu à tracer cet étrange dessin de la cohabitation. Étrange dessein en effet que celui de faire vivre des institutions conçues

1. Entretien avec Lionel Jospin, 20 avril 2011.

pour un contexte consensuel lorsque les deux principaux acteurs sont désormais adversaires par la volonté du peuple. Le salon Murat en constitue, en tout cas, le principal théâtre.

La première expérience de cohabitation (1986-1988) démarre par un Conseil des ministres maintes fois décrit.

Samedi 22 mars 1986, assis face à son Premier ministre Jacques Chirac, François Mitterrand donne la température d'entrée : atmosphère glaciale, a-t-on dit. Pas un « bonjour », ni même un regard. Les caméras et appareils photo, autorisés à immortaliser l'instant inédit, révèlent un président figé, statufié, les yeux plantés dans le mur qui lui fait face, ignorant superbement ses compagnons de fortune, qu'il exècre. En grand commis de l'État, il surjoue le Sphinx en résistance. Mythe ou réalité ?

Jacques Chirac, dans le tome I de ses Mémoires, paru fin 2009, apporte une version plus nuancée de cette scène inaugurale. D'après lui, « la réalité de ce qui s'est passé ce jour-là est loin d'avoir été aussi dramatique[1] ». Le rappel du partage constitutionnel des rôles prend d'ailleurs un tour moins grave que celui que Chirac connaîtra, une fois devenu président, avec Lionel Jospin, Premier ministre.

> — *C'est ici, au Conseil des ministres, que se décident les affaires du pays,* déclare Mitterrand. *La responsabilité entière de la conduite de la politique gouvernementale est la vôtre, comme l'a voulu la Constitution. La responsabilité est encore la mienne dans un certain nombre de domaines. Pour assurer l'avenir du pays, c'est le nôtre.*

Jacques Chirac affirme répondre par une déclaration « tout aussi conciliante » :

> — *Le président a fait appel à un Premier ministre de la nouvelle majorité. Il nous faut assumer le gouvernement*

1. Jacques Chirac, *Mémoires. Chaque pas doit être un but*, tome I, Nil éditions, 2009.

dans la dignité, en nous fondant sur deux principes : le respect du verdict populaire et le respect des prérogatives du président. Nous avons deux priorités : l'emploi et la sécurité. La campagne électorale est terminée : je ne veux pas de polémique.

Autour de la table, nombre de ministres RPR ou UDF débutent leur carrière gouvernementale : Bernard Pons, Philippe Séguin, Alain Juppé, Robert Pandraud, Alain Carignon, Alain Devaquet, Michèle Alliot-Marie, Alain Longuet ou encore Charles Pasqua. Certains affichent une confiance presque insolente. « Honnêtement, Mitterrand se demandait ce qu'il faisait là, se souvient l'ancien ministre de l'Intérieur. Mais nous, on pensait tous qu'on aurait sa peau avant la fin de son mandat[1]. »

Le chef du gouvernement va pourtant vite comprendre que le président n'a pas l'intention de s'éclipser. « Je ne cesserai de vous surveiller », lui a-t-il glissé lors de leur premier échange. Deux ans à tenir avant la prochaine présidentielle. « Il savait qu'il allait se représenter, même s'il ne le disait pas, se souvient, de son côté, Édouard Balladur. Il était donc décidé à compliquer la tâche du gouvernement[2]. »

Au deuxième Conseil, le 26 mars 1986, le maître de l'Élysée annonce qu'il refuse de signer la première ordonnance visant à supprimer l'autorisation administrative de licenciement installée en 1975. Détail croustillant de l'histoire : le Premier ministre Jacques Chirac, qui défendait cette mesure sous Giscard, est le même qui, onze ans après, veut la supprimer.

Quatre mois plus tard, le 14 Juillet, François Mitterrand annonce, à la télévision, qu'il ne signera pas non plus l'ordonnance Balladur sur la privatisation. Quarante-deux banques et treize compagnies d'assurances doivent être vendues pour

1. Entretien avec Charles Pasqua, 22 avril 2011.
2. Entretien avec Édouard Balladur, 6 mai 2011.

combler une partie du déficit public. « Il disait ne pas vouloir favoriser la prise de contrôle du service public par des intérêts étrangers. Ce qui était d'une mauvaise foi insigne », s'indigne le ministre de l'Économie de l'époque. En l'occurrence, le « dernier mot » revenant au Parlement, le gouvernement Chirac s'en sort en dégainant l'article 49-3 de la Constitution – adoption en force, sauf si l'Assemblée veut le renverser. Chirac l'annonce en Conseil, trois jours après l'intervention présidentielle. La majorité fera ainsi adopter beaucoup de ses textes phares, dont, à l'automne, la réforme Pasqua du mode de scrutin et le nouveau découpage électoral.

Juste avant le début de la cohabitation, l'équipe Mitterrand-Fabius, qui a vu arriver de loin la défaite aux législatives de 1986, s'est aussi débrouillée pour renforcer une autre arme du président : le pouvoir de nomination. Un pouvoir de nuisance redoutable ! Tel un duelliste qui mettrait de côté quelques gros calibres avant l'arrivée de l'adversaire, le secrétaire général du gouvernement Jacques Fournier rédige un décret[1] qui fait plus que doubler (cent soixante-cinq au lieu de soixante-seize) le nombre de dirigeants d'établissements ou d'entreprises publiques devant être nommés en Conseil des ministres, avec signature du président.

« La plupart étaient la conséquence des nationalisations », explique Jacques Fournier qui se défend de toute intention de gonfler les pouvoirs du président. Dans la liste, on voit cependant apparaître les directeurs des caisses nationales de la Sécurité sociale, des offices agricoles, des compagnies nationales d'assurances et autres établissements qui n'y figuraient pas jusque-là.

Pour le Premier ministre, l'une des tâches les plus rudes en cohabitation consiste à tenir ses troupes pendant le Conseil, l'unique moment où le président se retrouve face à l'équipe

1. Décret du 6 août 1985.

« adverse ». Ne jamais donner prise au vent élyséen. « Matignon bordurait toutes les prises de parole[1] », se souvient Jean-Louis Bianco, secrétaire général de la présidence. Maurice Ulrich, le directeur de cabinet de Jacques Chirac à Matignon, surveille chaque virgule. La même prudence se répétera lors des deux cohabitations suivantes.

Parfois, pourtant, le président du camp d'en face peut devenir l'allié d'un jour ou d'un projet.

Bernard Bosson, ministre des Affaires européennes de cette première cohabitation, monte au front un mercredi pour tenter de sauver Erasmus. Chirac veut tailler les crédits de ces programmes européens d'échanges entre universités. Bosson, misant sur le soutien de François Mitterrand, s'autorise à contredire le Premier ministre. « Même nous, à l'Élysée, on ne savait pas qu'il allait s'emballer comme ça ! », s'étonne Jean-Louis Bianco, encore estomaqué vingt-cinq ans après. Mitterrand, bien entendu, est à l'affût du moindre affrontement entre courants de la majorité. Affrontements à fleurets mouchetés, mais tout le monde comprend. Entre François Léotard (Culture, UDF) et Édouard Balladur (Économie, RPR), notamment, c'est un peu bisque, bisque, rage.

Balladur, qui ne veut pas quitter les fastes du Louvre pour s'installer dans la modernité froide du nouveau Bercy, trouve plusieurs fois face à lui le duo Léotard-Mitterrand, soudé pour porter les grands travaux de la Culture chers au président socialiste. Visiblement, Léotard savoure de se « payer » Balladur. « Et Chirac laisse faire ! », s'amuse Bianco.

On est à quelques mois de la présidentielle de 1988, chacun choisit son camp, les pro-Chirac d'un côté, les pro-Barre de l'autre. D'après Michel Charasse[2], homme de confiance du

1. Entretien avec Jean-Louis Bianco, 4 avril 2011.
2. Michel Charasse, *55, Faubourg Saint-Honoré*, Grasset, 1996.

président, Mitterrand, qui voisine avec Balladur, ministre de l'Économie et numéro deux du gouvernement, ne s'interdit pas de jouer la proximité avec lui. L'intéressé fait mine de ne pas s'en être aperçu : « C'est tout à fait faux ! » Pourtant, Mitterrand souligne aussi souvent que possible son talent.

Pour se « défendre » face à l'équipe adverse, le président peut quand même compter sur un allié capital : le secrétaire général de l'Élysée. En Conseil, Jean-Louis Bianco, quoique silencieux, reste en permanence en contact, par le regard, avec le président. Un coup d'œil suffit pour se comprendre.

De même, Bianco est très souvent convié à l'entretien président-Premier ministre qui précède le Conseil. « Ça lui permettait de montrer devant témoin à Chirac qui était le patron. C'était aussi l'occasion de me donner des consignes en sachant que Chirac ne pouvait pas le contredire devant moi. De fait, il ne l'a pratiquement jamais fait. » À l'issue de ces rendez-vous, le secrétaire général reçoit souvent un coup de fil du directeur de cabinet de Jacques Chirac à Matignon, Maurice Ulrich. Une forme de complicité naît d'ailleurs progressivement entre Bianco, qui assiste François Mitterrand, et ce chiraco-gaulliste de toujours qu'il décrit aujourd'hui comme étant d'une « drôlerie inimitable ».

« Le Premier ministre croit avoir compris que le président voulait ci ou ça… Entre vous et moi, je ne suis pas sûr qu'il ait tout compris, avance Ulrich.

— Vous avez tout à fait raison, il n'a pas compris du tout », répond le secrétaire général de l'Élysée.

Entre les deux subalternes, c'est presque une « cohabitation de velours ».

Le terme est toutefois définitivement attaché à la deuxième expérience, qui débute en mars 1993, pour deux ans. La gauche vient de perdre à nouveau les législatives, plus sévèrement qu'en 1986[1]. François Mitterrand, dont le cancer a été révélé en 1992, n'est plus en position de se présenter à sa succession. Changement de contexte, d'enjeu, et donc de ton. Dans le souvenir du Premier ministre Édouard Balladur, le couplet d'accueil de Mitterrand au premier Conseil est encore plus court qu'en 1986[2] :

> — *Nous sommes ici, les uns et les autres, parce que le peuple français l'a voulu.*
>
> — *Nous nous montrerons, de notre côté, totalement respectueux des institutions, mais également déterminés à mettre en œuvre le projet approuvé par la majorité nouvelle et le changement nécessaire,* répond Balladur. *J'ajoute qu'il n'est pas question pour moi, sauf exception, de réunir de conseil de cabinet préalablement au Conseil des ministres, qui serait alors transformé en simple organe d'enregistrement. Ce serait une incongruité.*

Comme en 1986, pas de photo de famille à l'Élysée à l'issue du premier Conseil. D'après Édouard Balladur, François Mitterrand s'en excuse presque lors de leur premier entretien :

« Je n'entends pas vous désobliger, mais ce gouvernement n'étant pas tout à fait celui qui correspond à mes préférences, je n'ai pas à figurer sur une photographie à vos côtés. [...] Mais il serait tout à fait possible que cette photo fût prise à l'Élysée, même hors de ma présence.

— Je trouverais cela tout à fait déplacé », répond le Premier ministre.

Épisodiquement, quand même, le « velours » devient plus rêche.

---

1. Le PS recueille au premier tour, le 21 mars 1993, 17,6 % des suffrages et perd, après le second, les quatre cinquièmes de ses députés.
2. Édouard Balladur, *Le Pouvoir ne se partage pas. Conversations avec François Mitterrand*, Fayard, 2009.

L'une des rares scènes de ménage au sein du couple exécutif éclate au sujet des essais nucléaires, lors d'un Conseil de Défense qui suit chaque semaine le Conseil des ministres.

Ce 8 décembre 1993, la France a suspendu ses tests depuis dix-huit mois, conformément au moratoire décidé par les principales puissances nucléaires mondiales. Mais, avant de signer le grand traité d'interdiction prévu pour 1996, la droite se bat pour effectuer un ou deux derniers tirs (ceux que Jacques Chirac finit par décider à son arrivée à l'Élysée en 1995). Pendant une demi-heure, ce mercredi d'hiver, Mitterrand, qui avait promis de ne pas s'exprimer, monopolise la parole et développe ses arguments. Balladur, Léotard (Défense) et le chef d'état-major des armées ne disent rien. Ils savent que les militaires n'obéiront qu'au président. Finalement, le Premier ministre se permet quelques mots. Sacrilège ! Pour lui, l'absence de ces derniers tests « entame la crédibilité de la dissuasion française ». Mitterrand conclut, implacable : « Je saisirai l'opinion, si besoin est. » Le malaise s'installe autour de la table.

De retour à son bureau, Édouard Balladur prend la plume pour un rappel de la Constitution – plus discret toutefois que la sortie jospinienne au salon Murat, et manifestement moins efficace. « Vous avez bien voulu me nommer Premier ministre. Cela me confère, selon les termes de l'article 21 de la Constitution, et aux côtés du président de la République, chef des armées, la responsabilité de la Défense nationale, c'est-à-dire de l'efficacité et de la crédibilité de l'ensemble de nos forces. [...] C'est aujourd'hui pour moi un devoir de conscience de vous faire part de ma conviction[1] », conclut-il.

À écouter Édouard Balladur, son gouvernement de cohabitation apparaît en tout cas moins désuni que celui de

1. Lettre du 22 décembre 1993, *in* Édouard Balladur, *Le Pouvoir ne se partage pas*, *op. cit.*

Jacques Chirac en 1986. François Mitterrand le lui reproche d'ailleurs. « Il me disait : "Vous les tenez d'une main trop ferme, personne n'ouvre la bouche au Conseil !" s'enorgueillit aujourd'hui l'ancien Premier ministre. Il aurait été ravi de pouvoir jouer des uns et des autres, ce qui était son lot coutumier[1]. » La seule période où il reconnaît l'existence de divisions naissantes concerne la campagne présidentielle du début de l'année 1995. Facile : les principaux membres du gouvernement roulent pour lui, à l'exception de Jacques Toubon et de Roger Romani. « Même Juppé était pour Balladur, prétend un ancien ministre requérant toujours, quinze ans après, l'anonymat. Chirac était à 12 %, il était fini. »

En cohabitation plus qu'au cours de toute autre période, chaque détail donne lieu à surinterprétation. Ainsi de l'entretien hebdomadaire président-Premier ministre, juste avant le Conseil. Mitterrand, que l'on sait retardataire invétéré, ne veut surtout pas descendre au salon Murat plus tôt qu'à l'époque Mauroy ou Fabius. « Discutons encore un peu, ou l'on conclura à notre mésentente », explique-t-il à Édouard Balladur.

Mitterrand est en fin de règne, malade. Le Premier ministre en campagne ne peut pas donner l'impression de profiter de la faiblesse physique du chef de l'État. D'autant que François Mitterrand s'en ouvre régulièrement à lui. À maintes reprises, en descendant l'escalier durant la dernière année, il s'assure de son aide : « Si je défaille au Conseil, vous prendrez la relève. » François Bayrou, ministre de l'Éducation, garde le souvenir d'une serviette de toilette à portée de main du président, « au cas où il devrait vomir[2] ». La plupart du temps, le Conseil va

1. Entretien avec Édouard Balladur, 6 mai 2011.
2. Entretien pour le documentaire TV avec François Bayrou, 27 novembre 2012.

à son terme sans interruption. Mais deux fois au moins, l'une en Conseil, l'autre en Conseil de Défense, la douleur le fige et tétanise tout le gouvernement pendant de longues secondes.

Philippe Douste-Blazy, médecin de formation, le revoit, un mercredi de mars ou avril 1994, les yeux clos, dans son fauteuil. À deux reprises, Michèle Alliot-Marie, ministre de la Jeunesse et des Sports, assise à côté de lui, saisit son bras : « Tu devrais peut-être y aller, il va faire un malaise[1]. » Bayrou est convaincu que le chef de l'État a même perdu connaissance quelques secondes, ce jour-là. « Quand il est revenu à lui, est montée du fond de son être cette rage de se battre et de cogner. Et c'est Toubon, le pauvre, qui était en train de faire une communication, qui s'est fait dézinguer. Façon de montrer que la vie était de retour. » À la demande d'Édouard Balladur, l'épisode restera tu. Mais le mercredi 13 juillet 1994, avant de descendre au salon Murat, François Mitterrand informe le chef du gouvernement qu'il s'apprête à subir une nouvelle opération de la prostate.

Une semaine plus tard, le Premier ministre supplée le chef de l'État et préside le Conseil. Exactement comme Pompidou en 1964 (après une hospitalisation de De Gaulle), Bérégovoy en 1992 (première opération de Mitterrand) ou, par la suite, Villepin en 2005 (accident vasculaire cérébral de Chirac). Seule différence ici, la cohabitation vire de plus en plus au lien personnel et au passage de témoin.

Par hasard sans doute, l'ordre du jour de ce 20 juillet permet à Balladur de délivrer les premières consignes budgétaires pour la dernière année avant la présidentielle. Il annonce aussi le remplacement d'Alain Carignon, démissionnaire, par Nicolas Sarkozy pour l'intérim de la Communication. Balladur semble un peu trop à son aise et fait visiblement des jaloux.

1. Entretien avec Michèle Alliot-Marie, 14 juin 2011.

D'après Charles Pasqua, c'est à cette période qu'il commet l'impair peut-être fatal à sa campagne présidentielle. Ce 15 août 1994, moins d'un mois après avoir remplacé le président au Conseil des ministres, Balladur participe aux commémorations du cinquantenaire du débarquement allié en Provence, au large de Saint-Tropez. Président, Premier ministre, ministre de la Défense, ministre de l'Intérieur... puisque tout le monde est là, réuni sur le croiseur *Jean-Bart*, François Mitterrand suggère d'y organiser le Conseil de Sécurité intérieure. Mais la douleur est insoutenable. Le président monte dans un hélicoptère : « Finissez sans moi, je rentre à Paris. » Lors de la conférence de presse de l'après-midi, un journaliste interroge le Premier ministre :

« Il paraît que vous avez évoqué la Bosnie ce matin ?

— Oui, j'ai présidé le Conseil de Sécurité intérieure, et voilà ce que nous avons décidé », répond, gonflé d'orgueil, l'homme de Matignon.

À cet instant, Pasqua se dit : « Passer Mitterrand par pertes et profits, ça, mon vieux, tu vas le payer. » Ce qui ne manque pas de se produire huit jours plus tard.

Le même Pasqua s'amuse à raconter la revanche du président. Lors de la commémoration de la Libération de Paris, le chef de l'État se trouve encadré par Balladur et le maire de la capitale, Jacques Chirac. « Mitterrand s'est tourné vers Chirac et lui a dit : "Vous m'aviez proposé de visiter la mairie et de signer votre Livre d'or. Allons-y !" Ils sont partis tous les deux, plantant Balladur comme une nouille. »

Crime de lèse-majesté ou pas, le verdict reste le même : Balladur est battu dès le premier tour de la présidentielle[1]. Passé du pinacle au pilori, comme Jospin en 2002, ou Chirac en 1988, même si celui-ci va jusqu'au second tour. Cohabitation

1. En 1995, Édouard Balladur recueille 18,58 % des suffrages, troisième derrière Lionel Jospin (23,3 %) et Jacques Chirac (20,84 %).

ou pas, la « malédiction » du Premier ministre semble frapper sans distinction à la sortie de Matignon.

À l'inverse d'Édouard Balladur, Lionel Jospin, pour la troisième expérience de cohabitation en 1997, trouve assis en face de lui, le mercredi, un président Jacques Chirac en pleine santé. Jospin subit même un duo Chirac-Villepin, qui fonctionne à merveille. Le secrétaire général de l'Élysée est la botte magique du président, son seul allié face à « l'armée adverse ».

Debout, assis, constamment en mouvement, l'énarque grandiloquent, qui ignore ostensiblement les ministres, vient dire des messes basses à l'oreille du président, espionné par Martine Aubry (Emploi) à sa droite et Claude Allègre (Éducation) à sa gauche. Il lui glisse une note, vient chercher la réponse, reprend un dossier et retourne s'asseoir à sa petite table, style théâtral et position stratégique. « J'avais la meilleure place. D'abord parce que j'avais vue sur les deux – président et Premier ministre –, alors que les ministres ne voient que l'un des deux. Ensuite, en étant un mètre derrière, je voyais les apartés, les réactions de tel ou tel quand Chirac parlait… ou même quand Jospin agaçait certains membres du gouvernement, une fois l'esprit *dream team* des débuts envolé[1]. »

Pour faire enrager son Premier ministre, le président « copine » ostensiblement avec certains ministres. À la fin d'une communication, il interpelle le ministre de la Santé, qu'il connaît de l'époque de Médecins sans frontières – « Qu'en pense le docteur Kouchner ? » –, y compris sur des sujets de politique étrangère. Lionel Jospin fulmine. Claude Allègre, ministre de l'Éducation nationale, rentre conquis d'un voyage présidentiel au Japon. La proximité devient telle qu'en réunion de ministres, le jeudi, le premier d'entre eux finit par se fendre d'une mise au point : « Non, Chirac n'est pas un mec

1. Entretien avec Dominique de Villepin, 15 mars 2011.

sympa. Non, on ne se tape pas sur le ventre dans les déplacements internationaux. Chirac reste un adversaire politique, même si ça doit se faire dans le respect des institutions. »

Autre arme redoutable : le silence. Rien de tel pour agacer Jospin. Philippe Bas, l'adjoint de Dominique de Villepin, qui le remplace parfois, se souvient de l'embarras du Premier ministre. « Un mercredi, le président prend la parole pour dire son opposition au projet qui vient d'être présenté, mais il "oublie" de dire "le texte est adopté", et passe à la suite. Lionel Jospin a été obligé de reprendre la parole : "Mais alors, monsieur le président, est-ce que le texte est adopté ?" Le président a fini par lâcher : "Le texte est adopté." » Villepin salue le virtuose : « Chirac maîtrisait les silences comme personne. » Et d'ajouter, n'oubliant jamais son combat de l'époque : « Il faut savoir tenir les silences. C'est ce que Sarkozy ne sait pas faire. »

Au plan institutionnel, la véritable arme du président – essentiellement dissuasive – consiste à bloquer l'ordre du jour. En particulier les nominations devant être validées en Conseil. Lionel Jospin reste « scandalisé » par le maintien en place, exigé par Jacques Chirac, du directeur des Renseignements généraux, « cette petite canaille d'Yves Bertrand, l'homme aux carnets », comme le qualifie l'ancien Premier ministre. « Daniel Vaillant [ministre de l'Intérieur] et moi-même voulions mettre fin à ses fonctions, d'autant qu'il avait lui-même demandé à être promu au tour extérieur du gouvernement au sein de l'inspection générale sur un poste à pourvoir en 2000. Nous avons dit à Jacques Chirac qu'il était là depuis trop longtemps, huit ans. Nous n'avons pas voulu charger la barque, nous ne savions pas encore pour les carnets, nous ne savions pas jusqu'où ça pouvait aller ! Mais je dois dire que, rétrospectivement, ça nous donne raison. Ça a duré pendant des semaines, et Chirac n'a jamais voulu céder. »

Outre les nominations, le président peut aussi barrer la route à un projet du gouvernement. Si l'Élysée refuse d'inscrire le texte, Matignon n'a plus qu'à fermer boutique.

En novembre 1997, Chirac n'est pas loin de mettre la menace à exécution sur les « trente-cinq heures », projet emblématique de la gauche. Martine Aubry, la ministre du Travail, a promis une grande consultation. Mais, coup de théâtre, Lionel Jospin annonce une loi. Clash avec les partenaires sociaux... et aubaine pour Jacques Chirac, qui se met en tête d'exiger un avis du Conseil économique et social – où siègent les partenaires sociaux – avant d'inscrire le texte au Conseil. Un autre incident de cohabitation l'en dissuadera finalement. Sûr de son fait – il veut sa négociation –, le président se risque à prendre à témoin la Commission européenne réunie à Luxembourg sur la politique de l'emploi. Le mémorandum qu'il distribue à toutes les délégations met en garde contre les « expérimentations hasardeuses » en la matière.

Sur le moment, le Premier ministre ravale sa salive... mais se venge, trois jours plus tard, au Congrès du PS à Brest. « Il me souvient d'expérimentations hasardeuses, lance Jospin devant des militants aux anges. Il n'y en a pas qu'en économie, il y en a aussi en politique. J'ai en tête une certaine dissolution... » Un partout, balle au centre. Chirac renonce à bloquer l'ordre du jour du Conseil. « Il n'a pas voulu entrer dans la guerre de tranchée, se souvient Philippe Bas, à l'époque conseiller social à l'Élysée. Il savait que si le Premier ministre refusait de saisir le Conseil économique et social, il lui faudrait quand même l'inscrire à l'ordre du jour pour ne pas bloquer son parcours parlementaire[1]. » Au Conseil qui suit, le président Chirac, armé de sa fiche cartonnée, se fend quand même d'une parole solennelle pour marquer son désaccord :

1. Entretien avec Philippe Bas, 4 janvier 2011.

— *Ce n'est pas le principe de la réduction du temps de travail qui pose problème, c'est sa réduction uniforme, sous la même toise. Ce n'est pas ainsi que nous créerons de l'emploi. Et j'ai une autre conception du dialogue social.*

Sur la Corse, en revanche, Jacques Chirac va au bout de la démarche. En 2001, le Conseil d'État rejette deux dispositions du projet de loi : l'enseignement de la langue corse à l'école de la République et la possibilité pour l'Assemblée de Corse d'obtenir la rediscussion d'une loi sur la partie s'appliquant à l'île. « Passons outre l'avis du Conseil d'État ! Le Conseil constitutionnel ne nous censurera pas », veut croire Olivier Schrameck, le directeur de cabinet de Lionel Jospin, qui l'inscrit, tel quel, à l'ordre du jour du Conseil. Mais pour l'Élysée, c'est « non ».

Le secrétaire général du gouvernement qui vient, comme chaque lundi à 17 heures, présenter le programme du mercredi essuie un refus du président. Chirac écrit même à Jospin pour lui rappeler sa responsabilité constitutionnelle au nom de l'article 5 de la loi de 1958. Une fois le message bien martelé, le président finit par céder. Objectif atteint. « Politiquement, il avait enfoncé un coin à l'intérieur de la gauche, déjà très divisée sur le sujet corse, salue Philippe Bas, admiratif. Au passage, il avait désigné le Premier ministre comme un mauvais républicain à la face des Français. »

Si les affrontements restent courtois dans la solennité du salon Murat, autrement plus virils sont les entretiens qui précèdent.

Le mercredi 24 octobre 2000, Lionel Jospin entre au salon Murat tendu comme un arc, ulcéré de s'être entendu ordonner par Jacques Chirac de faire interdire les farines animales. Le président, briefé notamment par son coach écolo officieux, Nicolas Hulot, a très vite saisi le bénéfice politique qu'il pouvait tirer de la crise de la vache folle. Déjà soixante bêtes touchées sur les dix premiers mois de l'année, et un Premier ministre qui tergiverse sur les farines.

« Évidemment, nous y travaillions, mais ça ne pouvait pas se faire du jour au lendemain, s'offusque aujourd'hui encore l'ancien Premier ministre. Il fallait trouver le moyen de détruire les stocks sans induire d'autres risques pour la santé, fumées d'incinération ou autre. Et puis, en affolant l'opinion, on mettait en péril les ventes de bovins et du même coup tous ses amis agriculteurs ! »

Bien entendu, le chef de l'État n'ignore rien de ce travail en cours – l'Élysée reçoit tous les comptes rendus de réunions interministérielles tenues à Matignon. Mais Chirac n'a pas le temps d'attendre. En politicien pressé, il réitère sa demande deux semaines plus tard, avant et pendant le Conseil du 7 novembre. « Principe de précaution ! », tonne-t-il. À la sortie, devant micros et caméras convoqués exceptionnellement, et sans attendre les experts de l'Afssa (Agence française de sécurité sanitaire des aliments), il réclame solennellement au Premier ministre l'interdiction sans délai des farines. Jospin, KO, s'exécute le 14 novembre. « C'est l'un des effets pervers de la cohabitation, analyse-t-il après coup. Le lieu de l'exécutif, qui devrait être le lieu de l'unité, devient potentiellement un lieu de conflit politique. »

Toute la complexité du Conseil des ministres en cohabitation est ainsi résumée : « Matignon doit gouverner, mais l'Élysée a la légitimité[1] », explique Frédéric Salat-Baroux, conseiller social de Jacques Chirac durant cette cohabitation. Toute la complexité, mais aussi tout le sel ! Quelles que soient les tentatives de blocage de l'Élysée, ces périodes demeurent les heures de gloire des Premiers ministres, leur âge d'or.

1. Entretien avec Frédéric Salat-Baroux, 21 décembre 2010.

« Attention, je respectais les prérogatives de la Constitution. Le chef de l'État présidait le Conseil. C'est toujours lui qui a ouvert la séance ! », tente de rectifier Lionel Jospin, avant de reconnaître que, en effet, « la dynamique était clairement du côté de Matignon ». Au passage, il ne boude pas le plaisir qu'il a eu à réunir ses ministres un jeudi sur deux, pour une sorte de Conseil *bis*... sans président ni compte rendu. « Je ne suis pas sûr que M. Fillon soit en état de faire la même chose aujourd'hui », souligne-t-il, un brin vachard, à l'époque de notre entretien en 2011.

« En cohabitation, le Conseil des ministres n'a pas d'importance, conclut de son côté Édouard Balladur. Je m'entendais – ou ne m'entendais pas – avec François Mitterrand sur les dossiers que nous allions évoquer et ainsi nous évitions les sujets jusqu'à ce qu'ils aient été réglés. En fin de compte, c'était très vite expédié, parfois en une demi-heure. »

Court, certes, verrouillé, en effet, le Conseil devient, dans ces périodes, un pur combat politique. Avec un enjeu majeur : ne pas gripper la machine de l'État... sans pour autant faire de cadeau à l'adversaire.

10

LES INTRUS

Instant sacré rue Saint-Didier. Comme tous les mardis soir, c'est « apéro chez Marcel, le Limousin ». En plein XVIe arrondissement de Paris, à deux pâtés d'immeubles du Trocadéro, quatre hommes en costume desserrent le nœud de cravate et s'installent autour de la petite table du salon. Pas pour taper le carton ou faire leur Pari mutuel urbain, non : ces messieurs préparent le Conseil des ministres.

Marcel, c'est Rigout, ministre de la Formation professionnelle du gouvernement Mauroy, entouré des trois autres communistes que le monde entier surveille du coin de l'œil. « On se retrouvait après le boulot, vers 19 heures, raconte Anicet Le Pors. On restait là une heure, une heure et demie. On regardait l'ordre du jour du lendemain, on se mettait d'accord sur la position à tenir et on se répartissait les interventions[1]. » Chacun son rôle. Le Pors, ministre de la Fonction publique, l'économiste de la bande, est préposé aux sujets économiques. Marcel Rigout, le préféré de Mitterrand, intervient sur certaines questions politiques. Jack Ralite, hâbleur ministre de la Santé, est sans doute le moins loquace en Conseil en dehors de ses propres dossiers. Quant au « chef », Charles Fiterman, le gentil, troisième ministre d'État du gouvernement – devant

1. Entretien avec Anicet Le Pors, 25 janvier 2011.

Michel Rocard et Jean-Pierre Chevènement –, son job consiste surtout à arrondir les angles, à repasser derrière les coups de gueule d'Anicet Le Pors en plaidant : « Non, mais il a un bon fond, vous savez. » Rôle qui ira croissant au fur et à mesure du tournant libéral, car les colères se multiplieront.

Pour le quatuor communiste, plus que pour tous les autres débutants de ce gouvernement, pas question d'apparaître comme des bleus. Passe encore qu'on ne leur installe pas tout de suite le téléphone en voiture, que personne ne leur explique que les frais de cocktail sont bidon et qu'il faut envoyer la facture à l'Élysée si l'on veut plus de dix petits-fours, qu'ils découvrent sur le tard que, pour les places d'opéra, il faut se rapprocher de Monique Lang... Ce qui compte, pour eux, c'est d'être respectés dans leur boulot. « Dès les premiers jours, Claude Cheysson, le ministre des Affaires étrangères, nous avait qualifiés de "porteurs de plis", se souvient Le Pors. C'était assez désobligeant, mais on n'avait pas répliqué. On concentrait nos interventions sur le fond. »

D'entrée, les quatre travaillent d'arrache-pied pour jouer leur propre partition. Le 27 juillet 1981, Le Pors obtient d'intervenir à l'Assemblée après le ministre de l'Intérieur, Gaston Defferre, pour contrer la loi sur la décentralisation générale que celui-ci vient présenter. Avec l'aval de Pierre Mauroy, le ministre de la Fonction publique monte à la tribune et défend une ligne différente de Defferre. Notamment sur le statut de fonctionnaire à part entière pour les territoriaux. « Gouvernement en stéréo », ironise un grand quotidien.

Une semaine plus tard, un mardi soir de début août, c'est l'ordre du jour du Conseil qui coince. Pas question pour eux d'examiner l'assujettissement des fonctionnaires au 1 % de l'assurance-chômage. Ils ont beau tourner et retourner les pages dans les deux sens, la mesure envisagée ne figure pas dans la « bible bleue », la *doxa* rédigée juste après la victoire de mai 1981 avec les cent dix mesures de référence. Ni une, ni deux, Le Pors convoque la presse le soir même. Les trois journaux présents ont tous l'oreille de Matignon. Effet garanti : le lendemain matin, le 1 % chômage a disparu de l'ordre du jour ! Il reviendra quand même quinze mois plus tard.

En octobre de la même année, c'est aussi rue Saint-Dizier que Le Pors met au point la contre-offensive sur la première dévaluation. Deux jours auparavant, le dimanche 4, Jacques Delors, ministre de l'Économie, obtient à Bruxelles de dévaluer le franc français de 8,5 %, contre la promesse gouvernementale de geler les investissements publics. Poussée de fièvre au Conseil du 7.

> — *Nous n'avions pas le choix, il fallait faire un clin d'œil à nos amis européens,* explique Delors.
> — *On n'est pas là pour faire des clins d'œil,* réplique Le Pors.

Ce jour-là, le Conseil s'éternise au-delà de 14 heures, mais les communistes s'inclinent.

François Mitterrand craint la bande des quatre. Anicet Le Pors en aura confirmation des années plus tard, de la bouche d'une journaliste de France Inter, Kathleen Evin, une proche de Mitterrand. « Il redoutait vos interventions car elles étaient toujours extrêmement préparées et donc dérangeantes », complimente la journaliste, venue interviewer l'ancien ministre de la Fonction publique.

Entre autres sorties difficiles à digérer, le président garde en travers de la gorge cet incident à l'automne 1982, sur l'amnistie des généraux putschistes d'Algérie. L'atmosphère est déjà tendue car le PS est divisé sur la question. La fronde, relayée par Pierre Joxe[1], patron du groupe socialiste à l'Assem-

1. Pierre Joxe prend cette amnistie comme une injure à sa famille. Son père, Louis Joxe, ministre du général de Gaulle, est l'un des principaux négociateurs des accords d'Évian qui aboutissent à l'indépendance de l'Algérie en 1962, ce qui lui vaut d'avoir sa tête mise à prix par l'OAS.

blée, sera telle que Pierre Mauroy se sentira obligé de faire adopter la loi de réhabilitation par la force, avec l'article 49.3 – pour la première fois.

Pour l'heure, le Premier ministre présente le projet en Conseil. Mitterrand, raide comme un piquet, regarde droit devant lui. Quand, soudain, il entend Le Pors intervenant sur sa droite, entre les deux Jean-Pierre, Chevènement et Cot :

— *J'espère qu'on fera preuve de la même considération vis-à-vis de Maurice Audin, ce professeur communiste probablement disparu sous la torture.*

Stupeur. En tant que ministre de la Fonction publique, Le Pors est celui qui signe les textes de reconstitution de carrière des généraux.

— *Oui, oui, bien sûr*, assure Mitterrand.

Toujours ces mêmes égards vis-à-vis des ministres communistes qui observent, atterrés, le président rabrouer franchement ses plus proches. « Avec nous, il assenait ses arguments, toujours sobre. Sans agressivité, mais sans sympathie, se souvient Le Pors. Au pire, il attirait notre attention sur la prudence dont on devrait faire preuve. »

Plus lourd de conséquences, le flou autour du passage aux trente-neuf heures, en 1982, semble directement lié à la volonté de Mitterrand de ne pas fâcher les communistes. Sans doute aussi à son aversion à trancher les dossiers pendant le Conseil. Personne n'a jamais su quelle décision avait réellement été prise. L'ordonnance instaurant les trente-neuf heures de travail hebdomadaire, promulguée le 16 janvier 1982, entre en vigueur le 1er février et déclenche des grèves dans tous les secteurs. Du jour au lendemain, nombre de patrons prennent le texte au mot et cessent de payer la quarantième heure.

En réunion interministérielle, déjà, la bataille a été rude. Deux camps se sont affrontés, avec en toile de fond deux postures syndicales très marquées. Dans le souvenir de Marceau Long, le secrétaire général du gouvernement qui assure la transition au début du septennat[1], Pierre Mauroy, reprenant la thèse CFDT, veut une semaine de trente-huit heures payées trente-huit. Rocard est sur cette ligne. *Idem* pour Jean Auroux, le ministre du Travail, si l'on en croit Pierre Favier et Michel Martin-Roland dans leur *Décennie Mitterrand*[2]. En face, les communistes, Charles Fiterman en tête, appuyés par la CGT et FO, font pression pour obtenir trente-neuf heures payées quarante. Sans perte de salaire, donc. Les ministres sortent de là l'esprit totalement embrumé. Qu'a décidé le président ? Personne ne le sait. Certains culpabilisent toujours trente ans plus tard, à l'image de Nicole Questiaux, ministre de la Solidarité nationale. « Je nous revois dans cette salle, c'est ma faute, j'aurais dû faire clarifier les choses[3]. »

Mitterrand cultive cet art du mystère et, ce 10 février, il remet l'ouvrage sur le métier. Avec toujours autant d'imprécision. Pour les salariés du public, pas de réduction de salaire. Pour le secteur privé, le président se contente d'indiquer qu'« il faut veiller au grain et éviter que les employeurs ne reprennent ce qu'ils ont perdu ». Il n'en dit pas plus. Finalement, le porte-parole Pierre Bérégovoy, sûr de son fait, affirme dans son compte rendu, à l'issue du Conseil : « Pas un seul travailleur ne doit craindre pour son pouvoir d'achat à la suite de l'application des 39 heures. » Ce sera donc trente-neuf heures payées quarante. D'après Marceau Long, cette fois encore, les communistes ont fait la différence.

En interministérielle comme en Conseil, la parole de Charles Fiterman pèse toujours plus lourd. Les jeux sont faits. Mitterrand n'a qu'une chose en tête : éviter un clash avec eux !

1. Entretien avec Marceau Long, 4 mai 2011.

2. *Op. cit.*

3. Entretien avec Nicole Questiaux, 9 février 2011.

Gare à qui leur cherche des noises ! Un jour, c'est le grand chancelier de la Légion d'honneur qui, très officiellement, reproche à Le Pors de distribuer trop de décorations à des syndicalistes et associatifs de gauche. Le ministre de la Fonction publique pense être dans une démarche juste. Il se contente de rattraper trente ans de disette. Il s'en émeut auprès du successeur de Marceau Long, Jacques Fournier, et tout rentre dans l'ordre. À la fin d'un Conseil, Mitterrand en personne vient le trouver pour le remercier de l'avoir alerté.

Plus sensible encore : en 1982, le ministre économiste est invité aux États-Unis pour un cycle de conférences à la prestigieuse université de Princeton sur l'expérience communiste de gouvernement. Cours d'anglais accéléré, aménagement de l'emploi du temps... tout est prêt. Ne manque plus que le visa. Mais l'ambassade des États-Unis s'y oppose. À la fin du Conseil, Anicet Le Pors alpague le président, qui prend l'affaire très au sérieux. Il fait intervenir le Quai d'Orsay, Claude Cheysson, et tout s'arrange immédiatement. « Les Américains devaient savoir qu'ils finiraient par nous donner ce visa. Mais encore une fois, en arrivant aux États-Unis, on a poireauté dans un salon pendant une heure et demie ! C'était une espèce de brimade. »

Au salon Murat, les communistes ne sont pourtant jamais des « chouchous » à qui l'on cède tout. Plusieurs fois le président leur coupe les ailes. Notamment sur la charte des relations entre l'administration et les usagers, chère à Anicet Le Pors. Idée révolutionnaire. Mais justement ! « Pour Mitterrand, un communiste doit être un ministre de la bureaucratie, pas celui qui cherche à l'alléger », s'agace l'ex-conseiller d'État. Faciliter l'accès aux documents, motiver les actes administratifs... L'Élysée bloque tous les arbitrages. Le Pors finit par présenter son texte en partie C – « projets non encore aboutis ». Contredit par François Mitterrand, il n'ira jamais au-delà. « Attali ou Charasse avaient dû lui dire : "Qu'est-ce que c'est que ce truc de Le Pors ?" Ça s'est terminé avec un décret du 23 novembre 1983, complètement étriqué, presque illisible, qui, depuis, a été abrogé », conclut le malheureux Le Pors qui y voit, aujourd'hui encore, son « principal échec ».

Étant donné sa proximité avec les communistes, Nicole Questiaux se retrouve elle aussi en position d'intruse autour de la table du Conseil. Position d'autant plus difficile à tenir que, contrairement aux quatre communistes, elle est seule. Brièvement ministre d'État – pendant six semaines avant que le titre ne soit transmis à Charles Fiterman –, la ministre de la Solidarité nationale représente l'aile gauche de la gauche. Conseillère d'État, membre du Ceres[1] de Jean-Pierre Chevènement, elle porte toutes les ordonnances sur les promesses liées au financement de la Sécu, l'abaissement de l'âge de la retraite. Mais début 1982, patatras ! Le franc s'écroule et, avec lui, le soutien politique à ses réformes. L'opposition naturelle entre finances et questions sociales reprend toute sa force.

Le clash se produit en mars 1982 sur une mesure très symbolique : le nombre de sièges attribués au patronat dans les caisses de la Sécurité sociale. On ne la laisse pas le réduire. Le mercredi suivant, pendant le Conseil, elle passe un petit mot au président : « Je ne reste pas au gouvernement dans ces conditions. » Mitterrand ne lève même pas les yeux dans sa direction. Elle ne recevra jamais de réponse.

1. Le Ceres (Centre d'études, de recherches et d'éducation socialiste), fondé en 1966 par Jean-Pierre Chevènement, Alain Gomez, Didier Motchane et Pierre Guidoni, est le courant situé à la gauche du PS, lors de sa fondation au Congrès d'Épinay en 1971. Il deviendra le Mouvement des Citoyens, à l'occasion du « non » à Maastricht ; il est aujourd'hui le Mouvement républicain et citoyen.

Au mini-remaniement de juin, elle constate simplement qu'elle est remplacée par Pierre Bérégovoy, et n'aura jamais d'explication avec le président.

« Un gouvernement de droite n'est pas angoissé s'il n'y arrive pas sur toutes ces questions sociales, note aujourd'hui Nicole Questiaux. Nous, on en souffrait parce qu'on avait l'impression de trahir. Je dramatise à peine en disant que "si on n'avance pas, on trahit. Si on accepte le réalisme, on trahit." » Une véritable intruse !

Comme ces Premiers ministres communistes, d'autres au centre, installés dans des gouvernements RPR ou UMP, ont parfois eu cette impression d'y être sans en être tout à fait. Pour certains, d'être la force d'appoint qu'on néglige à la première occasion.

Le 21 avril 1997, lorsque Jacques Chirac annonce à la télévision qu'il dissout l'Assemblée nationale, plusieurs ont cette même boule au ventre. Certes, le chef de l'État pense réussir son coup et ressortir des législatives avec une majorité renforcée. Officiellement, le gouvernement n'a pas à s'inquiéter. Rien n'empêchait toutefois le patron de prévenir ses hommes, pour éviter qu'ils ne s'étranglent devant leur téléviseur.

En Conseil des ministres, François Bayrou s'emporte. Le ministre de l'Éducation, numéro trois du gouvernement, est vexé, blessé, outragé :

> — *Comme président d'un parti de la majorité, je suis étonné d'avoir appris la dissolution comme tout le monde. L'UDF est censée être un partenaire. Pas une force d'appoint.*

Sur le même côté de table – le président ne peut pas les voir –, plusieurs collègues centristes opinent du chef : Philippe Douste-Blazy, ministre de la Culture – qui, admiratif du courage de Bayrou, rapporte aujourd'hui la scène[1] –, Philippe Vasseur, ministre de l'Agriculture. En tout, quatorze UDF siègent dans ce gouvernement. Comble de la cruauté, certains ont visiblement été prévenus, et pas d'autres. Quelques jours plus tôt, en effet, des ministres ont défilé un à un dans le bureau d'Alain Juppé, à Matignon. L'avant-veille, dans le cas de Jean-Pierre Raffarin, ministre des PME… et lui aussi UDF. « On passait par derrière, par la rue de Babylone, pour ne pas que ça se sache, raconte celui qui s'installera dans ces murs cinq ans plus tard. Juppé m'a dit en gros : "Nous n'avons pas les moyens politiques de faire le budget dont la France a besoin pour se qualifier pour la monnaie européenne. Sur le plan politique, on n'a rien à perdre parce que, de toute façon, on a peu de chances de gagner l'élection suivante. Donc, autant être fixés tout de suite." Il a d'ailleurs réexpliqué la même chose en Conseil. »

Parmi les ministres tenus à l'écart de la décision, Corinne Lepage ne s'en émeut pas outre mesure. Sans étiquette, ministre « société civile » de l'Environnement, l'ancienne avocate sait à quoi s'attendre. « Petit ministre » égale « zéro poids politique ». Rien d'anormal à ce que les grandes écuries discutent entre elles sans la prévenir. D'autant qu'être hors de la mêlée comporte aussi ses avantages, ce qui lui vaut sans doute de remporter l'une des rares batailles jamais gagnées pendant un Conseil.

Un mardi de février 1997, la ministre de l'Environnement passe une tête chez son ami Philippe Vasseur, ministre centriste de l'Agriculture, avec l'aide de qui elle souhaite faire évoluer les normes des bâtiments d'élevages.

« Ah tiens, il faut aussi que je te parle d'OGM, lâche Corinne Lepage.

1. Entretien avec Philippe Douste-Blazy, 12 janvier 2011.

— Ça tombe bien, répond Vasseur, il se trouve que j'ai un arrêté sur mon bureau pour la mise en culture des OGM.

— T'as conscience que c'est un sujet extrêmement important ?

— Très honnêtement, Corinne, non, concède l'ancien journaliste économique.

— Écoute, demain au Conseil il y a une communication de François d'Aubert [secrétaire d'État à la Recherche] sur les biotechnologies. J'ai demandé à Matignon et au secrétariat général du gouvernement l'autorisation d'intervenir. Ils m'ont dit OK. Tu devrais en parler aussi à Juppé. »

Les OGM ne sont pas de sa compétence. Pourtant, deux mois plus tôt, la ministre de l'Environnement a écrit au Premier ministre Alain Juppé pour que la France renonce à demander à Bruxelles une première autorisation de culture[1]. N'ayant pas de réponse pour la partie européenne, elle rêve au moins d'obtenir un moratoire en France. Le résultat serait le même : quoi que décide Bruxelles, personne ne pourrait cultiver quoi que ce soit de génétiquement modifié dans l'Hexagone.

Le mercredi matin, une fois la communication de François d'Aubert passée, Alain Juppé reprend la parole pour expliquer qu'il a reçu un courrier de la ministre de l'Environnement réclamant un moratoire sur la culture OGM. Juppé annonce qu'il se range à ses arguments. Corinne Lepage tombe des nues.

« Philippe Vasseur s'est exprimé – normal, il est avant moi dans le protocole. Ensuite, il m'a donné la parole pour que j'argumente, s'enthousiasme l'ancienne ministre. Et on est ressortis du Conseil avec un moratoire. C'était inespéré ! Personne ne s'y attendait. Le président et le Premier ministre avaient dû en parler entre eux, mais ils ne m'avaient rien dit.

1. La demande a été déposée en 1994 par Michel Barnier, ministre de l'Environnement, et son examen traîne encore à l'époque.

En plus, ça mettait François d'Aubert dans une situation délicate pour le débat public sur les biotechnologies qu'il espérait proposer. »

Le moratoire tiendra neuf mois, jusqu'à ce que le tandem Jospin-Voynet prenne la décision inverse[1]. Corinne Lepage en est convaincue, un « petit ministre » a plus de poids qu'un « ministre très politique » dans ce genre de cas.

Bien évidemment, à toutes les époques, les ministres d'ouverture sont les intrus par excellence autour de la table du Conseil. Les centristes de 1988 sous Mitterrand (Jean-Pierre Soissons, etc.), comme les socialistes sous Sarkozy.

En mai 2007, lorsque s'installe la nouvelle équipe, les deux secrétaires généraux, assis à leur petite table dans le coin du salon Murat, sont saisis. « Entendre Bernard Kouchner parler ici, c'est si étrange[2] ! » murmurent Serge Lasvignes et Claude Guéant. « C'était une voix tellement marquée à gauche », avoue aujourd'hui, un peu naïvement, le secrétaire général du gouvernement. Son rythme saccadé, ses indignations médiatiques, ses envolées lyriques accompagnent depuis toujours le sillage des Mitterrand, Jospin et consorts. Il faut dire qu'au Conseil, il ne se laisse pas oublier, ses fonctions au Quai d'Orsay lui valant, chaque semaine, de figurer à l'ordre du jour.

Au début tout au moins, Nicolas Sarkozy « fait corps » avec lui, boit ses paroles, l'écoute dans les yeux, plaisante parfois avec lui. Au début seulement, car, comme indiqué précédemment, l'admiration laisse vite place à l'exaspération. Mais d'abord, il le soigne, tout comme il cajole Jean-Marie Bockel, le secrétaire d'État à la Francophonie, issu de la

1. Le 27 novembre 1997, Dominique Voynet, ministre de l'Environnement du gouvernement de cohabitation, annonce l'autorisation de mise sur le marché d'un maïs transgénique de Novartis et la création d'un dispositif de biovigilance.
2. Entretien avec Serge Lasvignes, 31 mai 2011.

gauche moderne. Ou encore Jean-Pierre Jouyet, l'ancien des cabinets de Jacques Delors et de Lionel Jospin, nommé secrétaire d'État pour préparer la présidence française de l'Union européenne du second semestre 2008. Sans oublier bien sûr Éric Besson, qualifié de « Judas » par ses anciens amis socialistes, et de « d'où ça sort, ça ? » par une partie du staff UMP de la campagne de 2007, qui le voit débouler rue d'Enghien juste avant le scrutin. Au salon Murat, le secrétaire d'État chargé de la prospective, qui s'installera ensuite à l'Immigration, puis à l'Industrie, se fait bichonner, dorloter par le président Nicolas Sarkozy, qui ne se lasse pas de contempler ses plus belles « prises de guerre ». Quitte à les mettre dans l'embarras.

À la fin du printemps 2009, soit à deux semaines des élections européennes qui s'annoncent calamiteuses pour le PS, deux secrétaires d'État d'ouverture sont convoqués en partie B pour le Conseil du 20 mai : Fadela Amara (Ville) et Jean-Marie Bockel (Coopération) viennent présenter la nomination d'un nouveau secrétaire général du Comité interministériel des villes. Rien de très stratégique, mais toute occasion d'assister au Conseil est bonne à prendre. Le chef de l'État non plus ne boude pas son plaisir et les prend à témoin dans un dégagement très politicien :

> — *Le PS veut fermer les portes de l'ouverture ? C'est très bon signe. Ça ne peut que nous encourager à continuer !*

Rebelote deux semaines plus tard. À trois jours du scrutin, le festival Sarkozy s'intensifie. Entre un vol AF 447 Rio-Paris, qui disparaît avec deux cent vingt-huit personnes à bord, et la Corée du Nord, qui devient le neuvième État nucléaire du monde grâce à l'explosion d'un engin atomique, le président trouve le moyen et le temps de flatter à nouveau sa stratégie :

— *Si l'ouverture dérange, c'est que l'ouverture, ça marche. Quels sont les apports de l'ouverture? Le RSA est désormais en place, puisqu'il est généralisé depuis le début de la semaine. Le plan banlieue s'installe lui aussi. Il faut laisser leur chance à tous, écouter ceux qui ont de bonnes idées. Regardez Éric Besson, il est totalement intégré aujourd'hui. Alors, bien sûr, ça heurte les vieux clivages, les vieux schémas. Mais moi, je ne veux pas tourner le dos à ceux qui ont envie de servir leur pays.*

Éric Besson ne lève pas les yeux. Faussement embarrassé.

À l'approche de 2012, le Conseil perd progressivement son teint rosé des débuts. Bockel, Jouyet, Amara, Kouchner sont partis. « Tout cela a vécu », veut croire Pierre Lellouche, secrétaire d'État au Commerce extérieur, qui a dû patienter deux ans au début du quinquennat pour que le « pôle de gauche » de Sarkozy lui libère un siège au salon Murat. « L'ouverture correspondait à un moment de son mandat. Mais, au fur et à mesure que 2012 approche, les camps se reforment. » Pourtant, au fond de lui-même, avec les quelques sarkozystes des débuts encore en poste, Lellouche se dit qu'ils ne seront décidément jamais tranquilles. Déjà cernés par les jeunes chiraquiens, ils voient cette fois débouler de nouveaux centristes. Le président n'a plus que ça en tête : casser les ambitions présidentielles de son ancien ministre, Jean-Louis Borloo. Désormais le mercredi, il a face à lui le garde des Sceaux, Michel Mercier, et en quatrième position à sa droite François Sauvadet, un autre sur sa gauche, et Maurice Leroy, chargé de la Ville. Les sarkozystes « historiques » seraient-ils eux-mêmes intrus en Sarkozie ?

Avec le retour de la gauche en 2012, resurgissent les « pièces rapportées » d'une majorité plurielle qui compte cette fois trois radicaux du PRG et, surtout, deux écologistes d'EELV, qui se font beaucoup entendre durant les premiers mois. « Parfois à tort et à travers », s'agace une ministre pourtant novice. Cécile Duflot (Égalité des Territoires et Logement) assume sa casquette écolo : « C'est notre légitimité politique ! Je me sens tenue d'intervenir sur des questions qui touchent aux engagements pris pendant la conférence environnementale. Je n'oublie jamais que je ne serais pas là si mon parti n'avait pas décidé de faire une alliance avec le Parti socialiste[1]. »

Avec Pascal Canfin, en charge du Développement, ils se relaient, se soutiennent. Un coup d'œil, un SMS. Une fois c'est l'un qui réagit, une fois l'autre. Animés parfois d'un sentiment de légitime défense. « Je me suis sentie à part pendant un long moment, avoue Cécile Duflot six mois après le début du quinquennat. Durant la campagne législative de 2012, il y avait d'interminables échanges sur la nécessité d'avoir une majorité socialiste… purement socialiste, à l'Assemblée. Ça n'était pas forcément dit au Conseil, mais juste avant ou juste après. Forcément, on se sentait un peu à part. »

Comme François Mitterrand avec les communistes, François Hollande apporte un soin particulier à laisser s'exprimer cette frange de sa majorité. Nécessité politique plus qu'arithmétique puisque, durant cette première année, les socialistes n'ont besoin d'aucune voix d'appoint à l'Assemblée. Mais jusqu'à quand ? Quelques législatives partielles sont toujours susceptibles de modifier la donne.

En attendant, le mouvement écologiste se rappelle assidûment au bon souvenir du PS avec des votes réguliers contre sa politique sociale-démocrate. À la table du Conseil, Cécile Duflot a même droit aux échanges de bons mots présidentiels par SMS. Un mercredi de janvier 2013, elle s'impatiente à l'écoute du laïus grandiloquent d'Arnaud Montebourg,

1. Entretien pour le documentaire TV avec Cécile Duflot, 29 novembre 2012.

ministre du Redressement productif, sur l'avenir industriel de la France, et envoie un texto au chef de l'État : « Heureusement que l'eau de Corrèze est anesthésiante… » Réponse de François Hollande : « Elle est là pour toi[1]. » Allusion aux petites bouteilles de Treignac posées chaque semaine sur la table du Conseil.

En février 2016, l'arrivée d'un nouveau trio d'écologistes, Emmanuelle Cosse/Jean-Vincent Placé/Barbara Pompili, donnera lieu à un accueil tout aussi ciblé. « Ce n'était pas le remaniement du siècle, convient Emmanuelle Cosse, nommée au Logement. Valls voulait bouger plus de monde, Hollande ne voulait pas. Mais il était marqué par le retour de trois ministres écolos. Et le président a fait tout son discours d'intro là-dessus. Une ministre m'a dit en sortant : "Il n'a pas parlé d'écologie pendant deux ans, heureusement que vous êtes revenus." C'est quand même pas mal[2] ! »

Faut-il encore classer les femmes parmi ces « intrus » du Conseil ? Bien sûr, du chemin a été parcouru depuis le début de la Ve. Au Conseil du général de Gaulle, jamais – ou presque – on n'entendait une voix de femme. En 1959, Nafissa Sid Cara, qui siège, jusqu'à l'Indépendance, comme secrétaire d'État chargée des Questions sociales en Algérie, aux côtés de vingt-cinq hommes, doit surtout son poste au fait d'être algérienne et musulmane. Ministre symbole.

Après le dénouement des événements de Mai 68, une autre est nommée au secrétariat d'État à l'Éducation : Marie-Madeleine Dienesch, quasi muette elle aussi. De Gaulle préfère, semble-t-il, gouverner entre hommes, percevant les femmes comme des « agents déstabilisateurs du corps politique[3] ».

1. David Revault d'Allonnes et Thomas Wieder, *Le Monde*, 14 février 2013.
2. Entretien avec Emmanuelle Cosse, 15 mai 2017.
3. Mariette Sineau, *Profession : femme politique*, Presses de Sciences Po, 2001.

Maurice Couve de Murville, son futur Premier ministre, a, paraît-il, coutume d'expliquer à propos du Général : « Les femmes, il les a connues comme infirmières en chef et comme veuves de guerre. » C'est dire.

Si Georges Pompidou ne leur laisse pas davantage de place – deux secrétaires d'État sur l'ensemble de son mandat –, Giscard, à partir de 1974, revendique en revanche leur présence au Conseil. Il les trouve belles et n'en fait pas mystère. Durant l'entretien accordé pour cet ouvrage, il évoque naturellement la « Françoise Giroud très séduisante ». Dans *Le Pouvoir et la Vie*, il s'extasie sur « le corps bronzé », « l'aisance féline » et « les jambes bronzées » d'Alice Saunier-Seité, et imagine qu'« elle faisait l'amour avec la même véhémence[1] » que lorsqu'elle prononçait ses discours. Mais surtout, VGE les décrit « supérieures aux hommes dans la vie ».

« En Conseil, j'aimais bien les faire parler "un peu", explique l'ancien président, condescendant malgré lui. Elles ne disent pas la même chose. Elles ne s'intéressent pas aux partis, d'ailleurs elles n'y étaient pas en général. Elles reviennent sur leurs sujets, donnent des éclairages. C'est vraiment un enrichissement[2]. »

Intruses malgré tout ! Les neuf femmes qui fréquentent les Conseils de VGE, de 1974 à 1981, n'ont pas de poids politique – une seulement, Hélène Missoffe, est député de Paris depuis trois ans. Quant aux titres, deux seulement sont ministres à part entière, et aucune ne sort des secteurs santé, famille, femmes, condition pénitentiaire, éducation. Même la plus emblématique, Simone Veil, célèbre pour « sa » loi sur l'avortement, n'a pas le rôle essentiel qu'on imagine dans le parcours gouvernemental de ce texte. Le courage de l'ancienne magistrate face au machisme – teinté parfois d'antisémitisme

1. Valéry Giscard d'Estaing, *Le Pouvoir et la Vie*, *op. cit.*
2. Entretien avec Valéry Giscard d'Estaing, 3 mai 2011.

– assumé des parlementaires de son camp – marquera les esprits. Mais auparavant, Giscard, jamais avare d'un commentaire iconoclaste, se plaît, lors de notre entretien, à raconter qu'elle s'est retrouvée à la Santé un peu par hasard :

« Simone, ça a été une espèce de consensus sur la personne. Chirac la voulait, mais on ne savait pas où la mettre dans le gouvernement. Et, attention, l'affaire de l'avortement, ce n'est pas elle qui l'a faite. C'était une promesse de campagne car j'avais été horrifié par ce qui se passait dans les tribunaux[1]. Le texte a été fait à l'Élysée, pas à la Santé. Nous étions quatre autour de la table, dans le salon des Aides de camp : Michel Poniatowski [Intérieur], Jean Lecanuet [Justice], moi-même et, pour la partie juridique, mon collaborateur Olivier Fouquet qui venait du Conseil d'État et qui tenait la plume. Simone Veil, elle, n'est arrivée qu'à la fin pour les applications médicales – parce qu'il fallait vérifier les délais, les durées, etc. »

En Conseil des ministres, le texte ne donne même pas lieu à un véritable débat. VGE n'en a pas souvenir en tout cas. « Lecanuet était plutôt contre. Chirac aussi au départ. Ponia était pour – il avait été ministre de la Santé de Pompidou. Françoise Giroud aussi y était très favorable. »

En dehors de ce texte majeur, les femmes apparaissent peu au Conseil. Certaines en tirent même fierté. Dans *La Comédie du pouvoir*, Françoise Giroud, secrétaire d'État à la Condition féminine, révèle ce petit mot complice envoyé à sa copine Alice Saunier-Seité, convoquée pour la première fois : « Chère Alice, vous doutiez-vous qu'un Conseil des ministres peut être aussi ennuyeux ? » Réponse de la secrétaire d'État aux Universités : « Chère Françoise, oui, car j'ai toujours constaté l'insondable puérilité du sexe masculin. » Et Françoise Giroud

1. En 1972, une mineure violée avait été poursuivie pour avortement devant le tribunal de Bobigny. À la suite d'une audience célèbre, Gisèle Halimi avait obtenu son acquittement.

d'ajouter : « Puérile, en effet, cette façon de s'écouter parler, de se gargariser de mots, de jouer à être celui qui tient, suspendus à ses lèvres, le chef de l'État, son Premier ministre et le gouvernement de la France. Suspendus… En fait, décrochés, en quelques minutes[1]. »

Lorsqu'elles sont conviées, on leur donne peu la parole. Deux communications seulement en un an pour Hélène Missoffe, chargée des Handicapés et des Femmes auprès de la ministre de la Santé de 1977 à 1978. Et inlassablement le même rôle. « Avec mes huit enfants, dès qu'on évoquait un problème d'éducation, problème social ou même de bioéthique, mes collègues masculins se retournaient vers moi comme si j'étais l'oracle de Delphes. Ils me prenaient pour Jeanne d'Arc[2]. »

Missoffe, toutefois, ne s'en offusque pas. Elle qui a connu de Gaulle au travers de son mari, ministre du Général, mesure le chemin parcouru. « En 1966, pour la naissance de mon dernier, Mme de Gaulle m'a envoyé une barboteuse. Sur le mot, qui est encadré chez mon fils, on peut lire : "Le Général vient de me dire : réjouissons-nous avec eux que ce soit un fils." J'avais dit à mon mari : "Quel macho, ce Général !" Et mon mari : "Arrête, c'est parce qu'on a six filles et deux garçons. Si on avait eu six garçons et deux filles, il aurait dit : Réjouissons-nous que ce soit une fille." »

Douze ans après le départ du Général, le machisme a toutefois de beaux restes quand arrive au ministère de l'Agriculture Édith Cresson, nommée en 1981 « comme une provocation[3] », selon le mot de Mitterrand lui-même. « Dans ce milieu macho, une femme, qui plus est socialiste, pour les agriculteurs, ce

1. Françoise Giroud, *La Comédie du pouvoir, op. cit.*
2. Entretien avec Hélène Missoffe, 10 janvier 2011.
3. Entretien avec Édith Cresson, 29 février 2011.

sera un camouflet », la prévient-il. Pierre Mauroy, Premier ministre à l'époque, se souvient avoir dû « la faire exfiltrer d'une ferme en Normandie par hélicoptère ». « Les agriculteurs voulaient lui enlever sa culotte[1] », décrit crûment son ancien patron. Malgré tout cela, autour de la table du Conseil, point de soutien.

« Honnêtement, je n'en attendais pas vraiment. Je connaissais les autres ministres depuis longtemps. Mais c'est vrai que j'avais l'impression d'être dans un combat physique là où les autres avaient sans doute des problèmes à gérer, mais pas la guerre. Et ça, je n'arrivais pas à le communiquer en Conseil. »

Dix ans plus tard, devenue Premier ministre, Édith Cresson, traitée de « Pompadour » dans l'opposition en raison de sa grande proximité avec le président, n'est pas davantage prise au sérieux dans le salon Murat. Elle n'est pas la seule.

Parmi les deux seuls ministres choisis par ses soins, Mitterrand a accepté une femme, Martine Aubry, à l'Emploi – le second étant Dominique Strauss-Kahn à l'Industrie. Elles sont sept en tout dans ce gouvernement : Edwige Avice à la Coopération, Frédérique Bredin aux Sports, Élisabeth Guigou aux Affaires européennes, Catherine Tasca à la Francophonie et Véronique Neiertz aux Droits des femmes. Mais pour Cresson à Matignon, c'est clair : François Mitterrand a surtout voulu faire un coup. Il a même conscience du cadeau empoisonné qu'il lui fait : « Il m'a dit : "Ils vont être furieux – ils, c'était Fabius et toute la meute à l'Élysée –, mais je veux qu'avant la fin de mon mandat une femme ait été Premier ministre et il n'y a que vous." » Quel honneur !

Louis Mexandeau, lui, concède aujourd'hui avoir accepté de revenir au gouvernement à ce moment-là – après la parenthèse Rocard – parce que « c'était une copine de la Convention.

1. Entretien avec Pierre Mauroy, 9 février 2011.

Mais on est quand même tombés sur le cul en apprenant qu'il la mettait à Matignon. Moi le premier[1] ! ».

Avec Chirac et son Premier ministre Juppé, l'effort de départ est louable en mai 1995... mais de courte durée. De douze « Juppettes », comme on les surnomme très vite, elles passent à quatre dès le mois de novembre. Dominique de Villepin, à l'époque secrétaire général de l'Élysée, a son petit scoop sur cette éviction rapide : « On ne l'a jamais dit mais une des raisons, c'est le bavardage durant le Conseil. C'était incessant. Insupportable ! Cela étant, leur présence changeait vraiment l'atmosphère générale, poursuit-il. Visuellement, c'était plein de couleurs vives. Margie Sudre [Francophonie] avait toujours des couleurs incroyables. Mais aussi Panafieu [Tourisme]. Par la suite, Bachelot. C'est compliqué pour une femme de s'habiller pour le Conseil. Il faut se démarquer, mais sans en faire trop. Même Lagarde ose ! Aujourd'hui elle arrive avec de grosses boucles d'oreilles[2]. »

« S'habiller pour le Conseil n'est pas plus compliqué que pour un poste à responsabilité dans une entreprise ! », balaie Michèle Alliot-Marie, après neuf années consécutives de ces réunions du mercredi. Mais, évidemment, son look de ministre de la Jeunesse et des Sports n'était pas le même qu'à la Défense ou à l'Intérieur. Eh oui, bien sûr, le mercredi matin, elle y pense... en s'habillant. « En politique, il faut surtout une tenue qui ne choque personne », précise MAM, persuadée – et pas peu fière – d'avoir « lancé la mode de l'écharpe, qui a d'ailleurs été reprise par tout le monde, et qui permet de garder un peu de féminité. On en a besoin, on reste des femmes, tout de même[3] ». Pour le reste, c'est souvent

1. Entretien avec Louis Mexandeau, 7 décembre 2011.
2. Entretien avec Dominique de Villepin, 15 mars 2011.
3. Entretien avec Michèle Alliot-Marie, 22 juin 2011.

tailleur-pantalon, et qu'on ne lui parle pas de ce débat surgi au printemps 2011 au moment des affaires DSK et Tron, sur le sexisme en politique. « Personnellement, je venais au Conseil en jupe si j'en avais envie. C'est vraiment nous faire passer pour des nunuches que de crier partout que les femmes politiques n'osent plus en porter. » Et pan sur son ancienne collègue des Sports, Chantal Jouanno, qui se plaint, elle, de « remarques salaces » dans son dos.

À partir des années Chirac – et même brièvement sous Mitterrand –, plusieurs femmes ont quand même fait leur apparition au centre de la table, aux places stratégiques. Nicole Questiaux pendant quelques semaines en mai 1981. Martine Aubry et Élizabeth Guigou, numéros deux et trois du gouvernement pendant les trois premières années de la cohabitation Chirac-Jospin (1997-2000). Michèle Alliot-Marie s'assoit elle aussi à la droite du Premier ministre, Dominique de Villepin en 2005, François Fillon en 2007, avant d'être finalement débarquée. Comme tant d'hommes avant elle – Michel Debré sous de Gaulle, Michel Rocard sous Mitterrand –, cette autre Michèle devient la pipelette du gouvernement. Elle intervient désormais sur tout, tout le temps, en dehors de son champ de compétence. Présence comparable et travers identique à ces messieurs.

Plus elles sont nombreuses au Conseil, plus les rivalités entre elles se multiplient. Giscard s'amuse à les décrire *« slightly irritable between themselves »*. En français : « légèrement irritables entre elles ». Humour anglo-auvergnat, sans doute. À son époque, même si c'est imperceptible pendant le Conseil, ses deux chouchoutes, Simone Veil et Alice Saunier-Seité, ne se supportent pas.

Trente ans plus tard, Nicolas Sarkozy doit parfois faire la police entre Rachida Dati et Rama Yade, ou entre Nadine Morano et Rama Yade. « Les recadrages pour chamailleries entre ministres concernent de plus en plus souvent des femmes désormais », ricane, goguenard, un homme du gouvernement Fillon, désolé de constater que les plus violents coups de gueule présidentiels leur sont souvent réservés.

L'écho sonore qui traverse les murs du salon Murat rapporte que Rama Yade, Christine Boutin ou encore Christine Albanel ont reçu les plus vertes avoinées. « Ce n'est pas parce que ce sont des femmes, en l'occurrence ce sont juste des erreurs de casting ! s'emporte un ministre encore en poste à la fin de l'été 2011. Rama a joué très habilement sur sa beauté, sa féminité, il lui faisait un grand sourire en arrivant, elle lui envoyait des chocolats. En Conseil, elle ne s'opposait jamais. Et ce qu'il n'avait sans doute pas imaginé, c'est qu'elle irait le défier à l'extérieur sur la visite de Kadhafi, sur son domaine réservé ! »

Pierre Lellouche, lui, est catégorique : « Aujourd'hui, autour de la table, ce n'est plus du tout un handicap d'être une femme. Au contraire ! D'abord parce que c'est des grandes pros, comme Roselyne Bachelot, par exemple. Lagarde, avant de partir, avait un statut bien supérieur à celui de ses collègues masculins. Et maintenant Pécresse au Budget. Quant à NKM, elle est numéro quatre du gouvernement. Elle est assise tout près du président ! Quand le Premier ministre n'est pas là, c'est elle qui signe à sa place. Non, franchement, leur parole pèse plus que celles des hommes. » Sans blague ?

À partir de 2012, la parité fait enfin son apparition au Conseil avec le gouvernement « chabadabada » – dix-sept hommes, dix-sept femmes. La démission de Jérôme Cahuzac le 19 mars 2013 inverse même la balance de façon inédite. Ce que François Hollande ne peut s'empêcher de souligner le lendemain, lors de son discours au Forum mondial des femmes francophones, à l'Élysée. « Le gouvernement de Jean-Marc Ayrault n'est plus paritaire ! Il y a désormais plus de femmes que d'hommes [...] ce n'était pas voulu », lâche le président, faisant rire l'assistance.

La plupart des ministères régaliens restent toutefois occupés par des hommes, même si la garde des Sceaux, Christiane Taubira, est une femme, assise à côté du président, pas très loin de Marisol Touraine et juste en face de Cécile Duflot, ou encore Nicole Bricq.

Sous Macron, à nouveau, douze hommes, onze femmes composent le premier gouvernement d'Édouard Philippe. Mais parmi elles, seulement huit ministres de plein exercice. Et un portefeuille régalien, Sylvie Goulard aux Armées, très vite remplacée par Florence Parly. Autour de la table, le quatuor qui entoure le duo masculin de l'exécutif reste également très masculin, à l'exception de Nicole Belloubet, la garde des Sceaux à la gauche d'Emmanuel Macron – les autres sont Gérard Collomb, Nicolas Hulot et Jean-Yves Le Drian. En ce début d'année 2018, c'est encore une femme qui pointe la non-parité flagrante dans les nominations actées chaque semaine en partie B. Marlène Schiappa, ministre de l'Égalité entre les femmes et les hommes, s'en émeut devant nombre d'interlocuteurs : en Conseil, on continue de nommer beaucoup plus de directeurs que de directrices d'administration, de préfets que de préfètes. Un décompte scrupuleux sur six mois le confirme : quatre-vingt-onze hommes promus, pour trente-six femmes seulement[1], soit 39 % de femmes ; 39 % d'intruses.

1. Mesures d'ordre individuel adoptées en Conseil de septembre 2017 à février 2018.

11

SECRET ? TU PARLES…

Sur la médaille gravée à la demande de Louis XIV en 1680, le dieu du Silence, patron des Conseils du roi, a les traits d'un enfant : Harpocrate, petit dieu grec. Il pose le doigt sur sa bouche comme pour dire « chut ! », juste au-dessus de la légende *Comes Consiliorum*[1]. Cette histoire de silence serait donc encore un reste de monarchie. Absolue, même ! Mazarin et Anne d'Autriche y tenaient particulièrement.

Discrétion, secret des délibérations, la consigne accompagne désormais tous les remaniements de la Ve République, quels que soient le président ou le Premier ministre, de De Gaulle à Macron, en passant même par le très bavard Hollande. Pas un mot à quiconque de ce qui se dit dans l'enceinte du salon Murat ! Pas d'enregistrement ni de photo, si ce n'est un rapide crépitement de flashes au début. En 1974, un mois avant sa mort, Pompidou s'offre juste sept ou huit minutes d'enregistrement vidéo en accueillant l'équipe resserrée du gouvernement Messmer III. Mais l'expérience ne sera jamais renouvelée. Une fois les portées fermées, c'est motus. La règle ne figure dans aucun article de la Constitution, mais elle n'est pas négociable. Enfin… officiellement.

1. *Médailles sur les principaux événements du règne de Louis-le-Grand*, Académie royale des médailles et des inscriptions, Paris, 1723.

Dès 1962, l'interdiction de prendre des notes est transgressée par Alain Peyrefitte. Le porte-parole du gouvernement se cache derrière son bras comme un écolier tricheur, parfois même le cahier sous la table. Il jure que de Gaulle le sait et qu'il a son accord, à condition qu'il garde ces notes pour lui. Dans *C'était de Gaulle*, l'ancien ministre de l'Information rapporte cette colère froide du Général lui montrant, en avril 1965, dans son bureau, le livre de son ancien ministre Robert Buron sur la guerre d'Algérie et les accords d'Évian. « Trois ans après, il livre au public des secrets d'État sur une mission qui lui a été confiée ! Quel manque de sens de l'État ! C'est honteux », s'emporte le président. Peyrefitte lui précise qu'aux Affaires étrangères, ils se sont fixé une règle de secret de trente ans. À quoi de Gaulle répond : « Trente ans, je n'en demande pas tant ; l'Histoire s'accélère... Mais dix ans, c'est bien le moins[1] ! »

Peyrefitte attendra quand même les années 1990, trente ans donc, pour en faire un best-seller. Devenu garde des Sceaux sous Giscard, il continue à prendre des notes en cachette. Un mercredi, démasqué par le président en plein Conseil[2], il appelle Marceau Long, secrétaire général du gouvernement, le soir, chez lui, pour s'assurer qu'il n'y a pas eu de suites.

Depuis, de très nombreux ministres ou secrétaires généraux, et bien sûr tous les présidents, ont publié des souvenirs du salon Murat, le plus souvent en s'imposant un délai de carence. Anicet Le Pors suscite toutefois une certaine émotion, en transgressant cette loi avant même de quitter le gouvernement en 1984. En 2010, Bruno Le Maire publie également quelques échanges de Conseils alors qu'il est toujours ministre de l'Agriculture[3].

---

1. Alain Peyrefitte, *C'était de Gaulle*, *op. cit.*
2. Entretien avec Marceau Long, 4 mai 2011.
3. Bruno Le Maire, *Sans mémoire le présent se vide*, Gallimard, 2010.

Preuve qu'un cap est franchi : à l'automne 2010, Laurent Wauquiez, ministre chargé des Affaires européennes, cherche dans tout Paris une plume complice pour violer le secret des Conseils de la Sarkozie… avec l'aval de l'Élysée, prétend-il. Le normalien agrégé d'histoire a soumis l'idée à Patrick Buisson, conseiller officieux du président, qui a dit « banco ». L'idée est de « faire entrer les Français dans le salon Murat et contribuer à la vérité sur le bilan Sarkozy en détaillant l'ampleur et la portée des réformes ». Le maire du Puy-en-Velay (Haute-Loire) se met à la tâche, en récupérant ses propres notes écrites durant ou après les Conseils. Et surtout en demandant au secrétariat général du gouvernement ordres du jour, statistiques et archives. Vite lancé, le projet est toutefois vite abandonné. Wauquiez, devenu en juin 2011 ministre à part entière de l'Enseignement supérieur et assuré d'une place de choix auprès du candidat Sarkozy pour 2012, n'en a pas eu besoin pour assurer son avenir.

En réalité, même sans ce livre et malgré les consignes répétées de silence, le Conseil demeure une incomparable chambre d'écho. « C'est un moment de formalisme accepté pour les besoins de la télé – entrée et sortie – et pour le repos du Prince[1] », tranche Michel Rocard à la fin de sa vie. Le moment de choix pour voir et faire savoir. Grâce et disgrâce. De l'art de « se coller au président dans le hall lorsque les caméras filment la sortie[2] », raconte Jean-Louis Debré. De l'urgence à « sortir en premier ou au pire en deuxième, sinon tous les micros sont déjà pris[3] », explique Dominique Bussereau, qui s'y connaît en final catastrophe.

Un mercredi, le chien de Claude Chirac, un golden retriever, pris d'une irrépressible affection pour le ministre

1. Entretien avec Michel Rocard, 4 février 2011.
2. Entretien avec Jean-Louis Debré, 2 mai 2011.
3. Entretien avec Dominique Bussereau, 4 avril 2011.

de l'Agriculture, lui avait collé les deux pattes sur son dossier au milieu du perron. « Bubusse », projeté au sol, avait fait un scandale, ses papiers éparpillés. Pour se faire pardonner, la fille du chef de l'État lui avait fait porter un petit bouquet de fleurs, le contraignant – double peine ! – à un départ fleuri… et donc à nouveau remarqué, la semaine suivante.

L'exercice consiste pourtant bien à la jouer tout en maîtrise, discrétion et classe. Donc ne partir en solo que si on a vraiment besoin de se montrer. Apparaître si possible en soutien d'un ou une banni(e) comme Éric Woerth, pour faire bon camarade dans la tourmente de l'affaire Bettencourt. Ou en grappe autour d'une star, type Christine Lagarde fin juin 2011, histoire de capter les bonnes vibrations de la patronne du FMI, élue la veille.

Quiconque a eu en main le compte rendu officiel aura du mal à croire à quel point il fait l'objet de toutes les attentions. Le résultat est imbuvable, inodore et sans saveur.

Certes, c'était bien pire avant. À l'époque de Mitterrand, on présente comme une révolution d'avoir eu l'idée de transformer le texte d'un bloc, tel qu'il était publié en dernière page du *Monde*, en paragraphes successifs avec titres et sous-titres. Une vraie révolution !

Dans ce texte, chaque point de l'ordre du jour a droit à quelques lignes bouclées dès la veille du Conseil. Opération menée chez le ministre chargé du porte-parolat – rue de Grenelle à l'époque Luc Chatel, à Bercy pour François Baroin puis Valérie Pécresse. Sous Hollande, au ministère de l'Agriculture pour Stéphane Le Foll. Et sous Macron, au secrétariat d'État en charge des relations avec le parlement pour Christophe Castaner. Puis à Matignon à l'arrivée de Benjamin Griveaux.

En réalité, toute la semaine, les ministres concernés envoient le contenu de leur intervention – texte lui-même lu, relu, et re-re-validé. L'ensemble, résumé, tient en deux pages qui filent à Matignon, par e-mail, dans l'après-midi du mardi. Le secrétaire général du gouvernement se colle alors au texte, le directeur de cabinet du Premier ministre aussi. Et le marathon ne s'arrête pas là. Dernière validation dans la nuit, à l'Élysée, avant un ultime affinage dès que les huissiers rouvrent les portes après le Conseil. Sibeth Ndiaye, la conseillère en communication du président Macron, qui ne participe pas au Conseil, rejoint alors le salon des Ambassadeurs, pour ajuster le message politique. Rapide réunion avec le secrétaire général de l'Élysée, Alexis Kohler et le porte-parole, Benjamin Griveaux… et le voilà qui file dans la salle du point presse pour la fin du marathon. Le texte, lui, est diffusé aux rédactions et sur Internet. Commence alors, pour la trentaine de journalistes « punis », un exposé plus ou moins digeste d'une quinzaine de minutes avant une série de questions de la même durée.

Durant les périodes Hollande et Macron, les porte-parole successifs tentent toutefois de rendre l'exercice plus acceptable. À coups d'apéritifs-terroir et de réponses cash, Stéphane Le Foll comme Christophe Castaner parviennent presque à faire oublier que l'exercice est un défi lancé à la communication moderne. Ce dernier tente même le débrief, depuis sa voiture, d'un Conseil « empreint de gravité, vous vous en doutez[1] ». La vidéo du 4 octobre 2017 le montre, ceinture bouclée, sur le siège passager, enchaînant les sujets sans transition, de l'attentat de Marseille du week-end au budget 2018. « Je le dis du fond du cœur : qu'on arrête avec l'idée scandaleuse d'un budget pour les riches. Il s'agit au contraire d'investir au quotidien pour la formation, pour la sécurité, pour nos écoles dans les quartiers difficiles… »

On est très loin du premier compte rendu de Valérie Pécresse qui, le 6 juillet 2011, semble lire le Bottin. Avec le temps, son prédécesseur, François Baroin, lui-même ancien

1. Vidéo portée sur son compte Twitter.

journaliste de radio, et pratiquant de l'exercice au début de l'ère Chirac, avait trouvé, lui, une vraie fluidité. Toujours une formule prête pour rebondir comme au début de cette année 2011, où Manuel Valls lance la polémique sur la fin des trente-cinq heures. Manuel Valls, ce « socialiste éclairé », ironise François Baroin devant les journalistes. « Il n'a fait que déposer un bouquet de roses sur la tombe des 35 heures qui sont mortes et enterrées depuis longtemps. » Les agences de presse se régalent. La même langue de bois, façon chêne massif, mais joliment décorée.

À une époque, en 2007 et 2008, on tente brièvement de « faire du *off* ». Comprenez qu'une fois les caméras et les micros coupés, David Martinon, porte-parole de l'Élysée, reprend les mêmes questions mais fois-ci sans botter en touche. Passionnant, mais manifestement trop risqué.

En apprenant à écouter entre les lignes, ce compte rendu se révèle toutefois riche d'enseignements. Quel contraste, par exemple, à cinq mois d'intervalle, d'entendre les mots qui accompagnent le départ de Michèle Alliot-Marie puis celui de Christine Lagarde !

Le mercredi 29 juin 2011, pour la ministre de l'Économie en partance vers Washington, Baroin souligne une « certaine émotion et une certaine fierté autour de la table du Conseil. À la demande du chef de l'État, poursuit-il, elle a pris la parole pour exprimer son bonheur d'avoir travaillé sous l'autorité du président de la République et du Premier ministre durant ses quatre ans à Bercy et sa fierté d'avoir réuni un consensus au FMI ». Le porte-parole ajoute que « le chef de l'État a considéré que c'était une grande et belle victoire pour la France, pour les femmes et qu'elle fera un très bon directeur général du FMI ».

Quatre mois plus tôt, quand on demandait au même Baroin si l'absence de Michèle Alliot-Marie après neuf ans de présence hebdomadaire avait suscité quelque émotion, la réponse fusait, impitoyable : « Nous sommes des serviteurs de l'État. Nous n'avons pas à étaler nos sentiments. » MAM, empêtrée dans la polémique de ses vacances tunisiennes, sort par la petite porte. Au propre comme au figuré. On l'aperçoit longeant le mur de l'Élysée, à l'opposé des photographes, pour tenter de rejoindre sa voiture le plus vite possible.

Depuis le début, cette affaire tunisienne est un cauchemar pour le porte-parole du gouvernement qui ne peut pas communiquer sur la division du gouvernement face à la répression des manifestations anti-Ben Ali[1].

Au compte rendu du 12 janvier 2011, François Baroin se fait pilonner sur le silence de la diplomatie française. En réponse, il évoque « des problèmes économiques et sociaux en Tunisie, mais pas de problème de droits de l'homme ». Habile, il contre-attaque : « Nous sommes attentifs, […] mais je trouve qu'il y a un curieux paradoxe à critiquer la France pour son ingérence sur la Côte d'Ivoire et vouloir que notre position évolue davantage sur la Tunisie. L'ingérence, ce qui n'est pas dans notre ligne. » Hélas pour lui, deux jours plus tard, le 14 janvier, Ben Ali fuit son pays après vingt-trois ans de règne.

La suite ne sera pas plus simple : l'avalanche de révélations du *Canard enchaîné* sur « le réveillon de MAM-la-Gaffe dans un avion du clan Ben Ali » (2 février 2011), l'achat pendant le séjour tunisien d'« un gourbi pour papa » (9 février 2011) et, dans le même numéro, le « Fillon en goguette dans le jet de Moubarak », qui rend MAM provisoirement « invirable ».

Preuve que le Conseil est définitivement un outil de com', Nicolas Sarkozy se décide finalement à soutenir sa ministre le 16 février – pour ce qui sera son dernier Conseil. Alors que l'hebdo satirique en remet une louche sur le détail de

1. Voir chapitre 5, p. 155. Les premiers morts par balle sont signalés dès la fin décembre 2010, ainsi que de nombreux blessés à Sidi Bouzid, berceau de la contestation.

l'opération immobilière du papa, le président fait circuler un mot de soutien autour de la table du Conseil. Fuite assurée... et souhaitée. À MAM, qu'il déteste depuis l'affaire Clearstream, il écrit : « Tiens bon, les amis te soutiennent. Signé N. S. » Une petite dose d'intox qui devrait éviter de remanier avant les cantonales de mars. Espère-t-il ! Mais l'ex-patronne du RPR, toujours très populaire chez les militants, ne tient pas quinze jours. Elle est finalement débarquée le 27 février. Quatre mois plus tard, elle se plaît à raconter la scène du petit mot : « Le président l'avait vaguement plié en deux pour que tout le monde puisse le lire... Ce qui est très rare. D'habitude, il met toujours ses messages sous enveloppe[1]. »

Mais pour le porte-parole, certaines intox sont plus lourdes à porter que d'autres.

Dans *C'était de Gaulle*[2], Alain Peyrefitte dévoile après coup les terrifiantes consignes reçues du Général suite au Conseil du 4 mai 1962.

Ce mercredi, Gaston Palewski, ministre d'État chargé des Questions atomiques et spatiales depuis seulement deux semaines, rapporte sa « mésaventure » dans le Sahara algérien. En compagnie de Pierre Messmer (Défense), il vient d'assister à une expérience – croit-il – dans le Hoggar, à 150 kilomètres de Tamanrasset :

> — *Dans une chambre souterraine, une charge qui était prévue pour une puissance d'environ 50 à 60 kilotonnes, quatre fois la bombe d'Hiroshima, a explosé. On avait sans doute sous-estimé sa puissance et surestimé la résistance des roches, car la montagne a littéralement sauté en l'air. Une poussière rouge a commencé à s'étendre.* [...] *Nous sommes repartis de toute la vitesse*

1. Entretien avec Michèle Alliot-Marie, 14 juin 2011.
2. Alain Peyrefitte, *op. cit.*

de nos jeeps. Il a fallu ensuite se doucher avec du savon décontaminant.

— Nous espérons tous que ce savon aura un effet décisif, d'abord pour vous décontaminer, et ensuite pour nous éviter d'être contaminés par vous, réplique de Gaulle.

Peyrefitte écrit le mot: « Rires. »

Comme chaque fois, le Général reçoit le porte-parole dans son bureau. Il s'installe dans son vieux fauteuil en rotin et lui fait cette confidence, glaçante: « Cette fois, il ne s'agissait pas d'une expérience, mais de la mise à l'épreuve de notre première bombe – ne le dites pas: secret défense. C'est l'engin militaire qui a explosé, celui qui va être mis sous le fuselage d'un Mirage. [...] D'ici la fin de l'année prochaine, nous aurons ce qu'il faut pour tuer vingt millions d'hommes deux heures après le déclenchement d'une agression. » Évidemment, Peyrefitte n'en dira rien dans son compte rendu.

Quant à Gaston Palewski, il sera toujours convaincu que sa leucémie, déclarée des années plus tard, est bel et bien liée à cet accident en Algérie. Il en mourra en 1984.

François Mitterrand, lui non plus, n'hésite pas à donner ses propres consignes pour utiliser le compte rendu, comme ici pour allumer un contre-feu. Même grossier.

Le 18 août 1991, le président de l'Union soviétique Mikhaïl Gorbatchev est renversé lors d'un putsch fomenté par le vice-président Guennadi Ianaïev et les ultra-conservateurs du Parti communiste. Le coup d'État, très critiqué par Boris Eltsine, déjà à la tête de la fédération de Russie, capote deux jours plus tard, mais il accélère le processus de décomposition de l'Union soviétique. Dans l'instant, la France rate le coche et tarde à condamner ce putsch hasardeux. François Mitterrand aggrave son cas en allant jusqu'à lire, en direct à la télévision, une lettre du chef des putschistes qui promet la démocratie et la poursuite de la Glasnost. Tollé dans l'opposition. Giscard tire à boulets rouges sur l'Élysée et déplore qu'on ait si vite « passé Gorbatchev par pertes et profits ».

En Conseil des ministres – fait rarissime –, François Mitterrand se fend d'un *mea culpa* pour ce qu'il appelle « un faux pas à la télévision ». Mais à la sortie du Conseil, il coince Jack Lang, le porte-parole, et le charge de répondre à « l'indignité » de VGE : « Il faut que vous attaquiez l'ancien président sur ses chasses à l'ours en Europe de l'Est[1]. » Ce qui est fait lors du compte rendu et repris par la presse, sans pour autant éteindre l'incendie.

Ah, vraiment ces journalistes ! Tous les présidents s'en plaignent en Conseil des ministres.

« Notre presse est scandaleuse », lâche de Gaulle en janvier 1963, furieux que les couronnes tressées pour lui par Kennedy n'aient pratiquement pas été rapportées, sauf pour être « sottement tournées en dérision ». Contre les journalistes, Georges Pompidou grogne aussi dès le premier Conseil qu'il préside en 1969. François Mitterrand régulièrement. Et sans doute plus que tous les autres, Nicolas Sarkozy. À chaque remaniement, il entonne son couplet professoral et met en garde les nouveaux. « Ne vous pressez pas avec la presse, vous allez vous retrouver sous le feu des médias. Prenez le temps de connaître vos dossiers. Vous aurez largement le temps parce que quand vous commencez à vous faire carboniser, ça va très vite ! »

Le plus paradoxal de tous est sans doute François Hollande. Celui-là même qui avait laissé l'auteure de ces lignes tourner, pour un documentaire, le début de l'entretien du mercredi avec son Premier ministre, puis ce petit café des ministres, antichambre intime du Conseil, et enfin quelques

1. Pierre Favier et Michel Martin-Roland, *La Décennie Mitterrand*, *op. cit.*

minutes du Conseil lui-même[1]. Le même qui a accordé plus de soixante heures d'entretien aux journalistes du *Monde*, Fabrice Lhomme et Gérard Davet[2]. Le voilà qui met en garde les membres du gouvernement contre les « tentations », notamment du *Canard enchaîné* :

> — *Ce n'est pas parce que vous racontez quelque chose aux journalistes qu'ils vont vous épargner. N'en croyez pas un mot. Attention notamment au fameux coup de téléphone du dimanche soir. On le connaît tous !*

Michel Sapin (Économie) l'interrompt :

> — *Ah non, le dimanche soir, c'est toi. Nous, c'est le samedi soir !*

Plusieurs ministres gardent le souvenir, lors d'un rendez-vous du dimanche soir, d'avoir vu le nom du journaliste s'afficher sur le smartphone du président. « Il en racontait plus que tous les autres[3] ! », conclut l'ancien ministre de l'Économie et des Finances, proche de François Hollande.

Avec le temps et l'arrivée d'Internet, puis des réseaux sociaux, le job de porte-parole s'est passablement compliqué. Au moment de boucler cet ouvrage, Benjamin Griveaux, qui assume cette charge dans le gouvernement d'Édouard Philippe, reconnaît puiser dans sa patience chaque fois que surgissent des sujets qu'il ne maîtrise pas du tout. Pour anticiper la quinzaine de sujets qui risquent de lui tomber dessus, Luc Chatel, dès 2008, met en place une cellule spéciale à l'ambition presque journalistique. « Pardon, mais vu le niveau des questions, ça n'est pas très difficile », se gargarise l'ancien

---

1. Tournage effectué en décembre 2014 pour la série documentaire « Dans le secret du Conseil des ministres », d'Ella Cerfontaine et Bérengère Bonte (« Caméra subjective », France 5).
2. *Op. cit.*
3. Entretien avec Michel Sapin, 7 octobre 2017.

porte-parole. Le document – une trentaine de pages – est tellement efficace que, très vite, Matignon s'en empare et l'impose comme la bible de tout ministre invité sur un grand média. Chômage (« C'est une hausse significative, mais légèrement inférieure à celles enregistrées en janvier et février »), attaque de l'opposition (« Vous savez, un parti politique, ça doit être une boîte à idées. Au PS, ils ne sont toujours pas d'accord sur la forme de la boîte, alors avant qu'ils nous trouvent les idées », « Le PS aujourd'hui, c'est le village gaulois sans la potion magique »). Ou, plus audacieux : « Quand je pense au PS, je pense à Tullius Detritus dans Astérix. » Avec ça, le porte-parole est « blindé ». Rien ne peut lui arriver.

Une fois, en 2008, Luc Chatel se laisse pourtant surprendre par la une du *Monde* sur le débat OGM à l'Assemblée. Ce mercredi 9 avril, le quotidien daté du lendemain rapporte des propos *off* et cash de Nathalie Kosciusko-Morizet. Les rédactions sont prévenues en fin de matinée, au moment où démarre la conférence de presse du porte-parole, qui a juste le temps de se poudrer avec son kit de maquillage, mais pas de prendre connaissance de ces propos.

Depuis une semaine, la secrétaire d'État à l'Écologie se fait incendier par l'UMP pour ne pas avoir stoppé un amendement de l'opposition qui durcit la loi OGM. Excédée, NKM dénonce un « concours de lâcheté et d'inélégance entre Jean-François Copé, qui essaie de détourner l'attention pour masquer ses propres difficultés au sein du groupe [UMP à l'Assemblée], et Jean-Louis Borloo [son ministre de tutelle], qui se contente d'assurer le minimum [il avait quitté l'hémicycle] ». Luc Châtel en convient : « Je m'en suis tiré avec une bonne langue de bois ce jour-là[1] ! » Et il poursuit, quasi mystique : « De toute façon, le job de porte-parole, c'est d'essayer d'expliquer notre politique. Pas de faire des coups d'éclat. On

1. Entretien avec Luc Chatel, 5 avril 2011.

en parlait l'autre jour avec Frédéric Lefebvre, on a tellement travaillé avec Sarko qu'on n'a pas besoin qu'il nous dise ce qu'il pense à chaque instant. On le sent ! » Durant ses deux ans et demi de porte-parole, Luc Chatel jure n'avoir pas reçu un coup de fil de Matignon après une émission ou un compte rendu de Conseil.

Seules les « affaires » nécessitent un briefing spécifique au Château. Et peut-être bien un débriefing le jour de ce « dérapage » sur l'Epad, en pleine polémique sur l'élection programmée de Jean Sarkozy à la tête de l'établissement public d'aménagement de la Défense. Ce 14 octobre 2008, soit huit jours avant que le fils du Prince ne jette l'éponge, Chatel est pressé de questions sur les vingt-trois ans du fiston, son absence de diplôme et d'expérience pour diriger l'un des plus importants quartiers d'affaires d'Europe. Autant de réserves irrecevables selon lui, car fondées « sur la base de son nom, de son origine, de sa jeunesse... Je ne sais pas ce qu'on trouvera la prochaine fois... Euh... Ce sera le coup d'après. Peut-être la race ? Ou autre chose ? Où va-t-on ? » Pas sûr que le président ait apprécié.

En dehors du compte rendu officiel, l'information circule bien sûr de façon plus informelle. Sous de Gaulle, très rares sont les journalistes qui parviennent à recueillir les confidences à la sortie du Conseil. Sauf peut-être Jean Mauriac, scotché au Général depuis toujours, mais qui avoue « trop de respect pour trahir le secret. Ça tranche avec la fin de la IVe, au temps d'Auriol ou Coty, où les collègues s'agglutinaient sur les ministres à la sortie[1] ». Par la suite, sous Pompidou notamment, on voit pourtant le même fils du Nobel de littérature de 1952, libéré de tout lien personnel avec le chef de l'État, courir au bistrot

1. Entretien avec Jean Mauriac, 22 mars 2011.

du coin, téléphonant avec ses jetons pour dicter ses papiers à l'Agence France-Presse.

Cinquante ans plus tard, les portables changent tout. Les ministres appellent d'eux-mêmes les journalistes pour leur glisser une confidence. Pour faciliter les fuites, on laisse aussi traîner les petits mots en quittant les lieux. Les conseillers, qui patientent pendant toute la durée du Conseil dans le salon d'hiver jouxtant le salon Murat, s'en donnent parfois à cœur joie, une fois la salle déserte. Scoops ou rumeurs, vraies peaux de banane ou faux compliments, on trouve de tout. Y compris des champions capables de provoquer – voire d'inventer – le compliment présidentiel pour s'en vanter ensuite.

Mardi 28 mars 2011. Lendemain de débâcle électorale pour la majorité. À un an de la présidentielle, le PS remporte les cantonales avec 35,43 % des voix, très loin devant l'UMP à 20 %. Point de marée « bleu Marine », mais le FN s'installe, en nombre de voix, comme la troisième force politique du pays (11,57 %). « Attention, danger ! », s'époumone le président de l'Assemblée, entre deux croissants, au petit déjeuner de la majorité. Pour Bernard Accoyer, le fichu débat sur la laïcité qui empoisonne l'UMP depuis des semaines explique évidemment l'abstention record, plus de 55 %.

Au Conseil qui se déroule dans la foulée – exceptionnellement un mardi, car Sarkozy s'envole ensuite pour la Chine –, Claude Guéant, ministre de l'Intérieur, égrène les résultats du second tour. Inscrits, votants, exprimés. Façon Guéant, factuel et terne. Pas de triomphalisme non plus pour le président, qui s'avoue quand même soulagé :

> — *Franchement, on aurait signé pour en être là aujourd'hui, avec seulement un département perdu en métropole.*

Il égratigne au passage François Bayrou, qui n'a pas su défendre ses Pyrénées-Atlantiques face au PS. Le département bascule à gauche pour la première fois. Le chef de l'État poursuit avec une fleur pour le Nouveau Centre :

> — *Je voudrais quand même féliciter quelques-uns d'entre vous... notamment Maurice Leroy, qui reste président de Loir-et-Cher.*

Commentaire sarcastique du ministre qui rapporte la scène : « C'est marrant, d'ailleurs, parce qu'il a félicité Leroy et pas Mercier. » François Fillon s'empresse de réparer l'« oubli » et salue le garde des Sceaux qui, quoique proche de Bayrou, « sauve le conseil général du Rhône ».

Fin des flatteries. Communication suivante. Là, Sarko reçoit un petit papier... Tout le monde comprend vite d'où il vient. Le président le lit et reprend la parole, faussement confus :

> — *Ah..., je suis vraiment désolé, j'ai manqué à tous mes devoirs, j'ai oublié de dire tout à l'heure que le département de la Haute-Loire avait gagné deux cantons... Vraiment, je suis désolé, hein...*

Perfidie de la conclusion :

> — *Comme quoi... les racines chrétiennes, ce n'est pas ça qui a fait du mal pour les élections cantonales...*

Tout le monde se marre, comprenant l'allusion ironique à Laurent Wauquiez – l'élu de Haute-Loire, ministre des Affaires européennes, a manifestement réclamé son dû, comme un gosse son point de bonus à l'interro[1]. Aux deux tiers de la table, l'intéressé respire le bonheur. Objectif atteint. Reste à le faire savoir dans la presse. Le lendemain,

1. Le chef de l'État fait également allusion à son discours controversé à la cathédrale du Puy-en-Velay, trois semaines plus tôt, le 3 mars 2011, lorsqu'il avait insisté sur les racines chrétiennes de la France.

Le Parisien-Aujourd'hui en France relève, pour tout écho du Conseil, le satisfecit adressé par le président au ministre chargé des Affaires européennes. Du travail d'orfèvre.

À la fois exercice de com' assumé et géré par Matignon et l'Élysée et source de fuites plus ou moins organisées, le Conseil des ministres conserve-t-il aujourd'hui une part de secret ? En réalité, assez peu d'infos précises sortent de ce Conseil. Pour avoir le plaisir de se plonger dans les débats eux-mêmes, il faut attendre les Archives, les notes manuscrites des secrétaires généraux, disponibles vingt-cinq ans plus tard, voire cinquante ans s'il y a risque d'atteinte au « secret défense », aux « intérêts fondamentaux de l'État en matière diplomatique » ou à la « vie privée des personnes ». Les ayants droit et/ou Matignon ont toute liberté d'en juger. Sans compter que la prise de notes est plus ou moins exhaustive d'une personne à l'autre.

Michel Jobert, secrétaire général de l'Élysée sous Pompidou de 1969 à 1973, « éditorialise » énormément son récit, alors que Jean Donnedieu de Vabres, secrétaire général du gouvernement de 1964 à 1975, demeure très factuel. La rédaction du *Canard enchaîné* elle-même en convient : « Tout ce qui relève de l'intérêt général, la Défense, les Affaires étrangères, n'arrive pas jusqu'à nous. Ce que l'on a dans l'instant se limite à la petite politique, les mesquineries, les coups bas, les vengeances. Et encore ! l'époque Macron a visiblement ramené les ministres à plus de discrétion. » Dans les cabinets ministériels, on n'en guette pas moins avec anxiété, chaque mardi après-midi, la livraison de l'hebdomadaire satirique du lendemain. On se l'arrache tout en le vilipendant.

Chacun a son appréciation de la fameuse page 2, celle des échos du Conseil : « 80 % vrai », évalue Hervé Morin, ancien ministre de la Défense de Sarkozy ou encore Frédéric Salat-Baroux, secrétaire général de l'Élysée sous Chirac ; « 50 % faux », dit Serge Lepeltier qui garde le souvenir des coups de fil du dimanche après-midi. « Les journalistes du *Canard* vous appellent pour que vous balanciez vos petits camarades », se souvient l'ancien ministre de l'Écologie, victime, semble-t-il, d'une de ces fuites bidon. « Un jour, ils avaient écrit que Chirac avait engueulé trois ministres dont le portable avait sonné, Marie-José Roig, la maire d'Avignon, moi et un autre. Philippe Bas, le secrétaire général, m'appelle le lendemain. "Est-ce que c'est vrai, l'incident dans *Le Canard*, avec les portables ?", me demande-t-il. Il avait assisté au Conseil comme moi, et finissait par se demander si le coup de gueule n'avait pas eu lieu dans les couloirs après. Mais tout était bidon. »

Après tout, qu'importe. « La fonction principale du Conseil, conclut le secrétaire général du gouvernement Fillon, Serge Lasvignes, c'est de montrer que le gouvernement travaille, uni, sous l'autorité du président de la République, et de permettre au président de passer un certain nombre de grands messages politiques. » Inutile de chercher plus loin la raison pour laquelle les présidents en exercice tardent toujours à se représenter. En 1988, François Mitterrand ne bouge pas avant le 22 mars. En 2002, Jacques Chirac attend le 11 février. En 2012, Nicolas Sarkozy prend lui aussi son temps, jusqu'au 15 février. Il n'a aucun intérêt à se presser davantage. Chaque mercredi, le Conseil des ministres le « réinstalle » président. Ce sacre hebdomadaire, assorti de quelques déplacements réguliers en province, vaut bien tous les meetings de campagne des adversaires.

12

AU REVOIR

On n'est jamais si bien servi que par soi-même. Ce 10 mai 2017, pour sa dernière sous les dorures napoléoniennes du salon Murat, François Hollande s'offre un bilan de champion. Dans quatre jours, il remettra les clés de l'Élysée à son ancien ministre et poulain, Emmanuel Macron. À ce stade, personne ne semble avoir pu ou voulu défendre son quinquennat – ni lui, pas candidat, ni Manuel Valls, sèchement battu aux primaires de la gauche, ni Benoît Hamon, candidat désigné puis laminé au premier tour. Aidé de son Premier ministre, le fidèle Bernard Cazeneuve, il attaque donc sans fausse pudeur, entre « fierté » et « émotion » :

> — *Nous avons transformé le pays ! Il ne faut jamais oublier d'où nous venons. Ne jamais oublier l'Histoire si l'on veut poursuivre. Soyez fiers… Vous avez été à la hauteur des responsabilités. Ce qui compte, c'est la qualité des personnes. Vous avez été exemplaires. Je vous remercie du travail accompli.*

L'œil est vif. Le costume bleu nuit et la chemise blanche impeccables. Rien à voir avec l'air sinistre des semaines qui ont suivi son renoncement en décembre de l'année précédente.

Face à lui, au centre de la table, l'affection fige les « anciens ». Ceux qui ont déjà annoncé qu'ils raccrochaient : Michel Sapin, trop ému pour noter quoi que ce soit, Ségolène Royal, qui vit sans doute, elle aussi, son dernier Conseil, Jean-Yves Le Drian, encore entre deux eaux. Mais c'est surtout aux autres que le président s'adresse, aux quadras : sa voisine de gauche, Najat Vallaud-Belkacem (Éducation), ou encore Mathias Fekl (Intérieur), qui l'écoute, juste en face.

> — *Vous avez un avenir. Les plus jeunes devront reprendre le flambeau. Vous exercerez le pouvoir à nouveau.*

Il laisse la tablée pensive. Et aucune chance au ministre des Affaires étrangères, Jean-Marc Ayrault, de passionner les foules avec son point sur la situation internationale : le limogeage du directeur du FBI, la conférence de Bonn sur le climat, la Syrie, etc. Mais l'ordre du jour prévoit dans la foulée une communication du Premier ministre au titre rutilant : « 2012-2017, un quinquennat pour la France et les Français ». Le voilà lancé dans une véritable déclaration au président :

> — *Monsieur le président, à l'heure du renouvellement, je voudrais souligner que certains, ici, croient à des valeurs anciennes que sont la fidélité, la loyauté, la force collective, la solidarité. Que l'État l'emporte sur ce que nous sommes. Avoir l'amour de l'État plutôt que de soi-même, voilà ce que nous avons fait pendant cinq ans.*

Fidélité, loyauté. À quelques rues de là, les oreilles du président élu Macron doivent siffler. Le chef du gouvernement, lui, égrène les réformes accomplies. « Régime de retraite à l'équilibre », « complémentaire santé », « retour progressif à la croissance », « mariage pour tous », « défense de la contraception », « actions de groupe », etc. Avant de conclure :

— *Monsieur le président, les membres du gouvernement sont dans la fierté d'avoir agi et ressentent une immense gratitude envers vous.*

Les secrétaires d'État, en bout de table, perçoivent-ils le trouble chez François Hollande? Hélas, à trente-neuf – tous les secrétaires d'État ont été conviés –, impossible de siéger dans le salon plus cosy des Ambassadeurs, qui n'en supporte pas plus de trente. Un œil ému sur les pattes de mouche griffonnées devant lui, le patron remercie, sans revenir clairement sur son renoncement auquel on l'entend toutefois penser très fort:

— *J'ai beaucoup espéré de la cohésion et de la solidarité de la gauche qui devait permettre la réussite de la gauche en 2017. Je n'avais pas envisagé toutes les crises qui sont venues. J'ai dû beaucoup agir au plan international, plus que je ne l'aurais envisagé en 2012. La décision difficile en 2013 d'engager l'armée française au Mali. Et si l'ensemble des alliés avait agi comme je l'aurais souhaité, on ne serait pas dans cette situation en Syrie. Je n'avais pas imaginé que nous serions de tels acteurs sur la question écologique. Je n'étais d'ailleurs pas aussi écolo qu'on ne l'aurait voulu. Mais j'ai progressé.*

Ce que les ministres retiennent surtout, c'est son récit des attentats de 2015. Plusieurs amis perdus à *Charlie Hebdo*, un carnage au Bataclan. Sa blessure semble profonde:

— *On n'est plus le même homme quand on a marché dans le sang. J'ai vu pour la première fois la peur dans les visages. J'ai vu des scènes d'horreur. Je savais que le monde était tragique, cruel. Mais je ne pensais pas que nous aurions à faire face à autant d'attaques terroristes. Et je ne pouvais pas imaginer que je serais acteur de ces événements-là.*

Il salue le travail du gouvernement face à ces attentats et redevient politique :

> — *La gauche n'est pas toujours regardée avec crédibilité sur la sécurité. Il faut le dire : la droite a délabré le système sécuritaire ! Nous ? Nous n'avons pas abandonné nos principes. Nous n'avons pas cédé à l'austérité. Nous n'avons pas cédé sur les droits fondamentaux, nous les avons même améliorés. Voyez les retraites, les allocations. Nous avons amélioré le modèle social. Nous avions dit « priorité à l'Éducation » : c'est fait ! Sur le plan économique, c'est toujours la gauche qui rétablit les comptes publics. C'est toujours la gauche qui sauve l'agriculture. Les chiffres d'aujourd'hui sont très bons. J'aurais voulu que ça aille plus vite, mais nous y sommes parvenus quand même. Le CICE, le pacte de responsabilité. Les sujets de société. Et n'oublions jamais les résistances que nous avons rencontrées sur ces sujets-là.*

Aucune allusion à Emmanuel Macron. « Ni passage de témoin, ni allusion à la traîtrise comme il l'avait fait dans les semaines précédentes. Ce n'était plus le moment[1] », assure Michel Sapin. À part peut-être ce *mea culpa* sur l'utilisation du 49.3 pour faire passer la loi El Khomri, dans lequel certains ont cru voir aussi un avertissement à son successeur, qui entend réformer le droit du travail par ordonnances :

> — *Le dialogue social est quelque chose de difficile. Et le jour où on l'a oublié, nous l'avons payé très cher.*

Le soleil de mai cogne les hautes portes-fenêtres. Et les grands principes défilent sous le lustre du salon Murat. Respect de l'État, déontologie des fonctionnaires, réforme territoriale, lutte contre la corruption.

1. Entretien avec Michel Sapin, 7 octobre 2017.

Pas (ou peu) de Macron dans ce dernier propos, mais il y a bien du… Mélenchon ! La colère présidentielle contre le leader de la France insoumise déborde une dernière fois à la table du Conseil des ministres :

> — *La crise politique dans notre pays est profonde, caractérisée bien sûr par une résistance à un haut niveau de l'extrême droite. Mais aussi par une radicalité à gauche. Cette radicalité avait toujours été mise au service d'un projet. Alors que là, elle s'est installée dans une contestation totale. Elle s'est enkystée. Elle va poser de nombreuses difficultés.*

Et le président sortant de s'inquiéter des divisions des partis de gouvernement sur les questions de fond, la conception de l'Europe, les conceptions de la société. Divisions encore accentuées par les primaires.

> — *Quel avenir ? Nous verrons bien. Notre devoir, le mien de président de la République, c'est de souhaiter la réussite par d'autres quand on aime le pays… Il faut montrer qu'on bâtit après d'autres, et garder les valeurs. Unité, cohésion : aucune victoire n'est possible sans ces deux valeurs. Repensez à Épinay*[1] *! Dernière recommandation : on ne construit rien sans la fierté, on ne bâtit rien sans la fierté. Car c'est sa propre histoire. Mais vous êtes dans une Histoire qui va vous dépasser. Une idée qui va au-delà des personnes.*

Le message est clair : soyez fiers d'avoir été de l'aventure Hollande. Quant aux législatives : « Il faut y aller avec la volonté de faire réussir », conclut le vingt-quatrième président

1. Le Congrès du PS d'Épinay-sur-Seine en 1971 reste celui du rassemblement de la famille socialiste, qui porte François Mitterrand à sa tête et travaille à un programme commun de la gauche, communistes inclus.

de la Ve République en passant la main. «Agir pour le bien du pays.»

Passé un court flottement, suit l'ovation. «On s'est tous levés et on a applaudi[1]», raconte Patrick Kanner, encore bouleversé lorsqu'il nous reçoit une semaine plus tard dans son ministère pratiquement vide. «Ça a été une longue salve, spontanée. Exceptionnelle... Mais aussi un immense sentiment de gâchis. Macron démarre... peut-être pas sur une pile d'or, mais sur un déficit public bien maîtrisé, une croissance en accélération, avec un pays apaisé en dépit des attentats. Il ne se mettra pas dans les pas de Hollande, mais au moins qu'il n'en efface pas les traces!»

Le ministre de la Ville, de la Jeunesse et des Sports serre la main du président, embarque une dernière fois le crayon de bois aux armes de l'Élysée – pour compléter sa collection – et file honorer un engagement avec une chaîne de télé.

Des larmes coulent, notamment celles d'Annick Girardin. «J'ai pleuré deux fois au Conseil, avoue la ministre de la Fonction publique en toute simplicité. D'abord le lendemain des attentats du Bataclan, et ensuite le jour de ce dernier Conseil de Hollande.»

Sur le perron, celui qui est encore président pour quatre jours les salue tous, un à un. Il prend le temps. Un mot, une accolade, un baiser. Dans un clair soleil de mai.

Cinq ans plus tôt, Nicolas Sarkozy s'en va lui aussi après un unique mandat. Mais là où François Hollande dresse son bilan faute d'avoir concouru, son prédécesseur saisit ce moment du départ pour restaurer une image un peu écornée par des mois de campagne présidentielle.

Sarko battu fait une démonstration de dignité et d'équanimité le 9 mai 2012. Échange en tête à tête avec chaque

1. Entretien avec Patrick Kanner, 16 mai 2017.

ministre. « Prenez soin de vos familles », rappelle-t-il inlassablement. Affectueux, chaleureux, humain. Le message politique, lui, se veut républicain, et le verbe inspiré :

— *Le peuple a décidé. Il ne faut jamais être amer quand la démocratie décide.*

« C'était magnifique. C'était un autre homme[1] ! » avoue, admiratif, Frédéric Mitterrand qui sait que quoi qu'il arrive, sa carrière ministérielle est finie. Roselyne Bachelot, bluffée elle aussi et tout juste retraitée de la politique, ne lâche pas son appareil photo. Elle emporte de ce dernier jour au pouvoir une série de clichés d'elle avec ses collègues ministres... et même avec les journalistes.

Durant le quinquennat Sarkozy, un « dernier Conseil » a sans doute marqué les esprits : celui de Christine Lagarde. Ce mercredi 29 juin 2011, la patronne du FMI, élue la veille, a décidé d'apporter sa touche personnelle. La ministre de l'Économie a posé son cadeau d'adieu devant le fauteuil du président. Un livre-photos avec en couverture une peau de tigre, le motif de sa moquette qu'elle aime tant au sixième étage de Bercy. « Trip égotique », vocifère un collègue. L'ouvrage, d'une quinzaine de pages, fabriqué dans l'urgence chez Photo Service, rugit d'éloges sur la tigresse de l'Éco. D'abord une compilation de caricatures de presse – notamment un « Plantu » flatteur : « Si tu ne vas pas à Lagarde, Lagarde ira à toi. » La photo, radieuse. Le message, bref : « Juin 2011. Beaucoup de travail. Beaucoup de fierté. Un grand merci. Christine Lagarde. » Et pour finir, le bilan modestement intitulé « Réformes phares de Christine Lagarde ». Elle énumère ses six grands chantiers, de la protection du consommateur à la compétitivité de l'économie en passant par l'Europe et sa « participation active à la RGPP » (Révision générale des politiques publiques).

1. Entretien avec Frédéric Mitterrand, 19 novembre 2012.

En remontant dans leur voiture à la sortie, tous les ministres trouvent eux aussi leur exemplaire du livre. Dédicace, photos, bisous, compliments du style : « T'es splendide dans cette petite robe. » Un tulle noir à fines rayures argentées recouvre ses épaules dénudées. Une douce euphorie observée avec quelque peu d'aigreur par certains ministres qui digèrent mal ce dernier Conseil de star, alors qu'elle file à l'anglaise – ou plutôt à l'américaine –, à onze mois d'une présidentielle difficile pour la majorité.

« Ce bouquin sur le bureau de Sarko, ça voulait dire : "Tiens, je t'emmerde. Je suis arrivée en 2005, je m'en vais en 2011. Ma vie, mon œuvre, tchao, j'me casse" », râle un ministre, tandis que ses conseillers s'étranglent en feuilletant le livre. « Si on regarde bien, le plan de soutien à la Grèce, c'est elle qui l'a fait. Pour l'Irlande, aussi. Et le Fonds européen de stabilisation financière, c'est encore elle. »

Christine Lagarde, elle, ne s'embarrasse pas des ronchons. Elle chambre une dernière fois Pierre Lellouche, son collègue du quatrième étage à Bercy. « Tu pars avec le Premier ministre en Indonésie ce soir ? Ce serait tellement gentil si tu pouvais me ramener une écharpe. »

Des départs enjoués comme ceux-là, la Ve République en a connu très peu tant il est vrai qu'un dernier Conseil des ministres symbolise plus souvent une fin de règne ou un séisme. Ce qui ne laisse d'ailleurs pas toujours le temps de repasser par le salon Murat. En 1984, François Mitterrand annonce le retrait de la loi Savary à la télévision, le 14 juillet, un jeudi. Le 17, tout est terminé. Pierre Mauroy quitte Matignon en larmes. Fin trop brutale aussi pour Anicet Le Pors : « On ne s'est même pas dit au revoir. Pas une lettre. Rien[1]. »

1. Entretien avec Anicet Le Pors, 25 janvier 2011.

Bizarrement, à la veille des scrutins, rares sont ceux qui vivent le Conseil comme s'il était le dernier. De Gaulle, le 23 avril 1969, ne se fait plus d'illusion à quatre jours du référendum sur la réforme du Sénat et des régions. Un peu distant pendant le Conseil, glissant plusieurs fois des apartés à l'oreille de Malraux, il sidère, toutefois, au moment de conclure : « Notre ordre du jour est épuisé. Nous allons lever la séance. À mercredi prochain[1]. » Personne n'ose bouger. Les sondages n'incitent guère à l'optimisme. De Gaulle sent le malaise et reprend, le menton haut et la voix assurée : « Oui, à mercredi prochain. Je le crois, je l'espère. Sinon, c'est un chapitre de l'histoire de France qui se refermera. »

Dès le lundi, Alain Poher, président du Sénat, entame le chapitre suivant à l'Élysée.

Quarante et un ans plus tard, Xavier Darcos, ministre du Travail, arrive lui aussi serein malgré d'imposantes valises sous les yeux à ce Conseil du 17 mars 2010, veille du second tour des élections régionales. Bataille perdue d'avance. Seulement le président a promis : « Je te garde au gouvernement, Claude Guéant m'est témoin, mais j'ai besoin de toi pour la liste UMP en Aquitaine. » Darcos a donc mené de front la campagne, le pilotage de ses trois secrétaires d'État et les dossiers du ministère : retraites, travail du dimanche, sans parler de la série de suicides à France Télécom. « Je te le demande comme un service, Xavier, tu ne peux pas me le refuser, j'ai personne d'autre. » Ce mercredi d'entre-deux-tours, le président l'encourage encore : « Je n'oublierai pas ceux qui sont partis au combat. Tu aurais pu rester tranquillement à Paris. C'est vraiment bien. » Darcos se dit que le bout du tunnel est proche. Il s'envole, le cœur léger, pour son dernier meeting le lendemain. Il ne remettra jamais les pieds au salon Murat. Battu sèchement par le président sortant de la région, Alain

1. Entretien avec Yves Guéna, 20 octobre 2010.

Rousset (56 % dans une triangulaire), il est remplacé par Éric Woerth qui, du coup, libère une place pour le chiraquien François Baroin au Budget.

Darcos n'est pas le premier. Alain Lambert, en 2004, accepte lui aussi de jouer les bons soldats dans l'Orne. « On a été battus à la Région, mais j'ai pris un siège à la gauche aux cantonales, et le lendemain, Chirac m'a viré. M. Sarkozy devait venir à Bercy et, comme j'étais réputé proche de lui, on m'a expliqué que je ne pouvais pas rester au Budget[1]. »

Nombreux sont ceux qui auscultent la pièce dans tous ses recoins, la dernière fois. Même s'il n'est sûr de rien, en 2005, veille du référendum sur la Constitution, Frédéric de Saint-Sernin emporte une relique[2]. Coup d'œil à droite, coup d'œil à gauche et hop, il glisse dans son dossier le petit écriteau qui porte son nom. Bien inspiré ! Le lendemain de la victoire du « non », Chirac change de Premier ministre.

Parfois, même la mécanique ne se résout pas au grand départ. Le 9 mai 2007, pour le dernier Conseil de l'ère Chirac, comme un bel acte manqué, la voiture de Pascal Clément ne redémarre pas. Le garde des Sceaux, surpris par les caméras de France 2 dans la cour de l'Élysée, s'en amuse[3] : « C'est un fort symbole, elle ne veut pas quitter l'Élysée. » Il repartira finalement avec Dominique Perben.

En remontant la Ve République, on tombe également sur quelques fins de règne ou crises politiques majeures qui donnent lieu à des « derniers Conseils » mémorables. Comme cette fin d'été caniculaire de 1976 – le mercredi 25 août –, où Jacques Chirac devient recordman de brièveté de la Ve République en quittant Matignon au bout de deux ans. Panique

1. Entretien avec Alain Lambert, 15 avril 2011.

2. Entretien avec Frédéric de Saint-Sernin, 22 décembre 2010.

3. Archives Ina.

à bord. Les secrétaires d'État sont convoqués en catastrophe. Tout le monde comprend, le Premier ministre s'en va. L'Élysée a précisé à *L'Express* deux jours plus tôt que Chirac était démissionnaire depuis le 26 juillet. Le scénario de ce Conseil, en tout cas, ne ressemble à aucun autre.

Un peu avant le 9 h 30 rituel, Jacques Chirac entre, seul, dans le salon Murat et va s'asseoir face au fauteuil présidentiel vide. Plus saccadé et crispé que jamais. À la table des secrétaires généraux, Marceau Long, médusé, prend tout en notes[1].

> — *Le président de la République nous rejoindra dans quelques instants pour présider le dernier Conseil,* déclare le Premier ministre, qui tient à régler quelques comptes sans le président, qui a accepté.

Chirac poursuit :

> — *Je renonce, volontairement, à la tâche la plus exaltante qu'il m'ait été donné d'accomplir. Il y a vingt-sept mois, contre presque tous mes amis, j'ai soutenu la candidature du président de la République, parce qu'il était seul capable de nous éviter la victoire du parti communiste et, depuis, je l'ai servi fidèlement. Ces derniers temps, j'avais demandé des moyens plus importants pour faire face à une situation de plus en plus difficile, car je crois que le Premier ministre doit disposer de l'autorité sur les membres du gouvernement et aussi d'une certaine autonomie tactique. Je ne l'ai pas obtenu ; je n'ai obtenu ni ces moyens, ni la liberté de mener la bataille politique comme je l'entendais. Je n'ai pas à juger des intentions du président de la République, j'obéis et je me retire.*

1. Notes manuscrites de Marceau Long, consultées aux Archives nationales sur dérogation.

Malgré l'heure matinale, le soleil agresse déjà la nuque des ministres assis contre la fenêtre du parc et rend l'atmosphère étouffante. Le propos, lui aussi, devient de plus en plus chaud :

> — *Certains d'entre vous ont compliqué la tâche par leurs déclarations ; ils ont affaibli la majorité. À tous les autres, qui m'ont aidé, j'exprime ma gratitude, oubliant pour une fois le général de Gaulle qui disait : « Pour ceux qui ont servi la France, il n'est besoin ni de récompense, ni de remerciements. »*

Suivez mon regard… À la droite du fauteuil vide, Michel Poniatowski, ministre de l'Intérieur et homme du président, paraît ailleurs. « Ponia était passionnément contre l'UDR et donc contre Chirac[1] », rapporte Marceau Long, qui cite également le garde des Sceaux, Jean Lecanuet, parmi les personnes visées. Le plus « sonné » semble Jean-Pierre Fourcade. Des trois, c'est avec le ministre de l'Économie que l'affrontement a été le plus rude ces derniers mois, sur la taxation des plus-values.

Son propos liminaire achevé, Chirac quitte la pièce et part chercher Giscard. Puis l'huissier annonce : « Monsieur le président de la République ! » La longue silhouette de VGE entre, bronzage éclatant après deux semaines de chasse africaine et un crochet par Brégançon. Chirac, lui, a le teint de celui qui a fait tourner la boutique tout l'été. Terne. Jamais le contraste au sein de l'attelage exécutif n'a été aussi frappant. VGE assure sa tournée de poignées de main habituelle. Jacques Wahl, le secrétaire général de l'Élysée, lui glisse un petit papier. « Cela s'est mal passé. Le Premier ministre a dit que certains ministres l'avaient combattu et avaient affaibli la majorité et qu'il n'avait pas eu suffisamment de moyens pour combattre l'opposition socialo-communiste[2]. »

---

1. Entretien avec Marceau Long, 4 mai 2011.
2. Valéry giscard d'Estaing, *Le Pouvoir et la Vie*, *op. cit.*

Tout le monde s'attend à une parole historique. Pas du tout ! VGE suit méthodiquement l'ordre du jour. Mesures liées à la sécheresse, décret sur les transports, brochette de nominations militaires. Une longue communication d'Olivier Stirn, secrétaire d'État aux Dom-Tom, revient sur l'éruption de la Soufrière en Guadeloupe :

> — *La situation peut durer deux ou trois ans. Il y a eu neuf séismes dans la nuit d'hier et des émanations de gaz. Vingt-cinq mille indigents sont nourris par l'État, ce qui coûte deux millions de francs par semaine. Il faudra dégager les écoles pour permettre la rentrée scolaire et construire trois mille logements. Il faudra accélérer la réforme foncière.* [...] *On connaît très mal les réactions du volcan.* Voyage au centre de la Terre *est le seul livre d'anticipation de Jules Verne qui ne se soit pas réalisé, ce qui explique nos incertitudes.*

Comme s'il fallait absolument qu'ils se quittent sur un point d'accord, tous chantent, à l'excès, les louanges du préfet de la Guadeloupe. Poniatowski :

> — *J'aimerais souligner que le préfet, M. Gérondeau, est très compétent, la population l'admire et lui fait pleine confiance.*

Chirac :

> — *L'affaire a été très bien conduite, cela s'est vu et cela se sait sur place. Il faut, de ce point de vue, souligner le caractère exceptionnel de l'action menée par le préfet.*

VGE :

> — *Il est vrai que tout le monde a bien fait son travail. Pour le fond, on ne sait pas trop ce qui va se passer. La sécurité doit être notre souci essentiel.*

Giscard fait durer le « supplice ». Passé la communication des Affaires étrangères, il entame un rapport détaillé de son voyage au Gabon, de « l'accueil chaleureux ». Il invoque le général de Gaulle pour saluer le « succès de la décolonisation ». Les ministres s'interrogent. À quoi joue le président ? Dans *Le Pouvoir et la Vie*, VGE explique que « comme dans toutes les circonstances de crise, [il] retrouve alors en [lui] le curieux espace de paix et de sérénité qui s'installe, comme [s'il voulait] constituer un contrepoids à la pression extérieure, et [se] rappeler l'existence d'autres valeurs fondamentales, indifférentes au tumulte de l'instant présent ».

Il en vient finalement au fait :

> — *Monsieur le Premier ministre, pour terminer, vous avez souhaité faire une communication au Conseil des ministres.*
>
> — *Oui,* répond Chirac. *J'ai l'honneur de vous présenter la démission du gouvernement.*

Giscard ouvre son dossier et lit les deux lettres échangées fin juillet, qui seront publiées dans la foulée. Celle de Chirac, le 26, annonçant sa démission, ainsi que sa propre réponse, datée du 28, lui demandant de patienter jusqu'à fin août :

> — *J'ai accepté cette démission parce que, lorsque quelqu'un souhaite partir, il faut l'accepter. Ensuite, parce que j'ai annoncé le 6 juin dernier qu'une nouvelle action politique allait s'engager à la rentrée pour redresser l'économie. Si le Premier ministre ne désire pas la conduire, je dois désigner une nouvelle équipe pour l'entreprendre.* [...] *Je remercie tous les membres du gouvernement pour leur action, et d'abord le Premier ministre pour la loyauté avec laquelle il s'est attaché à atteindre les objectifs qui me paraissaient essentiels pour le bien de la France.*

Giscard demande enfin aux ministres de se taire à la sortie et de s'éclipser par une autre porte. En clair, de lui laisser le perron pour raccompagner personnellement – et définitivement – le Premier ministre à la sortie. Fin de la séance. Les huissiers ouvrent les portes et libèrent des fauves. La suite est connue. Chirac fonce dans le bureau de Pierre Juillet, où l'attendent les caméras de TF1, pour dire sa vérité aux Français.

S'ensuit pourtant un dernier tête-à-tête inattendu qui ne laisse pas de sidérer Giscard. « C'est un personnage invraisemblable. Il était… ému ! Jacques Chirac me dit : "Je ne me rendais pas compte, mais ce travail m'a passionné. J'y suis très attaché. C'est une épreuve !" Et il ajoute : "De toute façon, vous n'entendrez plus parler de moi. Cela fait dix ans que je fais de la politique. J'ai envie de faire autre chose." » Trente-cinq ans après, VGE reste incrédule : « C'est extravagant ! C'est shakespearien[1] ! »

Le soir même, le ministre du Commerce extérieur, Raymond Barre, s'installe à Matignon.

François Mitterrand, lui, connaîtra deux « derniers Conseils » à forte valeur testamentaire.

À la fin de son second septennat, en 1995, il dit adieu au pouvoir. Mais avant cela, en ce mercredi 24 mars 1993, vient l'adieu à ses compagnons d'armes alors qu'une nouvelle cohabitation se profile. Le premier tour des législatives est un désastre : 27 % pour le PS et le PC réunis, contre 42 % pour l'ensemble RPR-UDF-DVD. La claque est rude. Le dépit incommensurable. Jack Lang, ministre de la Culture, et Michel Delebarre, ministre de la Fonction publique, entourent le Premier ministre Pierre Bérégovoy, qui remercie le président, puis les ministres pour le travail accompli.

1. Entretien avec Valéry Giscard d'Estaing, 3 mai 2011.

Hubert Védrine, secrétaire général de l'Élysée, prend tout en notes. Il a accepté de les transmettre intégralement à l'auteure de cet ouvrage. Mitterrand improvise :

> — *Je vous remercie de tout ce que vous avez fait, de votre action. Vous travaillez à mes côtés, pour certains d'entre vous depuis très longtemps – en particulier monsieur le Premier ministre, premier secrétaire général de l'Élysée en 1981, et qu'on a voulu injustement atteindre.*

Pierre Bérégovoy, déjà préoccupé par l'implication de plusieurs de ses proches dans l'affaire Pechiney, se débat désormais avec le prêt d'un million de francs, sans intérêt, consenti par Roger-Patrice Pelat en 1986 et révélé en février. Pelat, un ami du président, est cité dans plusieurs affaires de corruption. Cinq semaines après ce dernier Conseil, Pierre Bérégovoy se donnera la mort à Nevers.

Devant ses ministres, Mitterrand poursuit :

> — *Privé de vous, je me sentirai seul… Comme vous l'imaginez, il y a longtemps que s'est posée la question : rester ? partir ? Des offensives ont démarré il y a quelques mois, sous un volume attendu, encore discrètes, mais considérablement intensifiées dès lundi. C'est logique : le RPR serait en mesure d'avoir un président de la République s'il y avait des élections présidentielles dès le mois de mai prochain. Vous avez lu que Philippe Tesson me compare à Louis XVI après Varennes. Mais je n'ai pas l'intention de m'évader ! Pourquoi être resté en mars 1986 sinon ?* […] *De Gaulle est parti en 1969, mais il avait fixé l'enjeu.*

François Mitterrand invoque son devoir d'État, son devoir également vis-à-vis de ses amis politiques. Puis vient l'analyse du scrutin. Il canarde dans toutes les directions :

— *N'oublions pas de répertorier l'ensemble des forces hostiles : les Chirac, Giscard, Bouygues, Poivre d'Arvor. Si nous étions au temps des anciennes guerres, à qui devrais-je rendre ma rapière ? En 1990, j'avais décrit l'échec possible à Alain Duhamel. À l'époque j'avais fondé mon raisonnement sur l'effondrement du communisme, ce qui est confirmé à présent plus nettement.* [...] *Autre cause encore : les divisions du Parti socialiste* [il y reviendra]. *Autre raison : le rôle du mode de scrutin. Je me reproche de ne pas avoir pris tous les risques pour imposer la proportionnelle, même contre les nôtres.* [...] *Le scrutin majoritaire à deux tours, en France, est aujourd'hui comme le système anglais : pas de réserves, pas de report de voix, un second tour qui ne corrige rien. Quelles vont être les suites ? Il y aura des excès, quoi qu'ils disent, et de la revanche. À la proportionnelle, il y aurait cent vingt-deux députés socialistes, déjà élus.* [...] *Il s'agit de remonter la pente. Devant nous il y a les élections européennes, municipales et l'élection présidentielle dans deux ans, ou peut-être avant. Constituez un noyau cohérent, vigoureux, sans querelles, ne craignant pas les obstacles, acceptant les sacrifices, renonçant aux joies paisibles d'une vie tranquille.* [...] *Je vous accompagnerai jusqu'au dernier jour de ma fonction. J'ai parlé des acquis sociaux et on a présenté cela comme une astuce, mais ce n'était pas une astuce ! Les gens bien, à droite, seront emportés par les grandes forces : comment résister aux compagnies d'assurances, aux entreprises, aux gens du même milieu ?*

François Mitterrand livre ses angoisses. Des regrets aussi. Et même un reproche à son gouvernement :

— *Je crains fort que l'Europe ne soit mise à mal. Regardez les mensonges sur lesquels la campagne a été bâtie. Les agriculteurs seraient ruinés sans l'Europe. Et il y a un déferlement de protestations! Ils rêvent à quoi? La nouvelle politique agricole commune ne nuit qu'aux gros intérêts céréaliers, qui dictent leur ligne. J'en fais reproche au gouvernement: vous auriez dû affronter les syndicats. Sur le Gatt, une négociation est nécessaire!* [...] *Si c'est la jungle, nous serons inondés de produits d'Asie du Sud-Est ou d'ailleurs. Je crains d'autres abandons: la nouvelle majorité rêve de retourner dans l'Otan, alors que s'il faut abandonner en ce domaine une parcelle de souveraineté, il faut le faire avec les pays européens voisins. Et sur la recherche, l'innovation: maintiendront-ils une volonté? De temps en temps nous aurons un prix Nobel, à condition qu'il soit naturalisé américain.*

Bien entendu, le couplet contre les journalistes et les juges n'est pas oublié:

— *Nous avons donné une liberté totale à la presse, à l'audiovisuel: ils se sont retournés contre nous. Punissons-nous. Jamais la justice n'a été aussi libre, on a supprimé les tribunaux d'exception, même les parquets n'ont pas reçu d'injonctions. Mais cette liberté conduit les juges à se comporter en tribunal permanent des infractions au code de la route politique. Maintenant, c'est à vous de jouer. Je n'en ai plus pour longtemps, mais j'aimerais bien voir l'Europe se lever vraiment. Politiquement, faudra-t-il encore une génération pour remonter la pente? Ce n'est pas sûr. Vous me trouvez peut-être trop inquiet: j'ai d'autres appréhensions. Par exemple, verrons-nous les CRS tirer sur les jeunes des banlieues? J'espère que non: loin de moi toute idée de politique du pire. Lundi, un énorme poids va tomber sur vous tous, un grand deuil, de ceux dont on croit qu'on ne se relèvera pas. Mais les forces de la vie sont encore les plus fortes. Paul Fort dit:*

« Le plus court chemin d'un point à un autre, c'est le bonheur d'une journée. » C'est vrai aussi inversement. L'espérance est au fond de la boîte de Pandore, mais elle ne suffit pas, il faut aussi la volonté politique.

Le militant salue une dernière fois les « compagnons du Parti socialiste ». Il rend hommage au courage de Michel Sapin, ministre de l'Économie, qui a eu une charge très lourde :

> — *On peut craindre l'isolement, mais en réalité on n'est jamais vraiment seul, sauf devant la mort. Poursuivez la lutte. Je le ferai à ma manière. L'étranglement ne se fera pas dans le silence ou dans l'ombre. Comptez sur moi. Je regrette que vous ne puissiez voir le prochain Conseil. Persévérez. Nous allons nous battre le dos au mur, mais nous nous battrons. Pour le moment, gardons le silence. Je vous demande de ne pas faire de déclarations dans la cour. Je vais vous serrer la main à tous.*

Dans l'entrebâillement de la porte, la télévision belge RTBF, qui a posé ses caméras à l'Élysée depuis plusieurs mois pour un documentaire, immortalise le défilé. Le président se tient debout. Martine Aubry s'avance, tête baissée comme au confessionnal. Bernard Kouchner, les yeux dans les yeux, parle et écoute un président avec lui souriant. Ses longs cheveux lâchés, Ségolène Royal est en larmes. Elle sanglote. La main du président sur son épaule tente de la réconforter.

Deux ans plus tard…

La pluie tombe sans discontinuer pour cet ultime Conseil du président malade. Ce mercredi 3 mai 1995, l'adieu au pouvoir se fait devant l'ennemi. Mais un ennemi battu. Cette fois, Balladur a reçu la gifle en se faisant éliminer dès le premier tour de la présidentielle. Autour de la table du Conseil, le Premier ministre ne lâche pas prise pour autant. Il tient à défendre son bilan. Il a même rédigé un texte, ce qui agace passablement Mitterrand, venu les mains dans les poches :

> — *C'est mon dernier Conseil des ministres. Le mille trois centième sous la IVe et la Ve République. Je pourrais synthétiser ma vie politique de Marigny à l'Élysée car c'est à Marigny que j'ai assisté à mon premier Conseil. Monsieur le Premier ministre, nous terminons notre mandat ensemble. Vous avez l'avenir devant vous, pas moi*[1].

Édouard Balladur fait un geste de la tête en signe de merci. L'atmosphère est pesante. La douleur visible sur le visage du président malade. Fin de règne, fin de vie. Mais Mitterrand tient bon et se mue même en conseiller politique de la droite. Dans le souvenir de Douste, il semble interpeller du regard Nicolas Sarkozy. Comme un passage de flambeau. Déjà ? Les mots qui suivent ne s'adressent toutefois pas exclusivement à lui :

> — *Je vous le dis, soyez vigilants. Le vrai sujet en politique, ce n'est pas le parti d'en face. Le vrai sujet, c'est son propre parti.*

Message à la droite d'un homme qui connaît tellement les divisions de la gauche. Il n'oublie pas son coup de griffe aux troisième et quatrième pouvoirs :

> — *Méfiez-vous des juges. Et prenez garde à la presse, aux journalistes.*

Plusieurs fois, son regard se perd, s'échappe vers le parc. Il évoque la nature, son éternel recommencement. L'herbe, les arbres, les fleurs. Pendant qu'il parle, un ministre écrit sur

1. Récits d'Édouard Balladur, de Philippe Douste-Blazy, de Charles Pasqua, de Michèle Alliot-Marie, lors de leur entretien avec l'auteure.

une feuille de papier en grosses lettres : « On s'en fout. » Il la montre en riant, demandant à ses voisins de faire tourner. Édouard Balladur aperçoit le message, horrifié, terrifié par tant d'indécence. « Sans doute par mégarde, la feuille arrive entre mes mains, ce qui met fin au tour de table et aux divertissements, rapporte Édouard Balladur. Mais n'insistez pas, je ne vous dirai pas qui a écrit ces mots. »

Le plus sensible pour la fin. Le plus dramatique à tous les sens du terme : celui du 27 mars 1974. Titrons-le : le testament de Pompidou. Ce dernier Conseil du deuxième président de la Ve a fait couler tant d'encre qu'il méritait une enquête approfondie.

Les lustres de cristal du salon Murat éclairent moins que d'habitude ce mercredi après-midi. Les portes ont été calfeutrées, les miroirs recouverts de rideaux pour éviter les courants d'air. Georges Pompidou ne doit pas prendre froid. Le président enchaîne les mauvaises grippes, répètent les médias depuis des mois. Nul n'est censé le savoir – Pompidou n'est pas Louis XIV abreuvant les gazettes de sa fistule –, mais le président lui-même ne l'ignore pas : il est condamné. Maladie de Waldenström, une forme de cancer du sang qui emportera plus tard l'Algérien Boumediene, ainsi que le shah d'Iran. Ce dernier mercredi de mars 1974, le temps est lourd, brumeux et gris. « Il n'y avait pas de vent, pas même un souffle. Tout était pesant », raconte un ministre à Jean Mauriac, journaliste accrédité à l'Élysée pour l'Agence France-Presse.

En quatorze feuillets qui vont faire scandale, Mauriac – fils de François – décrit un Pompidou décrépit, tassé dans son fauteuil, incapable de faire son tour de table habituel pour saluer ses ministres, et qui « gagne directement son fauteuil où il s'effondre ». Lucide, mais à bout de forces, prenant la parole sur les différents sujets, « ayant à peine la force de soulever ses paupières et de parler ». Le gouvernement vient d'être remanié – et resserré – trois semaines plus tôt. Parmi les seize autour de la table, certains relèvent le détail qui fera hurler les proches de Pompidou et que rapporte également la dépêche de Mauriac: « Des traces de coton hydrophile étaient encore visibles sur sa veste. » CQFD : il sort de soins. Secret d'État.

Le président meurt six jours plus tard, le 2 avril, quelques heures après avoir finalement lâché prise et renoncé officiellement à présider le Conseil des ministres du 3.

Le premier et unique récit complet à ce jour sort le lendemain de la journée de deuil national, le 7, *via* cette dépêche AFP qui scandalise Jacques Chirac. Le ministre de l'Intérieur saute dans sa voiture et s'invite au micro d'Europe n° 1 – comme on l'appelle à l'époque. Tellement furax qu'il remonte la rue François-Ier en sens inverse et déboule dans le journal du soir d'André Arnaud, qui vient de lire la dépêche à l'antenne. D'après les enregistrements retrouvés aux archives d'Europe 1, Chirac pointe ce qu'il appelle des « inexactitudes matérielles » : « Le président de la République n'aurait pas fait le tour de la table pour serrer des mains ? Mais je vous dirais que cela arrivait souvent, et même très souvent. »

André Arnaud tente de le détendre : « Oui, il n'a pas dû avoir le temps... C'est comme nous dans la salle de rédaction, certains matins nous saluons tout le monde, certains matins non. C'est logique... »

Chirac acquiesce poliment et poursuit, décrivant un Pompidou plus brillant que jamais : « Son analyse a été probablement l'une des meilleures, l'une des plus lucides, l'une des plus percutantes que nous ayons entendues de sa bouche. Et en sortant, un de mes collègues me disait – ce qui était tout à fait mon sentiment : "Il nous a fait un topo de politique étrangère qui rappelait les meilleurs moments du général de Gaulle." »

Malgré ce démenti, l'AFP maintient sa version. Son président, Jean Marin, publie un communiqué. L'affaire est tellement sensible que le ministre et l'agencier en viennent presque aux mains, peu de temps après, lorsqu'ils se croisent à l'issue d'une réception à l'École militaire[1]. « Vous êtes un menteur et vous le savez aussi bien que moi », hurle Jean Mauriac à la face de Jacques Chirac, qu'il considère depuis toujours comme un type pas fiable.

Cinglant règlement de comptes autour de la dépouille d'un chef d'État. Pourtant l'enjeu est là : Pompidou était-il toujours en état d'assurer ses fonctions ? Bien qu'hagiographe avéré – et assumé – de Charles de Gaulle, Mauriac semble avoir relaté honnêtement ce dernier Conseil. Dans son compte rendu, ce jour-là, Alain Peyrefitte, ministre de la Culture, lui apparaît sonné. En vérité, il ne dit pas grand-chose. Mais ça parle à qui sait l'écouter. Recontacté par Mauriac, il détaille, circonstancie, décrit les gestes, les mots, les regards. Le journaliste recoupe, vérifie avec tout ce que son carnet d'adresses compte d'anciens ministres de De Gaulle présents à ce Conseil : Hubert Germain, chargé des Relations avec le Parlement, et trois ou quatre autres vont tous dans le même sens.

Trente et quelques années plus tard, à part Jacques Chirac, les trois autres ministres survivants de ce 27 mars 1974 ne contestent pas la version du président mourant. Yves Guéna, ministre de l'Industrie de l'époque, garde le souvenir d'un Conseil écourté[2], d'un Pompidou très diminué. Impression similaire chez Valéry Giscard d'Estaing, alors ministre des Finances qui, en 2011, comme dans *Le Pouvoir et la Vie* publié en 1988, dresse le même tableau. Pas de tour de table, ni au début ni à la fin, « alors que c'est l'usage. Et puis ce n'est quand même pas bien long[3]... » VGE évoque un mélange d'atmosphère lourde et d'immense respect à l'égard

1. Entretien avec Jean Mauriac, 22 mars 2011.
2. Entretien avec Yves Guéna, 20 octobre 2010.
3. Entretien avec Valéry Giscard d'Estaing, 3 mai 2011.

de son prédécesseur, « intervenant dans les débats totalement avachi ».

Même Jean Charbonnel, fidèle parmi les fidèles de Georges Pompidou, décrit, sans embarras désormais, la souffrance de cette fin de règne. Le ministre du Développement industriel, remercié un mois plus tôt lors du remaniement de février 1974, n'a pas assisté à cet ultime Conseil. Mais il garde au fond de lui la douleur des précédents, dont il sortait « lessivé de chagrin », pleurant en secret. « Ça ne devait pas être médiatisé. C'était sacré. Pompidou, même en charpie, même en lambeaux, c'était l'homme de la dignité de l'État[1]. » Une lucidité douloureuse à laquelle – coup de théâtre – Jacques Chirac lui-même se résout en publiant ses *Mémoires*. En 2009, à la page 162 du tome I[2], l'ancien président revisite ses souvenirs et sa formule : « Jamais il ne nous avait manifesté autant de lucidité, de ténacité », etc. Chirac reconnaît son manque d'objectivité : « Si cette version n'était sans doute pas des plus exactes, du moins était-elle conforme à l'image ultime que je souhaitais garder de Georges Pompidou : celle d'un homme que j'avais toujours connu impassible, inébranlable, face aux épreuves. »

C'est alors que surgit un dernier témoin clé : Édouard Balladur, secrétaire général de l'Élysée durant la dernière année de Pompidou, garant absolu de la Pompidolie, l'un de ses plus proches, sinon le plus proche collaborateur. L'héritier. Scandalisé, comme Chirac, qu'on puisse laisser penser que le président n'était plus en état de saluer ses ministres. En janvier 2011, il informe les Archives nationales qu'il a en sa possession des notes jamais signalées à ce jour. Les siennes. Trente-sept ans plus tard ! « Ah tiens ? Je ne savais pas que ça pouvait vous intéresser ! Figurez-vous que je suis tombé dessus par hasard, à l'UMP. » Les notes manuscrites du secrétaire

1. Entretien avec Jean Charbonnel, 30 septembre 2010.
2. Jacques Chirac, *Mémoires. Chaque pas doit être un but*, *op. cit.*

général du gouvernement, Jean Donnedieu de Vabres, sont aux Archives nationales depuis plus de vingt ans. Michel Jobert, son prédécesseur, et plusieurs de ses successeurs ont aussi versé les leurs depuis bien longtemps. La révélation a quelque chose de troublant. Édouard Balladur n'a pas la réputation d'être un gratte-papier. D'après Marceau Long, qui lui a succédé dans différents postes, à l'Élysée ou à l'ORTF, « il était même très opposé à ce système de prise de notes détaillées. Globalement, ça ne plaisait pas aux personnalités de la IIIe et de la IVe République finissante[1] ». Autre bizarrerie, Édouard Balladur indique à l'auteure qu'il n'est pas sûr de lui accorder la levée du secret aux Archives nationales. Finalement, il propose de les lui dévoiler. « Je vous les montre, je ne vous les donne pas », s'empresse-t-il de préciser. En effet, c'est la toute première fois. Personne à ce jour n'y a eu accès. Comble du paradoxe, il en fait lui-même lecture à haute voix, car il déchiffre mieux sa propre écriture[2]. Le tout devant le dictaphone.

Le trésor fait vingt pages, d'une écriture soignée. Des notes presque trop bien rédigées pour avoir été prises au fil des débats. Ont-elles été remises au propre à l'issue du Conseil ? Ou des années plus tard ? Balladur dit ne plus très bien savoir. En tout cas, rien ne manque. Ni l'heure de début, 15 h 30, ni de cette fin, 18 h 15. Le président mourant aura tenu deux heures trois quarts ce jour-là. Chaque intervention est consignée sous les initiales PR – président de la République. Pompidou met son grain de sel dans tout. Un commentaire par-ci, un tacle par-là, comme pour ce grade de commandeur de la Légion d'honneur :

— *Merlin a de la chance car il a eu des propos inqualifiables lors de la campagne présidentielle.*

1. Entretien avec Marceau Long, 4 mai 2011.
2. Entretien avec Édouard Balladur, 6 mai 2011.

Une vraie chance en effet… L'une des toutes dernières décorations signées de la main de Pompidou restera celle d'un adversaire politique.

Pour un convalescent, on aurait rêvé plus tranquille comme ordre du jour. Un texte sur l'isolation thermique des bâtiments, un autre sur la régulation des naissances… Michel Poniatowski, ministre de la Santé, défend l'espacement des naissances, la procédure simplifiée d'obtention de la pilule :

> — *Un million huit cent mille femmes prennent la pilule aujourd'hui. Les plus défavorisées ne sont pas concernées. Nous voulons toucher ces catégories-là.*
>
> — *Nous ne voulons pas de propagande antinataliste,* intervient Georges Gorse (Population).
>
> — *Le texte l'interdit. Et interdit également la publicité commerciale.*
>
> — *Sans doute faudra-t-il modifier l'âge nécessitant l'autorisation des parents,* fait observer Pierre Messmer, Premier ministre.
>
> — *Nous verrons. Texte adopté,* tranche Pompidou.

Une heure et demie déjà que le Conseil a commencé. Partie C : les communications. Le président délivre ses recommandations pour négocier le prix de l'uranium à Niamey :

> — *Nous avons un programme nucléaire, il faut l'alimenter. Il n'y a pas que la Libye, il y a plus gros. Certains veulent nous gêner en Afrique. Faire valoir à Diori* [président nigérien] *qu'il se livrerait à ce dont il a peur.* […] *Éviter que le CEA ne tente de ficeler ces États…*

Le testament continue avec les prix agricoles, puis l'Europe. Jean-François Deniau rentre de Bruxelles, où les Anglais tentent de renégocier leur participation au Marché commun des Neuf. Pompidou rebondit sur Londres, puis sur

Washington, à l'occasion de la communication internationale assurée par Jean de Lipkowski, le secrétaire d'État – le patron du quai d'Orsay, Jobert, est en déplacement. Il évoque une polémique dans la presse américaine. La France aurait incité les pays arabes de l'Opep à ne pas lever l'embargo envers les États-Unis[1] ! « Nous protestons », tance Lipkowski. Pas d'anti-américanisme primaire, répond Pompidou, mais pas question de les craindre non plus. Ni les Anglais ni les Américains :

> — *Il y a un point important : les relations avec l'Amérique. On nous cherche des querelles d'Allemands.* […] *S'ils sont dans la CSCE*[2]*, c'est qu'ils l'ont voulu. Ne pas se laisser aller à la peur, ils ne s'en iront pas. Il y aura quelques réductions de troupes seulement. À moins qu'ils ne deviennent fous, leur intérêt est de rester en Europe. S'ils la quittent, ils ouvrent la vanne à l'URSS dont la politique est, comme je l'ai déjà dit, celle d'un fleuve qui avance, contourne la falaise et continue d'avancer. Nos partenaires peuvent se rassurer, ce n'est pas une raison pour être hostile aux États-Unis. Ne pas tenir, c'est disparaître en tant que nation indépendante et être à l'Ouest ce qu'est la Hongrie dans l'ensemble de l'Est. Si nous tenons, nous aurons des ennuis dans tous les domaines. Mais mieux vaut avoir des ennuis que disparaître. Nous avons passé d'autres caps. Après tout,*

1. Neuf jours avant ce Conseil, le 18 mars 1974, les pays de l'Opep ont levé l'embargo envers les États-Unis et les pays occidentaux favorables à Israël – embargo décrété le 17 octobre 1973 pour protester contre le déclenchement de la guerre du Kippour.
2. La Conférence sur la sécurité et la coopération en Europe (CSCE) créée en 1973 – elle deviendra, en 1995, l'Organisation pour la sécurité et la coopération en Europe (OSCE) – est la seule organisation généraliste qui regroupe la totalité des États du continent européen, ainsi que ceux nés de la dissolution de l'Union soviétique. Elle a pour but de faciliter le dialogue Est-Ouest.

cela nous amènera à un effort de concertation avec les Allemands et avec le Chancelier. Cela nous obligera à faire appel au sens de l'honneur et au patriotisme français et européen pour mettre en valeur cette ambition démesurée de Kissinger, pour l'obliger à mettre la pédale douce. Il faut être prudent partout et je suppose que nos ambassadeurs le sont et ne disent pas n'importe quoi.

Tout est toujours répété en politique. Il faudrait une instruction générale à nos ambassadeurs sur nos relations avec les États-Unis. Elles sont anciennes, mais la moindre décision européenne ne peut être soumise au veto préalable du Département d'État. Cela ne s'est jamais vu, même quand l'influence anglaise et américaine était si forte sur nos gouvernements. Si on se soumettait, on ne le proclamait pas. [...] *Il faut savoir sacrifier le secondaire à l'essentiel et ne pas faire de provocation. Le secondaire : c'est le commercial où nous pouvons faire quelques sacrifices.*

Les Américains ne pourront pas tout vendre ni tout acheter. Le principal : c'est le politique, le militaire où on cherchera à nous isoler. Cela dit, la position américaine n'est pas si facile, car s'embrasser avec les Soviétiques oblige les Américains à la prudence et rend impossible la guerre froide à l'intérieur de l'Occident. La Fayette n'était pas un agent soviétique : le dire aux Américains !

Balladur interrompt sa lecture sur ce trait d'humour pompidolien et éclate de rire. Seul. Victorieux : « Vous voyez, ce n'est pas la marque d'un homme, euh... » Il est incapable de prononcer le mot « mourant ».

À l'ordre du jour de ce 27 mars 1974 également : la rentrée parlementaire. Et le testament politique du président reprend, après la communication du ministre chargé des relations avec le Parlement, Hubert Germain. Pompidou demande un effort immédiat et visible de cohésion de la majorité, et si possible d'éviter les piques :

> — *Tout le monde est sur le radeau : si on veut pousser quelqu'un sur le radeau, celui-ci peut chavirer, il n'y aura plus personne sur le radeau.*

À nouveau, l'ancien secrétaire général de l'Élysée de Pompidou s'esclaffe au milieu de sa lecture, visiblement en pleine nostalgie. Il rit, sans aucune retenue, comme l'unique initié d'une assemblée qui ne pourrait pas comprendre. L'image a quelque chose de stupéfiant. À quatre-vingt-deux ans[1], Balladur savoure visiblement cette plongée dans ces lointaines années dont lui seul, ou presque, peut désormais témoigner jalousement.

> — *Le deuxième point plus important encore, poursuit Pompidou, c'est le temps. Même si les textes touchent à des intérêts* [particuliers], *le ton doit être celui de la rigueur et de la dignité.* [...] *Il faut que le gouvernement montre que nous sommes dans une passe difficile dont dépend l'avenir français. Périodiquement on veut étrangler les gêneurs, mais notre rôle est de gêner. Il faut dépasser le problème du soja et des agrumes, et parler du rôle de la France et de l'Europe. Je souhaite que le ton soit donné par tous les ministres sans chercher à louvoyer ou à combiner. J'ai cédé une fois ou deux en 1962 où j'ai fait un discours médiocre pour éviter que X ou Y ne vote la motion de censure : il l'a votée quand même.*

Pompidou ne faiblit pas. Deux heures et demie qu'il s'accroche. Il donne la parole au Premier ministre pour que celui-ci rapporte son voyage en Corse. L'ordre du jour touche à sa fin.

1. En 2011.

— *Au point de vue des Conseils, monsieur le Premier ministre, le prochain?* demande-t-il à Messmer.

— *Prochain Conseil le mercredi 3 avril à 15 h 30. On peut supprimer celui du 10 avril.*

— *Je suis d'accord, mais vous veillerez à ce que les ministres ne s'en aillent pas tous aux Canaries ou aux Bermudes.*

Georges Pompidou est à la fois toujours le même et pourtant très différent, ce 27 mars. Le Cantalou, d'habitude si pudique, reprend la parole pour un dernier message personnel. Inédit. Sa santé, la presse, les Russes, les locaux mal conçus de l'Élysée. Et un coup de pied final. Ce seront ses derniers mots au pouvoir:

— *Deux ou trois mots d'un sujet qui n'est guère dans l'ordre du jour du Conseil des ministres. À l'heure actuelle, ma vie n'est pas agréable, ni physiquement ni moralement... bien que je ne lise pas trop la presse. Et d'ailleurs je m'en trouve fort bien et je sais beaucoup de choses. La situation est absurde. Si on ne dit rien, on dit: « Quel silence! » Si on dit quelque chose, on dit: « Que de commentaires! » Je prends l'exemple de* L'Express[1]. *Ce sont les Soviétiques qui ont proposé que j'aille à Pitsounda...? Je l'ai proposé dès Rambouillet où Brejnev m'en avait parlé. Je n'ai pas non plus demandé qu'on retarde ma visite en URSS. Les Soviétiques ont changé d'avis plusieurs fois. Il y a là une manœuvre et une manie au sens grec. Les gens sont malades du cerveau. Je voudrais que les ministres comprennent que je ne suis pas toujours heureux, cela*

1. L'hebdomadaire rapporte que l'organisation d'une rencontre franco-russe a été revue pour que Pompidou puisse aller se reposer au bord de la mer Noire.

n'a rien de dramatique, ça finira. S'ils sont interrogés, ne pas répondre : « Le président est en pleine forme. » Dire que « toute question est indiscrète ». Si je bouge quai de Béthune, ce n'est pas pour m'y reposer, c'est que j'y suis organisé. Et j'ai mon fils à proximité pour me soigner… sans avoir affaire à l'interne de l'Élysée. L'appartement de l'Élysée est absurde, on entre par les chambres, on sort par la salle à manger. On ne peut y être malade, ou si on l'est, il faut se faire hospitaliser. Je couche quai de Béthune, je lis mes dossiers, je reçois mes collaborateurs[1]*. Et je tiens mes engagements… avec une répugnance à prendre des engagements extérieurs. Je limite mes contacts à ce qui est nécessaire. Nous avons intérêt d'ailleurs à situer les discussions franco-allemandes à une date où chacun aura levé le masque. Il faut comprendre les réalités qui ne sont pas ce qu'on donne à entendre. Cela étant, je ne gambade pas. J'ai choisi le moyen de dire ce qui est et j'espère ne pas avoir à en dire trop. Soyez tranquille si j'ose dire. Comprenez que c'est peu agréable : si je vais me reposer quelques jours ce ne sera pas nouveau. Alors on verra bien. J'ai le ferme espoir d'embêter tout le monde.*

Un coup d'œil sur les notes de Donnedieu de Vabres, le secrétaire général du gouvernement. Quoique beaucoup moins détaillées – sept pages au lieu de vingt –, elles s'achèvent exactement sur les mêmes mots : « J'ai le ferme espoir d'embêter tout le monde. »

Il est 18 h 15. Georges Pompidou fait comprendre qu'il ne passera pas serrer la main de ses ministres. D'habitude, il se lève en premier, les autres suivent, certains le saluent et prennent congé. Cette fois, le président n'a plus la force. Commentaire admiratif de Balladur : « Oui, bon, on peut le

1. Aparté de Balladur : « Là, il parle de moi. J'étais le seul qu'il recevait ! »

comprendre, il avait quand même pris sur lui pendant deux heures quarante-cinq. »

À la droite du président, Jean Taittinger, le garde des Sceaux, quitte la table. À sa gauche, Olivier Guichard, ministre de l'Équipement et des Transports, s'éclipse également. Michel Jobert, le fidèle patron du Quai d'Orsay en voyage à Caracas, aura tout manqué de ces derniers instants. Tout comme Raymond Marcellin (Agriculture), excusé car souffrant. Giscard, qui les a vécus les yeux dans les yeux, assis en face, reverra une dernière fois le président le lendemain. Balladur l'accompagnera le dernier jour, pratiquement à son dernier souffle. Les autres ne lui ont jamais dit au revoir.

Épilogue

Com' ou collégialité ?

Charles de Gaulle l'a créé, Emmanuel Macron l'a réveillé. Soixante ans après, le plus jeune président de la Ve République semble bien avoir revitalisé ce bon vieux Conseil des ministres, faisant de ce rituel un réel outil de gouvernance et de collégialité. Il faut dire qu'il ne restait pas grand-chose du rendez-vous hebdomadaire mis en place par le Général en 1958 : une réunion souvent longue – deux ou trois heures – au cours de laquelle il installait son autorité, délivrait des messages, mettait ses troupes sous pression, les écoutant… ou écourtant lorsqu'il s'ennuyait, avant de trancher seul.

Notre enquête le montre : en 1969, Georges Pompidou, l'héritier, surveillé par les grognards, s'empresse de ne rien changer au protocole, lâchant juste un peu de pression, ainsi que les tours de table chers à son prédécesseur. En 1974, le fringant VGE tente de redynamiser l'exercice avec force accessoires, tableaux, maquettes et délocalisations. Mais le débat ne renaît pas pour autant. Vient alors le président Mitterrand, qui « veut changer la vie »…, mais s'empresse de singer son adversaire de toujours, le général de Gaulle. Au début, c'est tours de table et autorité parfois cassante. Mais les deux cohabitations dévitaliseront durablement le rendez-vous, qui ne s'en remettra jamais vraiment, ni sous Jacques Chirac – lui aussi contraint, pendant cinq ans, de réunir chaque mercredi un gouvernement quasi muet, simple chambre d'enregistrement constituée d'opposants –, ni sous Nicolas Sarkozy qui, à trop vouloir dépoussiérer l'exercice, a laissé entrer une forme de familiarité au salon Murat sans y gagner en délibération. Un pur exercice de com' !

Et Macron ? Le plus jeune s'est inspiré du plus illustre, le général de Gaulle. Un pouvoir hyper recentré sur lui s'est mis en place dès sa prise de fonction en mai 2017. Le Conseil des ministres, moment du président, ne fait pas exception. Il dure beaucoup plus longtemps – plus de trois heures, contre une heure ou une heure et demie maximum sous Hollande et Sarkozy. Macron y sonde ses ministres sur les grandes mesures en préparation, comme le faisait le Général, avant d'arbitrer en solitaire. Il parle longuement à ses troupes, ressasse les grands objectifs du quinquennat et les règles de fonctionnement, notamment le secret des délibérations. Contrairement à ses prédécesseurs, il obtient, globalement, qu'ils restent muets dans la cour de l'Élysée à la sortie du Conseil. Et même si l'on nous signale à l'occasion une tablette, avec 3G, par exemple entre les mains de Laura Flessel, il semble avoir réussi à bannir les téléphones portables, donc les connexions extérieures. C'est dire !

La fin de l'année 2017 et le début 2018 montrent toutefois un Macron un peu différent, qui pourrait bien modifier le tableau. Certes, Jupiter lui-même descendait parfois de l'Olympe pour voir – séduire ! – les humains avant d'y remonter. Emmanuel Macron parviendra-t-il à conserver cette hauteur alors qu'il multiplie les prises de parole là où il souhaitait la raréfier ? Et dans des environnements en apparence contre nature – l'émission « Touche pas à mon poste » de Cyril Hanouna sur C8, le jour de ses quarante ans, ou même l'interview rapide pour LCI au pied des télésièges de La Mongie, sur la radiation des chômeurs qui refusent trop d'offres d'emploi ?

On reste loin toutefois de François Hollande, son prédécesseur terriblement bavard, qui a jugé opportun de nous recevoir au Salon doré, pendant son mandat. Nous sommes le 5 décembre 2012, après sept mois d'Élysée. Rendez-vous maintenu malgré le déclenchement de l'affaire Cahuzac, la veille, par Mediapart ! Cas d'école inespéré. Le sujet du ministre du Budget, soupçonné de posséder des fonds non déclarés à l'étranger, sera sur la table. Hélas, la consigne de l'équipe de com' est claire : pas un mot dans l'interview prévue à 8 h 45, juste avant le rendez-vous président/Premier ministre et le Conseil. La question brûle les lèvres : lui, président, comment va-t-il gérer ce séisme ? Nous la formulons ainsi : « Parvenez-vous réellement à déposer les contrariétés au vestibule avant d'entrer ? » Et lui, comprenant parfaitement, de répondre : « Vous savez, dans un Conseil, tous les ministres vont regarder le président. Comment est-il ? Comment va-t-il ? Ce n'est pas seulement vrai depuis mai 2012, mais depuis le début de la Ve. Circonstances politiques ou situation personnelle… Le président doit non seulement s'exprimer, mais il doit montrer par son attitude qu'il est celui qui est chargé de l'autorité. Éviter tout relâchement, toute faiblesse – même s'il peut y avoir un peu d'humour, et j'y veille… C'est très important que le regard puisse être un regard de confiance. Car les ministres vont en parler à leurs collaborateurs, les collaborateurs à leur famille, et je ne parle pas de la presse. Que chacun sache bien que l'État est tenu[1]. » Pas sûr, au bout de cinq ans de Hollandie, que la démonstration ait été si probante.

À droite comme à gauche, durant toute la Ve, la majorité des ministres a eu beau s'en plaindre, prétendre s'y ennuyer, regretter l'absence de délibération et de collégialité, tous couinaient à l'idée que le Conseil des ministres soit supprimé. Sans

1. Entretien avec François Hollande pour le documentaire TV le 5 décembre 2012.

parler du président lui-même. L'appel de l'huissier, le pouvoir constitutionnel de présider cette grand-messe hebdomadaire, le formalisme lié à la fonction rendent ce moment, pour lui, non négociable.

Certains de nos voisins l'ont pourtant abandonné ou ont resserré le casting. Aux États-Unis – régime présidentiel, il est vrai –, l'organe que réunit le plus fréquemment le président, c'est-à-dire le Conseil de sécurité nationale, se limite à quatre personnes : vice-président, secrétaire d'État (l'équivalent du ministre des Affaires étrangères), secrétaire de la Défense et conseiller à la Sécurité nationale. En Grande-Bretagne, le Premier ministre réunit très souvent l'Inner Cabinet, réservé aux principaux ministres. Le Conseil plus complet, néanmoins réduit à vingt-quatre membres sur une centaine, n'est convoqué que pour entériner les décisions à formaliser.

À l'inverse, au nord de l'Europe, le Conseil des ministres demeure une véritable instance délibérative, le plus souvent avec des majorités de coalition, où le débat s'impose plus naturellement. Comme en Allemagne, au Danemark, en Suède, aux Pays-Bas… mais aussi en Israël où l'on s'invective, dit-on, copieusement.

Négliger le Conseil des ministres a deux conséquences préjudiciables, disait le constitutionnaliste Guy Carcassonne quand nous l'interrogions, à la fin de sa vie : « l'absence de sentiment d'équipe gouvernementale[1] » et surtout « l'appauvrissement des décisions politiques ». L'exact contraire des intentions du fondateur de la Ve République quand il a imaginé cette réunion du mercredi. En 1958, le Général ne rêvait certes pas de discussions de café du commerce, mais de véritables délibérations, pour que la voix du gouvernement puisse s'exprimer ensuite par sa bouche.

1. Entretien avec Guy Carcassonne, 29 août 2011.

« Un vrai débat au sein du Conseil des ministres ? Il faut juste qu'un président le veuille vraiment », concluait Guy Carcassonne. Et d'ajouter : « De Gaulle, lui, craignait d'autant moins la confrontation qu'il avait une vraie autorité sur ses ministres. »

L'histoire dira si Emmanuel Macron est vraiment cet héritier. Si « l'exercice de com' imaginé pour les besoins de la télé », selon le mot de Michel Rocard, est enfin devenu un outil de collégialité.

Table

Remerciements

Aux témoins directs qui, depuis la première édition de cet ouvrage en 2011, ont accepté de m'emmener dans ce *pays mystérieux, mi-Olympe mi-mafia*, et dont certains ne sont plus de ce monde :

Michèle Alliot-Marie, Édouard Balladur, Philippe Bas, Jean-Louis Bianco, Dominique Bussereau, Jean Charbonnel, Luc Chatel, Jean-Pierre Chevènement, Yves Cochet, Emmanuelle Cosse, Édith Cresson, Xavier Darcos, Jean-Louis Debré, Philippe Douste-Blazy, Myriam El Khomri, Jacques Fournier, Annick Girardin, Jean François-Poncet, Valéry Giscard d'Estaing, Yves Guéna, Nicolas Hulot, Lionel Jospin, Pierre Joxe, Patrick Kanner, Alain Lambert, Bernard Laporte, Serge Lasvignes, Marylise Lebranchu, Jean-Yves Le Drian, Pierre Lellouche, Corinne Lepage, Serge Lepeltier, Anicet Le Pors, Marceau Long, Pierre Mauroy, Louis Mexandeau, Hélène Missoffe, Hervé Morin, Françoise de Panafieu, Charles Pasqua, George Pau-Langevin, Nicole Questiaux, Jean-Pierre Raffarin, Michel Rocard, Frédéric de Saint-Sernin, Frédéric Salat-Baroux, Michel Sapin, Jean-Marc Sauvé, Marlène Schiappa, Olivier Stirn, Pierre Sudreau, Hubert Védrine, Dominique de Villepin, Dominique Voynet.

À François Hollande, Jean-Marc Ayrault, Roselyne Bachelot, François Bayrou, Rachida Dati, Cécile Duflot et Frédéric Mitterrand, qui ont également témoigné dans le cadre de notre série documentaire « Dans le secret du Conseil des ministres », cosignée avec Ella Cerfontaine et diffusée à l'automne 2013 sur France 5.

Aux confrères et consœurs pour leurs souvenirs, leurs carnets de notes… Jean Mauriac, et quelques autres. Aux personnels des Archives nationales, à Paris et Fontainebleau. Aux équipes de L'Archipel qui ont recueilli ce manuscrit augmenté et à celles des Éditions du Moment qui l'avaient enfanté. À Frédéric Schlesinger et Donat Vidal-Revel pour leur confiance.

À Ella Cerfontaine, Alexandre Amiel, Bruce Toussaint et toute l'équipe de production de « Caméra subjective ».

Une pensée particulière, pour l'amitié, le soutien, l'œil, les mots… à A. S. D. et P. P., qui se reconnaîtront. Et pour tout le reste, au duo de mon cœur, L. et G. Ainsi qu'au sextuor fondateur, J. B. B. B. B. B.

Cet ouvrage a été composé
par Atlant'Communication
au Bernard (Vendée)

Impression réalisée par

CPI

en mars 2018
pour le compte des Éditions de l'Archipel
département éditorial de la S.A.S. Écriture-Communication

Imprimé en France
N° d'impression : 2036015
Dépôt légal : avril 2018